近世史研究叢書46

煙管亭喜荘と「神奈川砂子」

―近世民間地誌の成立と地域認識―

斉藤　司　著

岩田書院

目　次

序章　本書の課題と構成

本書は、煙管亭喜荘《えんかんていきしょう》によって編纂・作成された地誌である「神奈川駅中図会《えきちゅうずえ》」「神奈川砂子《すなご》」を題材として、両書における神奈川宿認識を明らかにしようとするものである。煙管亭喜荘は、神奈川宿を構成する神奈川町と青木町の内、神奈川町において煙管商を営んでいた。「神奈川駅中図会」は文政六年(一八二三)に、「神奈川砂子」は翌文政七年(一八二四)に、それぞれ喜荘により編纂された民間地誌である。両書とも説明文と挿絵から構成される名所図会形式の地誌であり、東海道全体を対象とする名所図会形式の民間地誌である「東海道名所図会」の影響を受けて作成された。ともに写本として伝来し、江戸時代において刊行されることはなかった。「神奈川駅中図会」は神奈川町の旧家「あめ七」(矢島家)に伝来し、現在、横浜市歴史博物館の所蔵となっている一本のみ。「神奈川砂子」は神奈川町の旧家である平田家と三橋家、及び三井文庫に伝来した三本が知られる。なお、三橋家所蔵本の末尾には「来春出来」として「十二時神奈川浮世」と「神奈川在絵図」の刊行が予告されている。

喜荘については、庄治・庄司あるいは庄二郎と記されている箇所もあるが、本書では「神奈川砂子」の「序」にみられる「煙管亭喜荘」あるいは「喜荘」という表記を原則とする。なお、「煙管亭喜荘」の読みについては、「神奈川駅中図会」の「序」の末尾に「煙管亭」に「エンカンテイ」というルビがあり、また「喜荘」が「庄治」「庄二郎」という名前と対応関係にあるとすれば、「きしょう」ということになる。

両書の内、先行して作成された「神奈川駅中図会」は、編纂期間が短く、また喜荘による初めての地誌編纂でもあったため、その構成と内容について執筆した喜荘自身も満足できなかったようである。喜荘は改めて神奈川宿の地誌を編纂することとした。その結果、成立したものが「神奈川砂子」である。換言すれば、「神奈川駅中図会」は「東海道名所図会」の影響を受けてとりあえず作成された習作であり、これに対して「神奈川砂子」は喜荘自身もその出来栄えに一定の自信を持つ完成作ということになる。「東海道名所図会」の枠組みないしはその延長線上に位置づく「神奈川駅中図会」とは異なり、「神奈川砂子」においては「東海道名所図会」をふまえつつ喜荘による独自な世界が展開されることになる。

一　東海道神奈川宿の概要

「神奈川駅中図会」「神奈川砂子」の記述対象である東海道神奈川宿は、武蔵国橘樹郡の神奈川町と青木町から構成され、江戸日本橋から数えて品川宿・川崎宿に続く東海道の三番目の宿場である。日本橋からの距離はおおむね七里であり、一日一〇里とされる徒歩の標準行程をふまえれば、一日で往来は可能であるが、往復は困難という距離感になる。江戸を中心・基準にしながらも、一定度独自な地域圏を構成しうる神奈川宿の地域性を規定する要因といえよう。

幕府道中奉行所によって作成された『東海道宿村大概帳』(『近世交通史料集四』吉川弘文館、一九七〇年)によれば、天保一四年(一八四三)における神奈川宿の人口は五七九三人、家数は一三四一軒。神奈川県域に存在する東海道の九つの宿場の中では、小田原宿(人口五四〇四人・家数一五四二軒)や藤沢宿(人口四〇八九人・家数九一九軒)とともに最大

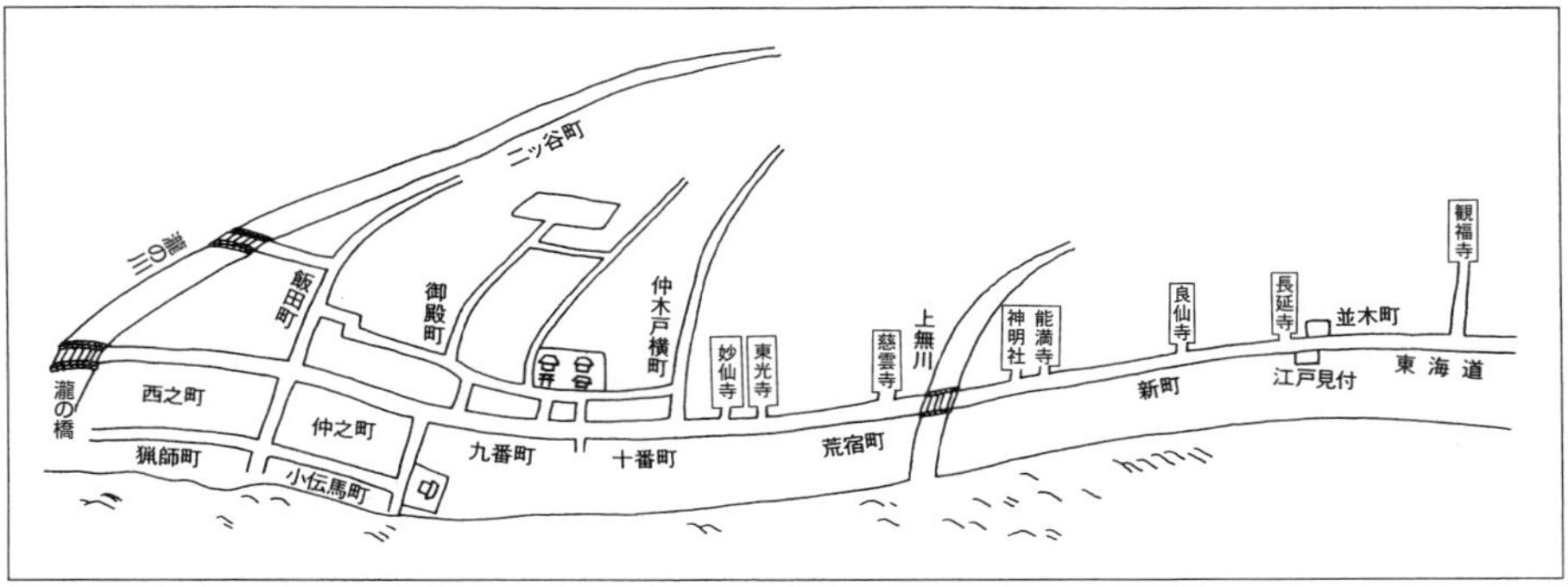

神奈川町概念図

規模の宿場である。「神奈川駅中図会」「神奈川砂子」が編纂された文政六・七年とは二〇年程の時間差があるが、人口・家数については同様の規模が想定される。また神奈川の地は、同時に東京湾西岸有数の湊であった神奈川湊の所在地でもあり、鶴見川と帷子川の本支流域を直接の後背地とする経済圏の中核でもあった。

行政単位としての神奈川宿は、宿場のほぼ中央を流れる瀧の川を境として、江戸・川崎宿寄りの神奈川町と京都・保土ヶ谷宿寄りの青木町という二つの「町（マチ）」から構成される。「神奈川駅中図会」「神奈川砂子」では、東海道が瀧の川を渡る瀧の橋が神奈川宿の中央として認識されている。また、神奈川町・青木町ともその内部に複数の「町（チョウ）」が存在していた。

神奈川町については、東海道に沿って東側から西側の順に並木町・新町・荒宿町・十番町・九番町・仲之町・西之町と続く。この内、十番町と九番町はあわせて東之町と呼ばれることもあった。十番町・九番町・仲之町・西之町の四か町はまとめて「本町」「本宿」とも表記されるように、神奈川町の中心地として本陣・問屋場・高札場などの主要施設が所在していた。この「本町」より海側には、東海道沿いの仲之町→西之町に対応するように、東→西の順序で小伝馬町と猟師町（漁師町）が存在する。一方、東海道より内陸側には、東海道沿いの十番町→九番町に対応するように、東→西の方角で仲

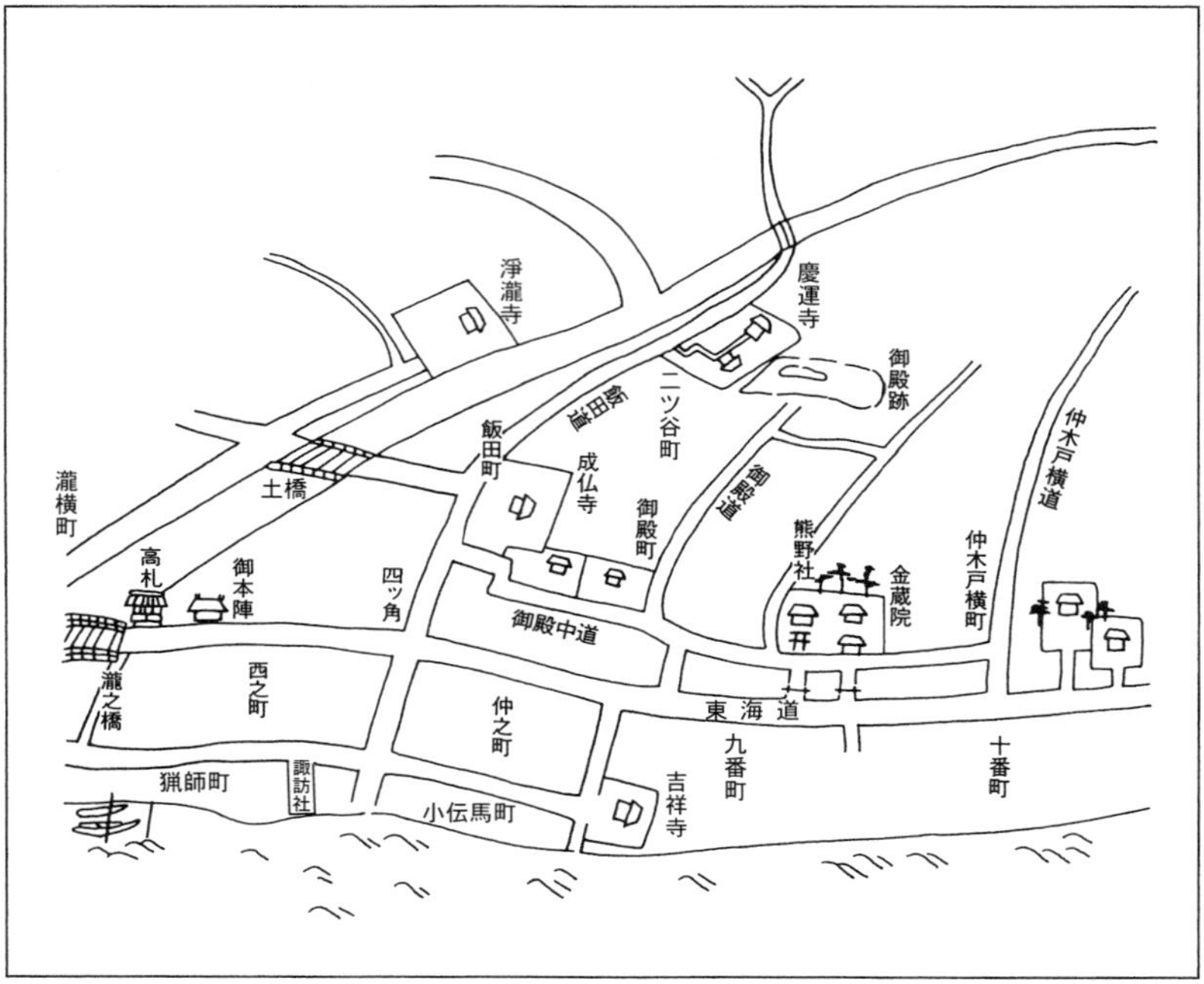

神奈川町本町概念図

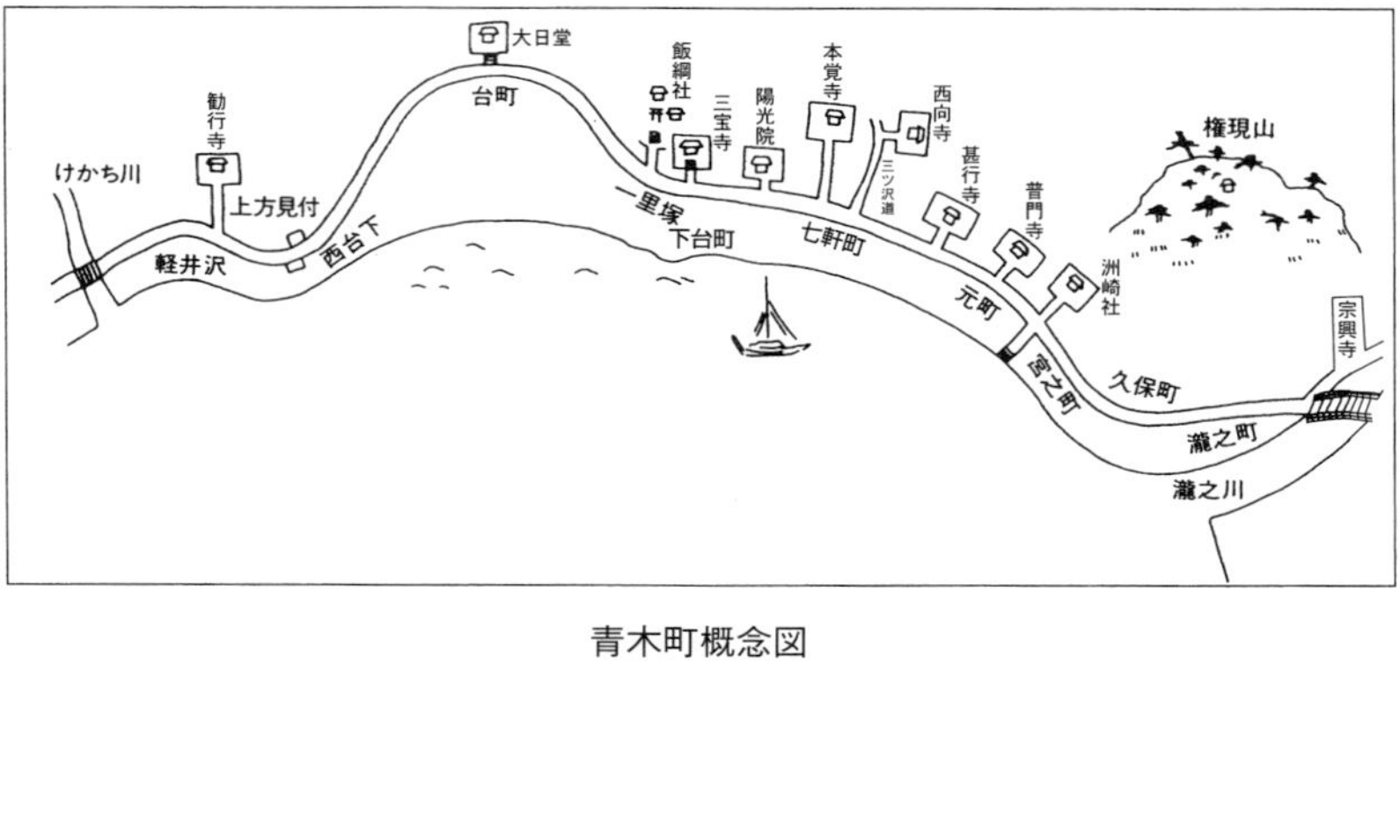

青木町概念図

木戸横町と御殿町が存在する。「本町」の内、仲之町と西之町の境には、瀧の川に沿って内陸へ伸びる飯田道と東海道との交差点である「四ツ角」がある。飯田道に沿って、海側→内陸の順序で飯田町と二ツ谷町が存在する。この他、内陸部に枝郷の斉藤分が存在していた。

青木町については、東海道沿いでは東→西の順序で瀧の橋寄りの瀧之町・久保町・宮之町・元町・七軒町・下台町・台町と続き、西隣の芝生村に接するのは枝郷の軽井沢となっている。瀧の川の西岸に沿って瀧横町がある。また、内陸部に枝郷の三ツ沢がある。

東海道神奈川宿とその周辺を扱った研究としては、神奈川区誌編さん刊行実行委員会『区制施行五〇周年記念　神奈川区誌』（一九七七年）が、神奈川区域の通史を扱い、戦後の郷土史研究の水準を示している。第一編第三章「神奈川宿のころ」が江戸時代を対象としている。また、山本光正編『東海道神奈川宿の都市的展開』（一九九六年、文献出版）は、横浜市域とその周辺の博物館・資料館等の学芸員・調査研究員による研究成果をまとめたもので、中世〜近世における神奈川宿・神奈川湊の諸相を個別論文として検討しており、現段階における研究水準となろう。

「神奈川駅中図会」「神奈川砂子」が編纂された頃の神奈川宿の状況を示す資料としては、神奈川町の本陣・石井家の石井順孝の日記（以下、石井順孝日記）が注目され、青木美智男氏の監修で刊行した『東海道神奈川宿本陣石井順孝日記』1〜3（二〇〇一〜〇三年、ゆまに書房）がある。第一巻に文政六〜八年（一八二三〜二五）、第二巻に文政九〜一二年（一八二六〜二九）、第三巻に文政一三〜天保四年（一八三〇〜三三）の日記をそれぞれ所収している。ただし、この日記には煙管亭喜荘による「神奈川駅中図会」「神奈川砂子」の編纂・刊行の記述はみられない。石井順孝日記の内容を丹念に紹介した成果として、井上攻『近世社会の成熟と宿場世界』（岩田書院、二〇〇八年）がある。

二　「神奈川駅中図会」「神奈川砂子」に関わる先行研究

本書で対象とする「神奈川駅中図会」と「神奈川砂子」の内、後者の「神奈川砂子」については、石野瑛校訂『武相叢書第二編　金川砂子　附神奈川史要』(一九三〇年刊行、一九七三年名著出版復刻。以下、武相叢書本とする)が昭和五年(一九三〇)に刊行されているように、戦前からその存在が知られていた。しかし、前者の「神奈川駅中図会」についてては、同書所収の石野瑛氏の解説である「金川砂子に就て」に関連の記述がないように、その存在は知られていなかった。「神奈川駅中図会」の存在とその概要を初めて本格的に紹介したのは、石井光太郎氏校訂による横浜市文化財調査報告第二輯『三井文庫本神奈川砂子』(横浜市教育委員会、一九七〇年)所収の石井氏による「解題」である。それによれば、「神奈川駅中図会」の判型と分量は美濃判で表紙共四三丁であり、「神奈川の地名考及び社寺・名称の略記と絵図(絵図名省略－引用者)三〇図を収める」という概略を述べている。あわせて「自序・自跋と概略ともいうべき神奈川地名考」(第一章第三節で検討する「神奈川」に該当する)の全文を紹介している。

このように煙管亭喜荘によって編纂された「神奈川駅中図会」と「神奈川砂子」に関する基本的な文献は、石野瑛校訂の武相叢書本と横浜市文化財調査報告第二輯『三井文庫本神奈川砂子』であり、前者に所収されている石野氏の解説「金川砂子に就て」と後者に掲載されている石井光太郎氏「解題」である。その後、両書に関する本格的論考はなく、「神奈川砂子」については拙稿A「民間地誌における『神奈川宿』認識について」(横浜開港資料館編『日記が語る19世紀の横浜　関口日記と堤家文書』所収、山川出版社、一九九八年)において若干の検討を行った。また、「神奈川駅中図会」については、拙稿B「〈資料紹介〉『神奈川駅中図会』の構成と内容」(『横浜市歴史博物館紀要』四、二〇〇〇年)において、モノクロではあるが本文・挿絵を含め全文を写真掲載で紹介した。

本書の検討にあたり使用するテキストは、「神奈川駅中図会」については拙稿B所収のもの、「神奈川砂子」については武相叢書本と『三井文庫本神奈川砂子』を使用する。

三　煙管亭喜荘

次に煙管亭喜荘と「神奈川砂子」に関する研究の出発点である武相叢書本に所収された石野瑛氏の解説「金川砂子に就て」の内容を確認しておこう。「金川砂子に就て」において、石野氏は「作者喜荘は文政の頃神奈川に住し、煙管を商つて居た人であることは、自ら煙管亭と称し、又序文や末尾の口上にも書いてあるので知ることが出来る。そして商売の余暇を以つて、筆を執つたものである。絵の筆つかひは素人ばなれのした巧みな所があるが、飯田徐風の序文には「喜荘は絵かくこと、学べることはあらねど、なりはひのいとまあるをりをり、まめやかに筆をとりて」とあるのを見ると全くの素人らしい。それにしては如何にも巧妙である。喜荘の生国が何処で、どういふ経歴を有つた人で、何時頃神奈川に来り、どの辺に住んで居たか、此の絵を書いた年の頃は何歳位であつたか、また其の子孫はどうなつたかといふ様なことは全く判らない」と述べ、「喜荘の生国」と「経歴」、神奈川宿への移住時期と住居場所、年齢、その子孫の行方等に関する情報は全くないとしている。

「金川砂子に就て」によれば、石野氏が「神奈川砂子」を実見した時期は、平田家本が大正八年(一九一九)、三橋家本が昭和四年(一九二九)とされている。また、「平田家のものを謄写した照本氏のも見せて貰った」とも記されている。ここで挙げられている「照本氏」は神奈川町鎮守の熊野神社の宮司である照本家であろう。平田家本や三橋家本の実見や武相叢書本の刊行及び「金川砂子に就て」の執筆にあたっては、それに関する情報が収集されたと思われる。それにもかかわらず、喜荘に関わる事柄が全く不明であることは、「神奈川砂子」が作成された文政七年(一八二四)からほぼ一世紀を経た大正年間から昭和初年の段階において、地元の神奈川において煙管亭喜荘に関わる情報が全く伝承されていないことになる。喜荘が、代々神奈川宿に在住する家の出身であり、その子孫・親類が明治以降も神奈川宿に居住していたとすれば、ある程度の情報は伝承されていると考えられるので、煙管亭喜荘は神奈川宿の出身ではなく、神奈川宿に移住して煙管商の店舗を構えた人物と考える方が妥当であろう。文政年間の末から天保年間に死去あるいは神奈川宿から転居したため、それ以降における情報が欠落したと考えられる。

四　本書の構成

以上の研究史をふまえつつ、本書では煙管亭喜荘による「神奈川駅中図会」と「神奈川砂子」の構成と内容、及び編纂過程を整理するとともに、両書にみられる神奈川宿の地域認識を検討するため、次のような構成とした。

第一章では、文政六年(一八二三)に煙管亭喜荘によって作成された名所図会形式の民間地誌である「神奈川駅中図会」を題材に、同書の編纂の動機・目的、構成と内容、及び同書にみられる神奈川宿認識を検討する。

第二章では、文政七年(一八二四)に同じく煙管亭喜荘によって作成された名所図会形式の民間地誌である「神奈川砂子」を対象として、同書の編纂過程と構成・内容、及び同書にみられる神奈川宿認識を考察する。

なお、「神奈川砂子」の一本である三橋家本の末尾において刊行が予告されている「十二時神奈川浮世」と「神奈川在絵図」については、補論でその内容を検討する。

第一章　「神奈川駅中図会」の編纂

はじめに

第一章では、文政六年(一八二三)に煙管亭喜荘によって作成された名所図会形式の民間地誌である「神奈川駅中図会」を対象として、その編纂の動機と目的、構成と内容、及び同書にみられる神奈川宿認識を検討する。

「神奈川駅中図会」は、煙管亭喜荘が「東海道名所図会」を「素読」したことを契機として作成された。「東海道名所図会」は寛政九年(一七九七)に秋里籬島の編纂により刊行された東海道を対象とするもので、名所図会形式による最初の民間地誌である。「神奈川駅中図会」の構成は、冒頭に喜荘による「序」、ついで本文が配置され、末尾に喜荘の跋文が記されている。その一方で、通常の名所図会類に所収されている「凡例」の項目はない。本文についても、挿絵と説明文が一体的に構成されている通常の名所図会類とは異なり、挿絵と説明文の部分が明確に区分されている。

以下、第一節では「神奈川駅中図会」の編纂経緯とその全体構成、及び内容と構成に関する喜荘の考え方を確認するため、喜荘の「序」、挿絵と文章からなる本文の構成、喜荘の跋文を検討する。第二節では「神奈川駅中図会」編纂に影響を与えた「東海道名所図会」の全体構成と「凡例」から、その概要と編纂方針を概観するとともに、「神奈川駅中図会」の対象となる神奈川宿周辺の記述内容を確認する。第三節〜第五節では「神奈川駅中図会」の本文の記載内容を検討する。第三節では本文の冒頭に配置されており、喜荘における神奈川宿認識を端的に示す「神奈川」の項目を、①神奈川宿の概要、②「神奈川」という地名の由来、③神奈川宿の地勢と繁昌の内容、④神奈川宿を代表す

「神奈川駅中図会」中表紙
（横浜市歴史博物館所蔵）

る景勝地である青木町の台町からの眺望、という四つに分けて検討する。第四節では挿絵の項目と内容を、第五節では説明文の項目と内容を、それぞれ確認する。

第一節　「神奈川駅中図会」の構成と内容

第一節では「神奈川駅中図会」の編纂経緯とその全体構成、及び内容と構成に関する喜荘の考え方を確認するため、喜荘による「序」、挿絵と文章からなる本文、喜荘による跋文の順で検討する。

一　作成・編纂の経緯

まず、「神奈川駅中図会」の作成・編纂の経緯を検討するため、喜荘による「序」を史料1として掲げる。

〔史料1〕

序

夫此書ハゐきちう内海氏のいんほんに東海道名所図会と云あり、みぎは皇都の中山卿の御ゑらみにして、古詠の和歌をあつめ、つぎに神社仏客（閣カ）めい所古跡を委敷しるし、雨中の徒然に、予これを素読して、この図をあむ、かれをうつし、これをまねて、作者らしくかな川駅中の図会としるせしは、めくら蛇ものにおじずとやらのことに、人まねさる利根むようにひつ書ことしかり

文政むつのとし　　　　金駅之住

癸未孟春　　煙管亭
　　　　　　庄司

喜荘による「序」＝史料1は、「神奈川駅中図会」の本文完成後に作成されたと思われ、編纂の動機とその経緯を記した前半と、本文の執筆を終えた喜荘の心境を述べる後半に分かれる。

前半は、「夫此書ハゑきちう内海氏のいんほんに東海道名所図会と云あり、みぎは皇都の中山卿の御ゑらみにして、古詠の和歌をあつめ、つぎに神社仏客(閣カ)めい所古跡を委敷しるし、雨中の徒然に、予これを素読して、この図をあむ」である。それによれば、「此書」＝「神奈川駅中図会」の執筆は、「ゑきちう」＝駅中の「内海氏」が所蔵する「東海道名所図会」を、煙管亭喜荘が「雨中の徒然」に「素読」したことが契機であるという。「内海氏」とは「新編武蔵風土記稿」に神奈川町の「旧家」とされる(内海)甚左衛門家のこと。同家は、一七世紀に神奈川町の名主を勤め、その後も宿役人・村役人を歴任するなど、神奈川町においては本陣の石井家とならぶ有力者であった。

喜荘による「素読」の時期は後に述べるごとく文政五年(一八二二)と思われるので、それまでに内海家が「東海道名所図会」を入手・所蔵していたことになる。内海家と喜荘の接点を直接示す資料は残されていないが、煙管商であった喜荘が内海家への商品売込みを通じて出入りするようになったものであろう。「雨中の徒然」を文字通りに受けとれば、得意先回りが難しい雨天時の「徒然」に「素読」したことになり、喜荘による煙管商営業が店頭での販売に主力を置くよりは、むしろ注文を受けた商品を得意先へ届ける形態であったことを窺わせる。あわせて「東海道名所図会」の借覧が可能であるほど、内海家と親しい関係にあったことになる。また「素読」とは記されているものの、後述するように「東海道名所図会」中の文章を「神奈川駅中図会」において引用あるいは転用している箇所もあるので、興味関心にもとづき必要な部分を抜き書きしたことは確かである。

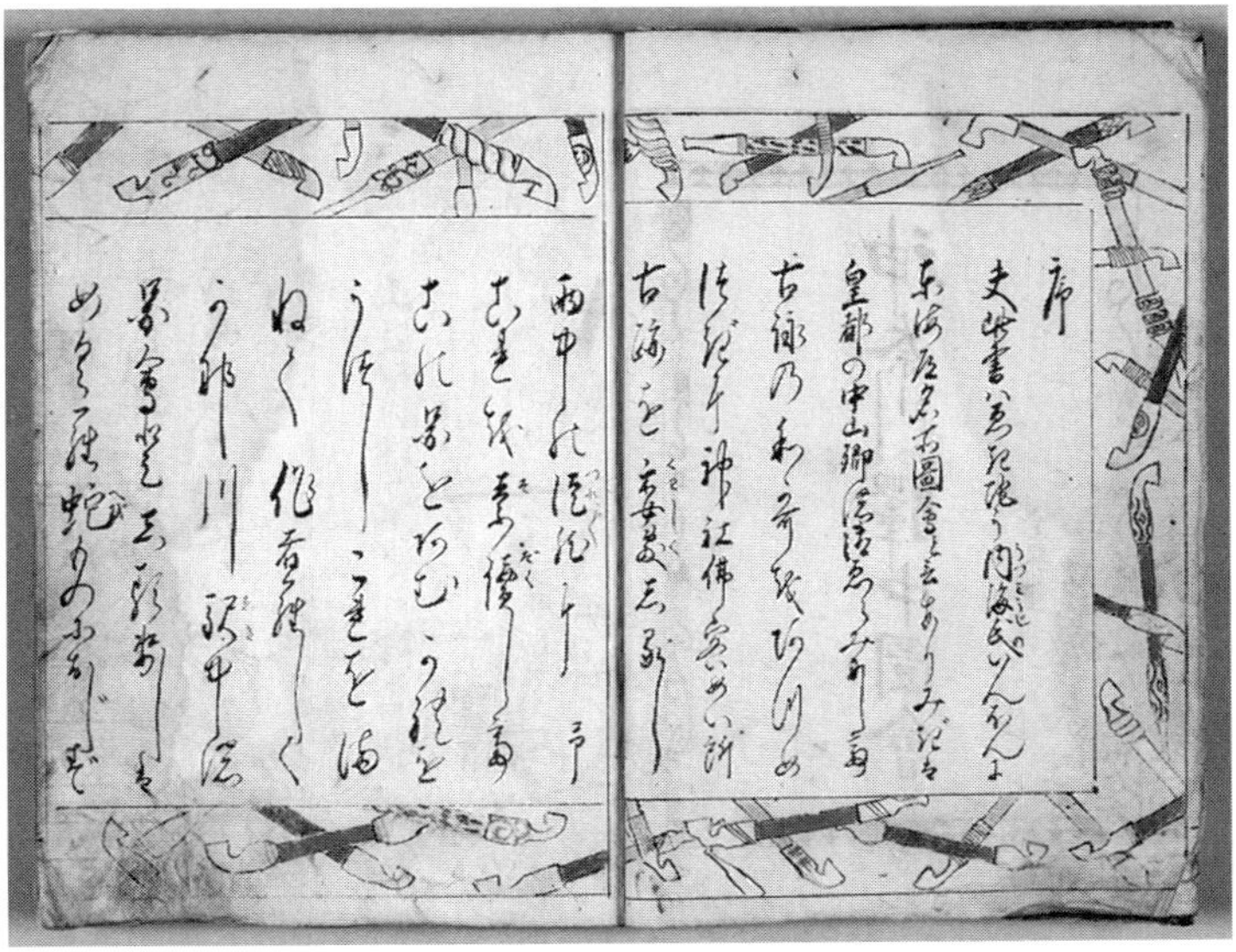

「神奈川駅中図会」序（横浜市歴史博物館所蔵）

それでは「東海道名所図会」を「素読」した喜荘が、「神奈川駅中図会」を編纂しようと思い立った理由はいかなるものであったのだろうか。「序」の前半において、喜荘は「東海道名所図会」の特徴を「古詠の和歌をあつめ、つぎに神社仏客（閣カ）めい所古跡を委敷しるし」と述べ、第一に「古詠の和歌」を集めて所収していること、第二に神社仏閣名所古跡を詳細に記していること、の二点を挙げている。おそらくこの二つの事柄に触発され、神奈川宿を対象とする「図会」の作成を志したことになろう。「神奈川駅中図会」という書名も、「神奈川駅中」＝神奈川宿の名所図会という意味であり、「東海道名所図会」を模したものである。

とはいえ、京都から江戸へ向かう方角で五十三次の宿場を連鎖状に配置し、その間に著名な名所旧跡を挟み込んで構成される「東海道名所図会」とは異なり、神奈川宿のみを単独で対象とする名所図会は先行する類書がなく、神奈川宿という限定された範囲をどのような構成と形式で表現するのかという課題が存在する。喜荘が最も苦慮した点で

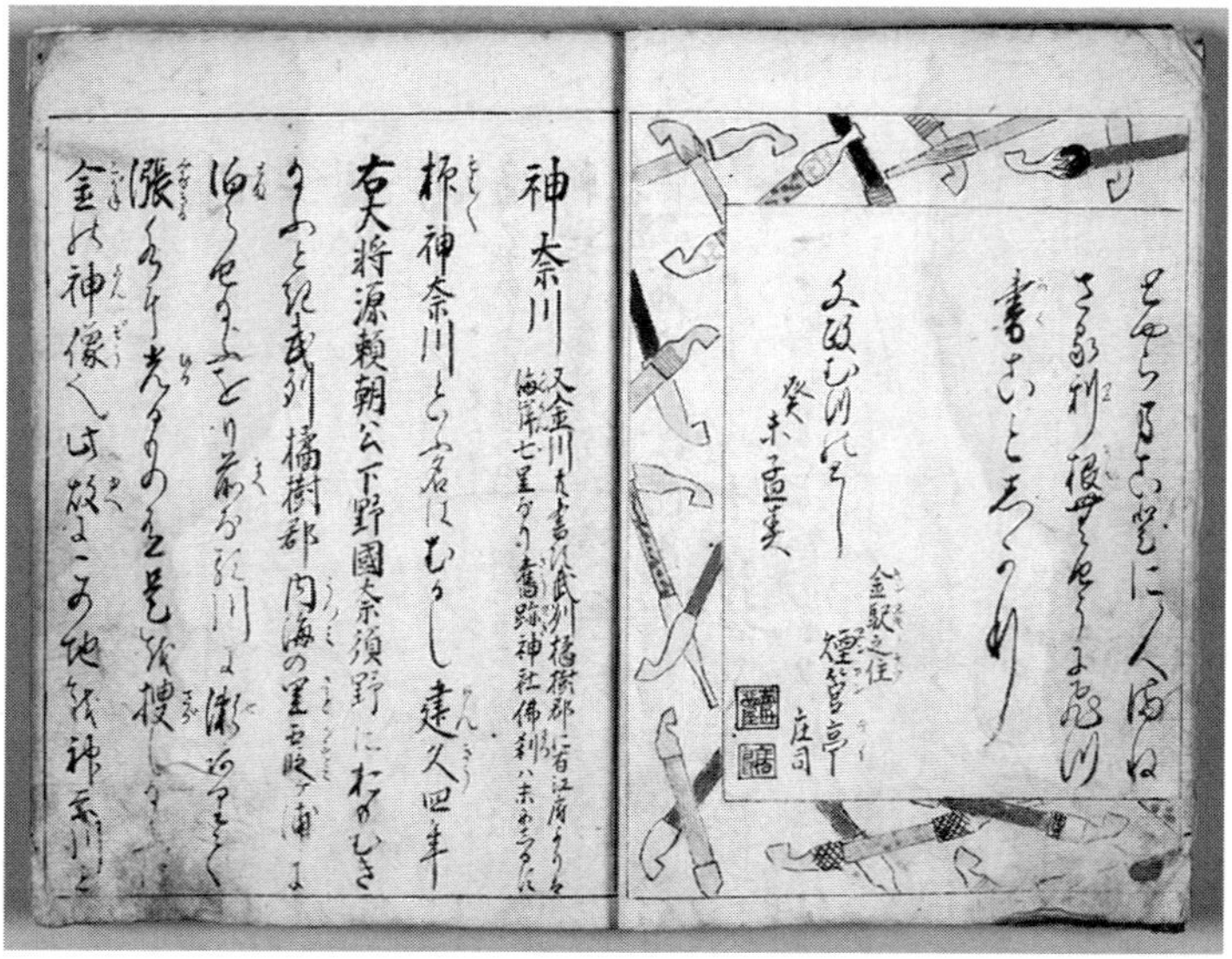

「神奈川駅中図会」序・神奈川（横浜市歴史博物館所蔵）

あろう。最終的に喜荘が採用した手法は、江戸から京都への方向で東海道沿いの寺社を順に記し、その間に神奈川宿内の名所旧跡を挟み込むといったものであった。この場合、「東海道名所図会」における五十三次の宿場が、神奈川宿内の寺社に該当することになる。これにより記述の方向と全体の流れは確定する。あわせて冒頭に総論ともいうべき「神奈川宿」を立項し、当該段階における神奈川宿の繁栄とそれを歴史的に支える由緒を述べることにした。この点については本章の第三節～第五節で検討する。

「序」の後半は、「かれをうつし、これをまねて、作者らしくかな川駅中の図会としるせしは、めくら蛇ものにおじずとやらのことに、人まねさる利根むようにひつ書ことしかり」である。「神奈川駅中図会」の本文の執筆を終えて、その過程と内容を振り返りながら「神奈川駅中図会」に対する自己評価を述べている。まず、「かれをうつし、これをまねて」として、編纂の方法や内容において模倣の側面が強いことを確認している。「神奈川駅中図会」が神奈川宿を対象とする最初の名所図会であるとともに、おそらくは喜荘本人にとっても初の書物の作成という経験の無い作業過程において、手探りの状態で行われたのが実情であろう。また、「東海道名所図会」の作者に対する謙譲の意を含みながら、喜荘は自らを「作者らしく」と述べ、「めくら蛇ものにおじず」あるいは「人まねさる利根むようにひつ書こと」とやや自嘲気味にも記している。後者は人まねをする猿が「利根」無用に「ひつ書」(「書」には「かく」というルビが振られている)の意であり、「神奈川駅中図会」の執筆を「かれをうつし、これをまね」る「東海道名所図会」の「人まね」とし、さらに猿の引っ掻く行為にかけている。言葉の掛け合いに馴れた喜荘の素養と気質が窺われる。

最後に序文を執筆した年月と著者名が記されており、文政六年(一八二三)の「孟春」(正月)に「金駅」の住人である「煙管亭庄司」が作成したことがわかる。「金駅」は神奈川宿の異称「金川駅」の略称。執筆者名については、中表紙では「庄治」となっているが、同音であるので同一人である。「序」を記した欄外には多数の煙管が描かれており、煙管亭という号とあわせて、喜荘＝庄司(庄治)が煙管商であることを示している。また、「神奈川駅中図会」の完成は文政六年(一八二三)正月であるので、調査や執筆の期間を考慮すれば、喜荘による「東海道名所図会」の「素読」は前年の文政五年(一八二二)ということになろう。実際、本文中の(テ)「正覚山成仏寺」の項目には「開山法燈円明国師像　当山ハ永仁六戊戌示寂　文政五年マテ凡歳歴五百二十五年ニ成」という記述があり、調査・執筆が文政五年に行われていたことが窺われる。

二　「神奈川駅中図会」の構成

次に「神奈川駅中図会」の構成を示すと次の通りである。

（1）「序」（四丁ウラ～五丁ウラ）
（2）本文
（A）「神奈川」（六丁オモテ～八丁ウラ）
（B）挿絵（九丁オモテ～三六丁オモテ）
（C）説明文（三七丁オモテ～四七丁オモテ）
（3）跋文（四九丁オモテ）

以上の内、（1）の「序」については史料1として掲げた。また（2）（A）「神奈川」については神奈川宿の概要を記述した部分であり、その内容は第三節で検討する。（2）の（B）挿絵と（C）説明文は、記載箇所が分離しており、先に挿絵のみが描写され、その後ろに説明文が記述されている。この点は両者が一体化している通常の名所図会類とは異なる。

（2）の（B）挿絵は、原則として江戸・川崎側から京都・保土ヶ谷側への順序で描かれており、その一覧を示すと、次の通りである。挿絵にタイトルが付されているものは「　」で、タイトルが無く補ったものについては（　）で、それぞれ示した。挿絵の全てを本書には所収しないが、第四節においてその概要を紹介する。

（あ）「定杭」、（い）「観福寺之図」、（う）「名号石」、（え）「浦嶌父子塔」、（お）「多宝塔」、（か）「礎」、（き）（浦島寺縁起）、（く）「新町・長延寺之図」、（け）「新町・良泉寺之図」、（こ）「荒宿・神明社・能満寺之図」、（さ）「荒宿土橋・上無川・慈雲寺之図」、（し）「十番町・九番町・熊野社・金蔵院之図」、（す）「田畑之図」、（せ）「仲之町・四ツ角・猟師町・諏訪社之図」、（そ）「問屋役所之図」、（た）「御殿町之図」、（ち）「飯田町・成仏寺の図」、（つ）「禁札」、（て）「名号石之図」、（と）「小伝馬町・吉祥寺之図」、（な）「二ツ谷町・慶運寺之図」、（に）「西之町・御本陣・瀧之橋之図」、（ぬ）「宗興寺之図」、(ね)「浄龍寺之図」、(の)「海沖漁之図」、(は)「青木町・洲崎社之図」、(ひ)「本覚寺之図」、(ふ)「一里塚・三宝寺・飯綱社之図」、(へ)「東台之図」、(ほ)「西台之図」、(ま)「軽井沢勤行寺之図」。

また、(2)(C)説明文では、次のような項目が立てられている。第五節で詳述するように(ア)〜(エ)までが冒頭に配置されている。その後の(オ)〜(ロ)については、(2)の(B)挿絵と同様に原則として東＝江戸・川崎側から西＝京都・保土ヶ谷側への順序で記述されている。

(ア)「瀧之橋」、(イ)「両御本陣」、(ウ)「御高札」、(エ)「御守殿跡」、(オ)「帰国山観福寺」、(カ)「海見山長延寺」、(キ)「海岸山良泉寺」、(ク)「正一位笠脱稲荷大明神」、(ケ)「海運山能満寺」、(コ)「神明宮」、(サ)「荒宿橋」、(シ)「上無川」、(ス)「観行山慈雲寺」、(セ)「平尾山東光寺」、(ソ)「長光山妙仙寺」、(タ)「神境山金蔵院」、(チ)「熊野三社大権現」、(ツ)「海浦山吉祥寺」、(テ)「正覚山成仏寺」、(ト)「吉祥山慶運寺」、(ナ)「海浜」、(ニ)「諏訪大明神」、(ヌ)「妙潮山浄龍寺」、(ネ)「開塔山宗興寺」、(ノ)「権現山」、(ハ)「洲崎大明神」、(ヒ)「祇園牛頭天王」、(フ)「洲崎山普門寺」、(ヘ)「真色山甚行寺」、(ホ)「青木山西向寺」、(マ)「青木山本覚寺」、(ミ)「袖の浦」、(ム)「円明山陽光院」、(メ)「瑠璃光山三宝寺」、(モ)「一里塚」、(ヤ)「飯綱山」、(ユ)「大日堂」、(ヨ)「台」、(ラ)「日出稲荷大明神」、(リ)「学陽山勧行寺」、(ル)「けかち川」、(レ)「冨士浅間社」、(ロ)「芝生窟」。

こうした「神奈川駅中図会」の「序」と本文において、通常の名所図会類と異なるのは、第一に史料1として掲げた喜荘の「序」はあるものの、編纂方針を明示する「凡例」が存在しないこと、第二に挿絵と説明文が分離して構成されていること、の二点である。「東海道名所図会」をはじめとする秋里籬島編纂の名所図会はもとより、第二章で検討する同じく喜荘の編纂による「神奈川砂子」においても、「凡例」は付されており、また該当する文章の近接箇所へ挿絵が配置されているように説明文と挿絵は一体のものとして構成されている。したがって、書物の構成という点からみると、「神奈川駅中図会」は十分に時間をかけて練り上げられたものではなく、短期間で急いで作成された習作といえよう。

三　「神奈川駅中図会」に対する自己評価と「神奈川砂子」の刊行予告

こうした「神奈川駅中図会」の構成と内容をふまえて、同書の跋文を史料2として掲げる。

〔史料2〕

右此図会は、金川東入口並木町より軽井沢まであらましをしるす斗なり、なを委しく寺社の縁記、年中行事、土地の人躰・風俗、古物・名物等をくわしく図せんとすれども、家業世話敷ゆへに、図するにいとまあらず、なを来春の時をまつべし

未の睦月中旬　煙管屋

庄次郎誌

この跋文＝史料2は、冒頭の「序」とともに、本文執筆が終了した時点で記述されたと思われる。それによれば、「此図会」＝「神奈川駅中図会」の内容を、「金川東入口並木町より軽井沢まで」の「あらましをしるす斗」としている。神奈川宿は、中央を流れる瀧の川を境として江戸寄りの神奈川町と京都寄りの青木町に分かれ、さらに神奈川町と青木町の内部には複数の「町(チョウ)」が存在していた。「並木町」は神奈川町の中でも最も「東」側＝江戸寄りに位置する「町(チョウ)」であり、文字通り神奈川宿の「東入口」にあたる。一方、軽井沢は青木町の枝郷であり、東海道沿いの青木町の中では最も西側に位置する。こうした東→西の方向で東海道に沿った神奈川宿の「あらまし」を記

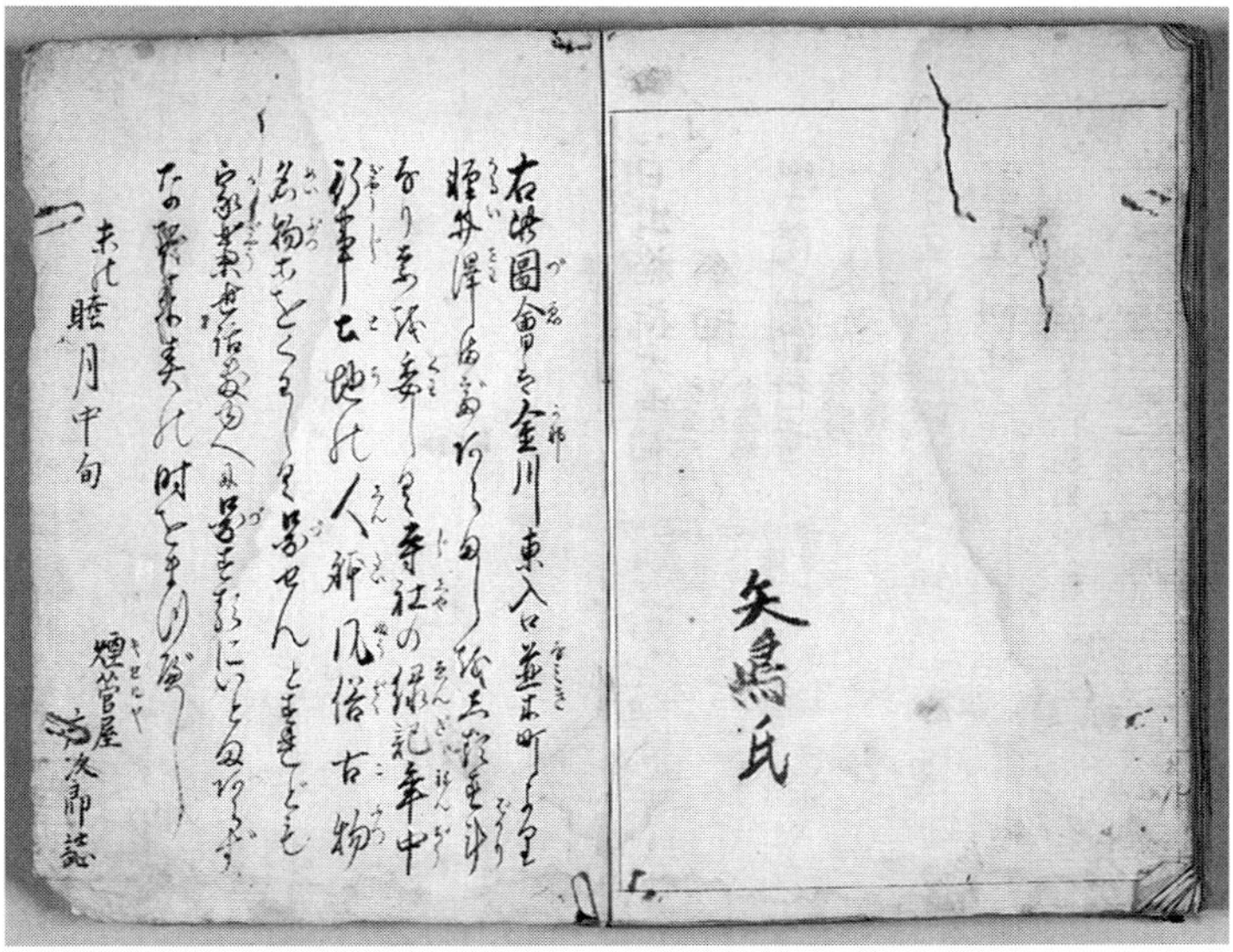

「神奈川駅中図会」跋文（横浜市歴史博物館所蔵）

述したのみというのが、喜荘による「神奈川駅中図会」の自己評価である。「あらまし」という語句からは、詳細な内容ではなく、いわば概観のみであるといったニュアンスが感じられる。

　そして、名所図会としての「神奈川駅中図会」の構成要素である「寺社の縁記、年中行事、土地の人躰・風俗、古物・名物等」については「なを委しく」「図せんとすれども」と述べているように、①寺社の縁起、②年中行事、③土地の人躰・風俗、④古物・名物という要素については、より詳細な内容の文章と挿絵を作成したかったと記している。ここに列挙した四点は、神奈川宿の名所図会である「神奈川駅中図会」において内容面が不足していると、喜荘が認識していたことになる。「家業世話敷ゆへに図するにいとまあらず」というように、商売である煙管商が多忙なため編纂に必要な時間的余裕を得ることができず、結果的にその出来映えについては喜荘自身もやや不満であった。そして、「なを来春の時をまつべし」というように神奈川宿に関する詳細な地誌の作成を予告しており、これが翌文政七年（一八二四）に作成された「神奈川砂子」につながる。おそらくこの跋文（と「序」）を執筆している時点において、すでに次作の「神奈川砂子」の構想がイメージされていたのであろう。

末尾には奥書を執筆した「未の睦月中旬」＝未年（文政六年）正月中旬という年月と、「煙管屋　庄次郎誌」という名前が記されている。ここでは名前は「庄次郎」となっているが、中表紙の「庄治」あるいは「序」の「庄司」と同一人である。

なお、史料2で使用されている文言で留意しておきたいのは、「金川東入口並木町」の「金川」である。第三節で触れるように、喜荘は神奈川宿あるいは神奈川という地名について、「神奈川」「金川」という両様の表記を用いている。あわせて「神奈川駅中図会」における東海道の方位は「東」「西」とあるように東西方向として記述されている。両者とも喜荘にとって重要な事柄であることは第三節で触れたい。

まとめ

以上のように、喜荘による文政六年（一八二三）の「神奈川駅中図会」の編纂は、神奈川町の有力者である内海家所蔵の「東海道名所図会」を「素読」したことが契機である。これは喜荘が内海家などの地域の有力者層との間で、煙管商としての販路をベースに一定のネットワークを保持していたことを示すことになろう。少なくとも文政五年（一八二二）以前と想定される「素読」の内容も、単に「東海道名所図会」を読んだだけではなく、「神奈川駅中図会」作成の資料として必要に応じて抜き書きを行っていたと考えられる。

こうして編纂された「神奈川駅中図会」は、冒頭に総論ともいうべき「神奈川」の項目を配置し、挿絵と文章を持つ名所図会形式の構成を持つものの、「凡例」の欠如や挿絵と文章の分離といった欠点を有していた。また、内容的にも準備の時間が不足していたため、喜荘自身も不満を持っており、跋文において翌年における「神奈川砂子」の刊行を予告することとなった。また、跋文の記載から「神奈川駅中図会」の記述が「東」＝江戸側→「西」＝京都側の順序となっていることは留意しておきたい。

第二節　「東海道名所図会」における神奈川宿の記述

第一節でみたように、煙管亭喜荘による「神奈川駅中図会」の編纂は、「東海道名所図会」の「素読」を契機とするものであった。そこで、第二節では「東海道名所図会」の全体構成を概観し、同書の「凡例」からその編纂方針を確認するとともに、「神奈川駅中図会」において直接の対象となる神奈川宿及び周辺の記述内容を確認する。なお、「東海道名所図会」からの引用は『東海道名所図会復刻版』上巻・下巻（羽衣出版、一九九九年）による。

一　「東海道名所図会」の概要

「東海道名所図会」は、秋里籬島が編纂した名所図会で、寛政九年（一七九七）に上方で刊行された。東海道を対象とした名所図会としては最も早いものである。その内容は、東海道五十三次とその周辺の風景・名所旧跡などを、適宜挿絵を組み込みながら、京都から江戸へ向かう順で記述している。「東海道名所図会」の構成は六巻六冊であり、巻之一の冒頭に「中山前大納言愛親」の序文と「凡例」が、巻之六の末尾に秋里籬島による「跋」と「奥書」が、配置されている。「神奈川駅中図会」の「序」＝史料1における「皇都の中山卿の御ゑらみ」とは、この「中山前大納言愛親」による序文を指す。各巻の冒頭には「目録」があり、当該巻所収の項目・内容が記されている。

巻之一の「目録」によれば、同巻の本文冒頭は「平安城」「洛東風景」「三条橋」の順とされているが、実際には「草薙御剣と申奉る八、初の御名八天叢雲剣と申なり」という記述で始まる。まず神道五部書の一つ「倭姫世記」(「倭姫命世記」)を引用して草薙御剣が「三種神宝」(三種の神器)であることを述べ、ついで「日本書紀」を引きながら草薙御剣が八岐大蛇の尾から出現したこと、さらに日本武尊の東征へと話を進めている。このように「東海道名所図会」全体のモチーフとして日本武尊の東征が意識されている点には留意しておきたい。日本武尊に関連する記述は「神奈川駅中図会」にはみられないものの、「神奈川砂子」では「金川」という地名の命名者として登場する。

六巻六冊の内容は、東海道五十三次の宿場でいえば、巻之一が京都～大津、巻之二が草津～桑名、巻之三が宮～袋井、巻之四が掛川～蒲原、巻之五が吉原～平塚、巻之六が藤沢～日本橋となる。一見してわかるように各巻の対象範囲は五十三次を六巻に分割して均等に配分したものではなく、また巻之二が尾張国の津島で終わるように、東海道だけでなく近隣の名所の記事も多い。特に神奈川宿が含まれる巻之六では、江嶋・鎌倉・金沢八景の記述が一巻全体の三分の二程を占める。

各巻の記述を概観すると次の通りになる。巻之一は、京都三条大橋から山城・近江国境の逢坂を越えて大津へ出るが、それより琵琶湖に沿って北上し、坂本から日吉山王神社・比叡山へとまわり、堅田から再び大津へ戻り、膳所で終わる。巻之二は、石山寺から「勢田橋」(瀬田橋)を経て草津へ至る。これより石部・水口・土山と東海道に沿って進み、近江・伊勢の国境を経て「坂下」(坂之下)から伊勢国へ入る。ついで、関・亀山・庄野・石薬師・四日市を経て桑名で伊勢湾へ出るが、七里の渡しではなく、伊勢湾沿いを東行して尾張国の津島社で終わる。巻之三は、宮から、草薙剣が奉納されている熱田神宮を経て、鳴海から池鯉鮒(知立)・岡崎・藤川・赤坂・御油・吉田・二川・白須賀・荒井・舞坂・浜松・見附・袋井というように三河・遠江の東海道を東進する。巻之四は、秋葉山から始まり、掛川で東海道へ戻り、日坂・金谷・嶋田・藤枝・岡部・丸子・駿府を経て、久能山から三保の松原をまわり、江尻・興津・由比・蒲原で終わる。巻之五は、吉原より始まり、原・沼津・三島へと進み、箱根より相模国へ入り、小田原・大磯・平塚を経て、大山で終わる。巻之六は、江嶋から始まり、海岸沿いに鎌倉へと進み、同地を一巡した後に金沢八景まで進む。ここまでで一巻全体の三分の二ほどを占めている。それより東海道の藤沢宿へ戻り、藤沢・戸塚・「程谷」(保土ヶ谷)・神奈川・川崎を経て、多摩川を渡り品川を経て日本橋で終わる。

二　「東海道名所図会」の「凡例」

次に「東海道名所図会」の編纂方針を全八か条の「凡例」から概観してみる。

「凡例」の第一条は「東海道ハ京師よりはじめて江戸に到る、都て十州に亘り、其駅路を標とし、名所古跡神社仏院を図会とす、駅は円囲をもつて題し、行程ハ其下に署す」であり、全体の編集方針を示している。ここでは東海道の起点を「京師」＝京都とし、終点を江戸としている。その間に属する国々は「十州」＝山城・近江・伊勢・尾張・三河・遠江・駿河・伊豆・相模・武蔵である。記述内容については「其駅路」＝東海道を「標」として「名所古跡神社仏院」を対象にするとしている。「名所古跡神社仏院を図会とす」という文言は、「神奈川駅中図会」「序」における「神社仏客(閣カ)めい所古跡を委敷しるし」に影響を与えている。

第二条は「海道の神社は延喜式神名帳に載るを選んで記す、郷里にことごとく生土神あり、多くハ勧請の神祠なれば、是を除く、然れども大廈に到ツてハ撰んで載る、寺院も亦これに准し、古刹を撰んで記し、末孤の墳寺道場の類は際限あらざればこれ又省く、大略畿内名所図会の例に倣ふ」であり、記載する神社・仏閣の基準について述べる。

神社については原則として「延喜式神名帳」に記載されている式内社に限定し、寺院についてもそれに準じるとしている。「神奈川駅中図会」跋文の「寺社の縁記」云々は本条に対応しよう。

第三条は「東海道より五里七里入るの地も亦名神名刹ハこれを挙る、所謂尾州津嶌天王、三州鳳来寺、遠州秋葉山、相州大山寺・江嶋・鎌倉等なり、余ハこれに准す」であり、東海道より五里あるいは七里程度離れた場所に存在するものであっても、「名神名刹」についてはこれを所収するという編集方針を述べる。具体的に挙げられているのは「尾州津嶌天王、三州鳳来寺、遠州秋葉山、相州大山寺・江嶋・鎌倉」である。「神奈川駅中図会」「序」の「神社仏客(閣カ)めい所古跡を委敷しるし」という記述は、以上の第一条〜第三条の内容に対応するものと思われる。

第四条は「渾て方位を示すにハ、前位に循ふて、某の東何里・某の西何町にありと証し、或ハ左の方・右の方とハ京師より東関に赴く旅者の左右なり」であり、東海道の起点である「京師」＝京都より終点である「東関」＝関東へ向かう方向を基準に「左右」を表記するとしている。「神奈川駅中図会」(と「神奈川砂子」)における記述方向は、この「東海道名所図会」の起点と終点を反転させている。

第五条は「引書ハ古来流布の紀行、和歌ハ代々の撰集、詩賦ハ名家の文集を引拠とす、軍談ハ其要を撮んで記し、神廟梵刹の由縁は社人寺僧の記せるを勘へ、又村翁野夫の諺も是なるハ載る事あり」であり、引用の書目とその基準について論じている。「神奈川駅中図会」「序」の「古詠の和歌をあつめ」と跋文の「土地の人躰・風俗」は、この第五条に対応するものであろう。

第六条は「世に鴨長明道之記同海道記といふ二書あり、予是を校ふるに、長明ハ承元五年十月十三日鎌倉へ下向し将軍実朝公に謁し、法華堂にて懐旧の和歌を詠し事、東鑑に見ゆ、厥后五年を歴て建保四年六月八日春秋六十四歳にして卒す、此事方丈記諷設に詳に録せり、初の長明道之記に仁治三年八月十日京を出るとあり、長明示寂の後廿六年を歴たり、正しくこれハ多田満仲五代孫従五位下伊賀守源光行の紀行也、和歌ハ夫木集に入ツて光行と記せり、扶桑拾葉にハ此書を源親行と署す、親行ハ光行の長子ならん歟、因之此巻中にハことごとく光行紀行と記して、長明とハ記さず、又海道記にハ貞応二年卯月上旬花洛を出立と書り、これも長明入寂の後七年を歴也、此訳鎌倉志にも和歌ハ長明にして、詞ハ後人の贅する所ならんと書り、真に辞の風體黒白にして、長明にあらざる事明らけし、長明ハ無名抄・方丈記の二書より外なし、又兼好のつれ〳〵艸に長明四季物語を引り、其頃の書ハ亡びたるならん、今世にある四季物語の二書ハ後人の准へ作れる偽書なり」であり、鴨長明著とされる二書の真偽について触れる。

第七条は「いにしへより古人の紀行、名地の図画、道中記の類殆多し、然れども街道条古今改りて旧書を見るに惑ふ事多し、予巡行して今時の見聞を記す、猶脱漏ハ後人の補遺を俟のミ」であり、古人の紀行、各地の図画、道中記の類は存在するものの、道中の実態の変化に対応しておらず、実際の旅において惑うことが多い。今回自分が巡行して現在の見分を記したが、脱漏については後人の補遺を待つとしている。煙管亭喜荘による「神奈川駅中図会」の編纂は、この条文の末尾を意識したものと思われる。

第八条は「画図ハ京師・江戸及び諸邦の寄合書也、故に画毎に姓名印章あり、細図ハ浪速竹原春泉斉の一筆により て姓名を記さず」であり、「名所図会」における重要な要素である挿絵の作者について説明している。「神奈川駅中図会」跋文の「古物・名物等をくわしく図せん」という記述は、この第八条を意識したものであろう。

三　「東海道名所図会」における神奈川宿の記述

ついで「東海道名所図会」における神奈川宿とその周辺の記述を、同書の記載順序にしたがって、史料3〜史料5

として掲げる。

〔史料3〕

（挿絵）「神奈川駅の南芝生・浅間神祠」

これにもふじの人穴といふあり

人穴の　奥千間の　宮広し　これ日本の　桃花源なり

〔史料4〕

芝生村窟

芝生村の左の方に浅間祠あり、山腹に窟あり、土人訛て、ふじの人穴といふ

〔史料5〕

武蔵神奈川

川崎まで二里半、此宿ハ舩着にして、旅舎商家多く、繁昌の地也、神奈川台とて、風景の勝地にして、中酉の方に冨士山見ゆる、右の方海辺に出崎あり、本牧十二天ノ森といふ、稲毛弁天祠あり、沖を本牧の沖といふ、又駅中に飯綱権現祠・熊野権現祠あり、又駅の北ノ端に浦嶌寺といふあり、本尊正観音、浦嶌が守仏といふ、長壱寸八分、古ハ真言宗、今浄土宗となる、寺説云むかし浦嶌が子、龍宮より帰りし時、親の霊魂を尋んとて、東の方へさすらへ、箱根山にて玉手箱をひらき、老翁となり、こゝにて親の廟所に尋あたり、此地にとゞまりけるとぞ、又浦嶋足留の所もあり、今西蓮寺といふ、又竜燈松といふもあり

史料3は、江戸の絵師恵斎政美によって描かれた「東海道名所図会」所収の挿絵「神奈川駅の南芝生・浅間神祠」中の文言。挿絵の描写内容は、後述の史料4・史料5の文章に対応しており、画面右側に芝生村浅間神社の鳥居と人

穴を配置し、左側下部の海面に帆を降ろして停泊する廻船三艘が描かれている。また「これにもふじの人穴といふあり」という文言に対応するように、「人穴の　奥千間の　宮広し　これ日本の　桃花源なり」という和歌が付されている。「千間」は「浅間」（せんげん）に掛けた言葉である。

史料4は、保土ヶ谷宿と神奈川宿の間に所在する「芝生村窟」の項目の全文である。京都から江戸へ向かう方向で「芝生村の左の方」に「浅間祠」＝浅間社があり、その山腹の「窟」を「土人」＝地元の人々は「ふじの人穴」と呼んでいるという内容である。史料3の挿絵の前提になる記述である。

史料5は、「武蔵神奈川」＝神奈川宿に関する項目の全文。その分量は、周辺の戸塚宿・保土ヶ谷宿・川崎宿よりも長めではあるが、大山寺・江嶋・鎌倉などの名所旧跡を扱った項目に比べればさして多いものでもない。ここでは四つの部分に分けて考えてみる。

第一の部分は、「二里半」という次宿である川崎宿までの里程と、「此宿」＝神奈川宿が「舩着」＝湊（神奈川湊）の所在地であり、「旅舎商家」が多い「繁昌の地」という概要を記す。神奈川宿の特徴を端的に述べた総論にあたる。「舩着」の記述は、史料3の挿絵の前提となる。一方で「繁昌の地」という評価にしては、その具体的な内容に関する記述はみられない。

総論にあたる第一の部分に対して、第二～第四の部分は神奈川宿内の著名な名所旧跡・神社仏閣を記述する各論であり、西↓東の方向で順に記されている。

第二の部分は、「風景の勝地」としての「神奈川台」（青木町の台町）の存在と、富士山の遠望や海辺の出崎である「本牧十二天ノ森」「稲毛弁天祠」という風景を挙げたもの。ただし、「稲毛弁天祠」は横浜弁天あるいは洲乾弁天の誤記である。

第三の部分は、「飯綱権現祠」「熊野権現祠」という駅中に存在する社寺の記載である。これについても祠が存在するという以上の記述ではない。

第四の部分は、「駅の北ノ端」(江戸寄りの入口付近)に所在する「浦嶌寺」(観福寺)に関するものであり、「浦嶋足留の所」である(子安村)西蓮寺と「竜燈松」の記載も含めれば、史料5＝「武蔵神奈川」の分量の半分を超える。ただし「浦嶌寺」という通称と「本尊正観音、浦嶌が守仏といふ、長壱寸八分、古ハ真言宗、今浄土宗となる」という寺の本尊や来歴に触れているにもかかわらず、観福寺・観福寿寺という寺名は記述されていない。「寺説云」として引用される「むかし浦嶌が子、龍宮より帰りし時、親の霊魂を尋んとて、東の方へさすらへ、箱根山にて玉手箱をひらき、老翁となり、こゝにて親の廟所に尋あたり、此地にとゞまりけるとぞ」という内容は、同寺の縁起に依拠するものであろう。林晃平『浦島伝説の研究』(おうふう、二〇〇一年)の第五章「浦島寺の成立と展開」第二節「神奈川浦島寺略縁起の変遷」によれば、観福寺の略縁起には「享保本」「天明本」「文政本」の三種類があるという。寛政九年(一七九七)という「東海道名所図会」の刊行年からは「天明本」を参考にしたものと思われる。「天明本」によれば、浦島太郎が玉手箱を開いた場所は「豆州・相州のさかひなる山」となっており、籬島はこれを「箱根山」と解釈したのであろう。

「東海道名所図会」における神奈川宿とその周辺の方位については、史料3に「神奈川駅の南芝生」とあり、また史料5に「駅の北ノ端に浦嶌寺といふあり」とあるように、南北方向として記述されている。この点、先述した「神奈川駅中図会」の東西方向とは異なっている。

こうした「東海道名所図会」の構成と神奈川宿の記述内容について、喜荘はどのような関心や感想を持ったのであろうか。残念ながら「神奈川駅中図会」あるいは「神奈川砂子」にそうした内容の文言はみられない。しかし、「東海道名所図会」を「素読」＝閲覧した上で、同様な名所図会形式により神奈川宿の地誌である両書を編纂したことは、当然「東海道名所図会」から影響を受けたということになる。おそらく第一には、東海道全体を対象とする構成と、「凡例」に示される内容の緻密さへの肯定的な理解が想定される。これは東海道五十三次の一つとしての神奈川宿について、「東海道名所図会」という外部からの視線・認識を意識することによって、神奈川宿に居住する喜荘が、そのことを再確認あるいは発見したということになろう。第二に、その一方で「東海道名所図会」における神奈川宿に関する叙述が少ないことや、その記述内容に誤りがみられることは、神奈川宿において生活を営む者の視点からは多少の違和感や物足りなさを抱いていた可能性が考えられる。

換言すれば、喜荘にとって「東海道名所図会」の全体構成と同書における神奈川宿の記述内容は、それまで生活を営む現場でしかなかった神奈川宿という地域が、京都から江戸へいたる東海道の一宿場として位置づけられることにより、地域認識を考える契機になったものと思われる。と同時に「東海道名所図会」における神奈川宿の記述の少なさと若干の誤りの存在からは、「凡例」第七条の「猶脱漏ハ後人の補遺を俟のミ」をふまえつつ、自らの手による神奈川宿の名所図会の編纂が十分に可能であることを感じたことだろう。

「神奈川駅中図会」の編纂にあたり、「序」・跋文の配置と挿絵・文章による構成といった形式面については「東海道名所図会」の全体構成と「凡例」を参考にしている。一方、挿絵と説明文として立項する項目については、「東海道名所図会」の神奈川宿に関する項目である「武蔵神奈川」の内容と構成を参照しているように思われる。まず、第一の部分に対応する神奈川宿の概観を述べる総論＝(2)(A)「神奈川」を冒頭に配置する。ついで、第二〜第四の部分に対応する各論＝個別の項目については、神奈川宿における生活感覚に適合的な江戸→京都の方向で構成する。さらに南北方向とされている「武蔵神奈川」における東海道と神奈川宿の方位を、(2)(A)「神奈川」との関係で東西方向に変換している。以上の点については、「東海道名所図会」における構成と記述をふまえつつ、「神奈川駅中図会」編纂にあたり喜荘が改変していく基準になったものである。

まとめ

以上、「東海道名所図会」の概要と「凡例」の内容、及び同書における神奈川宿関連の記述内容について整理した。それによれば、第一に「東海道名所図会」における東海道は、起点が京都、終点が江戸となる方向で叙述されていることと、記述のモチーフとして日本武尊による東征の存在したことが指摘できる。第二に「神奈川駅中図会」における序文・跋文が、「東海道名所図会」の「凡例」を意識しつつ執筆されていることが確認できよう。第三に「東海道名所図会」における神奈川宿の記述の分量は周辺の他宿と比べれば少なくはないものの、神奈川宿で生活を営む喜荘にとっては物足りないものとして認識されたと思われる。また、その記述の内容も「稲毛弁天祠」といった誤りや、「浦嶌寺」の寺名が記載されていない欠点も見受けられる。以上の点をふまえつつ、喜荘は「東海道名所図会」「凡例」第七条の「猶脱漏ハ後人の補遺を俟のミ」を受ける形で、「神奈川駅中図会」の編纂を志向したのであろう。

第三節　「神奈川駅中図会」における「神奈川」認識

第二節で述べたように、「東海道名所図会」の「武蔵神奈川」の第一の部分は、神奈川宿を概観しているが、その内容はきわめて短く、「素読」した喜荘にとって物足りない内容であったと思われる。そのため、「神奈川駅中図会」の編纂にあたり、本文冒頭に神奈川宿に関する総論である「神奈川」の項目を立項したと思われる。第三節では、「神奈川駅中図会」における神奈川宿認識を検討するため、同書「神奈川」の全文を史料6として掲げる。なお、検討の都合上、①～④に分けた。

〔史料6〕

神奈川

①又金川共書す、武州橘樹郡に有、江府よりは海岸七里なり、旧跡・神社・仏刹ハ末にしるす

②抑神奈川といふ名は、むかし建久四年右大将源頼朝公下野国奈須野におもむき給ふとき、武州橘樹郡内海の里霞ヶ浦に泊らせ給ふをり、前なる川に瀬ありて漲水に光るもの有、是を捜し給ふに金の神像也、此故にこの地を神奈川と号く、夫神者人の初めなり、奈を大に示すなり、又金川とも書す、金ハかねなり、川は水なり、金性水の相生の勝地也

③上下一里の余にして、西北ハ在々の田畑小山続て、東南ハ内海渺然として房総の山々鮮なり、東海道一二をあら

そふ駅なり、舩着にして商家おふく繁昌の地、常に賑敷、旅舎軒端をつらね、家として冨ざるなし、物としてあらざるなし、入舩有、出舩有、旅客を止め、賓をむかふて、糸竹の音・今様の歌艶しく、又万国の諸大名多くハ此宿ニ御旅館なり、又ハ台に茶屋、本陣御小休に、駕を停、風景を詠めらる

④台より西の方ニハ相州大山・箱根山、冨士の高根ハ白妙にして、時しらぬ雪をあらわし、南の方ハ久良岐郡の小山続、金沢・鎌倉山に続いて、遠近の連山綿々たり、本牧浦十二天の森、横浜洲乾弁天社ハ出洲にして、洲浜の長サ八町許、小松をひ茂り、緑濃に枝葉汐風吹たわめられ、駿河の清見寺より三保の松原を詠めるかと疑われ、その気色窈窕として、三千の美人紅粉を粧ふて、一度に笑るがごとし、東の方は海面遙に晴て帆かけ舩は浪を走、雲につらなれば、田面の鳫の渡に似たり、〓する舩は沖にちいさく浪間にすだく蛍火かそれかあらぬか、はるゝ夜の星かとのミぞみへたかふ、嵐烈しき折々はこゝもとに立かゝり、まろねの管を破りけり、潮にひたす月の影ハ曇らぬ鏡を洗ふがごとく、海より出て海に入、大納言通方卿の詠じ給ふ「武蔵野ハ、月の入るべき、山裳なし、お□たる末に、かゝるしら雲」等おもひ出され、又後鳥羽院下野の歌に「あふ人に、とへばかわらぬ、おなじ名の、いく日になりぬ、武蔵の、原」、風定り波なふしく、海陸の賑わひ、のぼる人・くだる人、歩より行も有、馬・乗ものにて通るも多かりき、咸この所の風景を饗応かとおもわれける

一　神奈川宿の概要

①は神奈川宿の概要を簡潔に表現した部分である。まず「又金川共書す」として、「神奈川」の地名が「金川」とも表記されることを述べる。これは「東海道名所図会」や「江戸名所図会」には類似の記述が無く、喜荘によって編

纂された「神奈川駅中図会」や「神奈川砂子」における独自なものである。喜荘はこの「神奈川」と「金川」という二つの表記を一体として認識し、②③で触れる地名の由来と神奈川宿の繁栄にとって重要な前提としている。

ついで、神奈川宿が「江府」＝江戸から海岸沿いに七里の距離にあると記す。徒歩で一〇里とされる一日の行程からは、江戸～神奈川宿間は一日で到達はするものの往復はできない距離であり、江戸の影響を受けつつも一定度独自な地域圏が成立可能であることを示している。こうした江戸との位置関係をふまえ、京都から江戸への方向で叙述され「川崎まで二里半」と記す「東海道名所図会」の順序とは異なり、江戸を中心とする神奈川宿といった地域認識を記している。「神奈川駅中図会」における挿絵・説明文の順序も江戸→京都の方向で記されており、喜荘においては神奈川宿の存在が江戸の影響を受ける範囲として認識されていることを確認しておきたい。

最後に宿内の「旧跡・神社・仏刹」については「末」に記すとしている。「末」とは(2)本文の(B)挿絵と(C)説明文が対応する。ここまでが史料6全体における序論といえよう。

二　「神奈川」「金川」の地名の由来

②は「抑神奈川といふ名は」とあるように「神奈川」という地名の由来を述べた部分である。建久四年(一一九三)に源頼朝が(鎌倉から)下野国(栃木県)「奈須野」(那須野カ)へ赴く途中、「武州橘樹郡内海の里霞ヶ浦」に宿泊した際、前にある川の水中に「光るもの」があり、それを探し出してみると「金の神像」であった。この「金の神像」の「神」にちなみ、「神者人の初めなり、奈を大に示すなり」という理由によって、源頼朝がこの地を「神奈川」と名付けたとする。「奈」の文字が「大」と「示」から構成されることにもとづく説明である。ここでは「神奈川」命名以

前の地名として「内海の里霞ヶ浦」が記されているが、「内海の里」は内海家からの連想であろうか。また、「金の神像」が出現した「前なる川」の特定や「金の神像」の内容に関する記述はみられない。鎌倉時代の歴史書である「吾妻鑑」巻十三によれば、頼朝の「奈須野」=「那須野」行は建久四年三月下旬から四月初頭にかけてであり、三月二一日に鎌倉を出発している。源頼朝による「神奈川」の命名を歴史的に位置づけるため、鎌倉より北に位置する神奈川の地を頼朝が通過する行程を設定したことになる。行程の目的地である「奈須野」の地名も、本来は「那須野」の表記と思われるが、「奈」の文字を強調するため、「奈須野」が意識的に使用されているのであろう。

さらに「又金川とも書す」として、「金川」という表記が存在することを紹介する。先述の「金の神像」が出現した「川」からの想起と思われるが、その点の説明はない。そして、「金ハかねなり、川は水なり」として、金→水という「金川」の文字の上下の関係が五行説の「相生」に順応する「勝地」であるとする。

このように喜荘による「神奈川」「金川」の地名説話とその意味付けはおおむね五行説に立脚している。五行説は、木・火・土・金・水の五種類の元素によって世界が構成されるという考え方であり、それぞれの元素に方位や色が配当されている。元素相互の関係については、木が火を生み出し、火が土を生み出すという生成の順序=相生があり、金→水という順序もまた相生にあたる。神奈川宿の繁栄の理由を「神奈川」「金川」という地名それ自体に見いだそうとする喜荘の意識が窺われる。また、五行説との関係でいえば、源氏の旗印である白旗をふまえている可能性もあろう。白は五行説によれば金に配当される色であり、金の方位は西にあたる。おそらく頼朝が幕府を開いた鎌倉の「鎌」の字が金偏であることや、源氏である徳川将軍家の居城・江戸からみたときに金の方位である西方に位置するという神奈川宿の地域性とあわせて、こうした事柄が喜荘にとっては暗黙の前提になっているのであろう。

ちなみに「江戸名所図会」における「神奈川」の地名の由来は、巻之二の「上無川」の項目に「本宿中の町と西の町との間の道を横きりて流るゝ小溝を号く、この所に架す橋を上無橋と称す」、「常ハ水涸て僅の小流なり、水源定ならさる故に、上無川と云、則神奈川の地名の興る所以にして、後世美・志の二字を略して、かな川とは云けるなり、品川も亦下無川なりしを、是も毛・志の二字を省きてかく呼ける由、寛永五年斉藤徳元の紀行にミえたり」と記されている。ここでは「上無川」が神奈川の語源であり、品川の語源が「下無川」であることに対応し、江戸を基準として京都に近い神奈川を「上」に、京都より遠い品川を「下」に、それぞれ設定している。もっとも「江戸名所図会」では「上無川」を「本宿中の町と西の町との間の道を横きりて流るゝ小溝」として、「上無川」が神奈川町の「本宿」＝「本町」を構成する四か町の内、「中の町」(仲之町)と「西の町」(西之町)の「間の道」＝東海道を流れる「小溝」とするが、実際の上無川は荒宿町に存在しており、「江戸名所図会」における場所の記述は誤りということになる。

なお、天保一五年(一八四四)作成・刊行の神奈川宿案内ともいうべき一枚物の木版刷である「細見神奈川恵図」では、「神奈川」の地名の由来について、「神奈川、一ニ金川ニモ作ル」として異称である「金川」表記を紹介しつつも、「爰ニカミナシ川ト云伝、此ミトシヲハブキ、カナ川ト呼ブト云、シモナシ川ヲ品川ト云フト同ジトス」として「江戸名所図会」の見解に依拠しており、喜荘による「神奈川駅中図会」「神奈川砂子」における地名由来は採用されていない。

三　神奈川宿の地勢と繁昌の内容

③は神奈川宿の地勢と繁昌の内容について述べている。まず、東海道に沿う神奈川宿の長さを「上下一里の余」とした上で、神奈川宿からの眺望を西北と東南に分けて説明する。「西北」には在々の田畑や小山が続き、「東南」には

内海（東京湾）が茫洋として広がり、その遠方には房総の山々が鮮やかに見えるとする。後述する勝景を導く記述であろう。

ついで、「東海道名所図会」では具体的に記述されなかった神奈川宿の繁栄ぶりを記す。まず「東海道一、二をあらそふ駅なり」として東海道五十三次の中でも一、二を争う「駅」＝宿場として神奈川宿を位置づける。あわせて「舩着」＝湊（神奈川湊）の所在地であり、「商家」が多い「繁昌の地」であるとする。この部分は「東海道名所図会」の「此宿ハ舩着にして、旅舎商家多く、繁昌の地也」という記述をふまえたものであろう。そして「常に賑敷、旅舎軒端をつらね、家として冨ざるなし、物としてあらざるなし」という具体的な繁栄ぶりを記している。また、「入舩有、出舩有、旅客を止め」というように神奈川宿＝神奈川湊は海上交通・陸上交通の接点であり、神奈川宿へ来訪した人々を「賓」として迎えて「糸竹の音・今様の歌」が「艶しく」響くとする。「万国の諸大名」の多くが「此宿」＝神奈川宿に宿泊、あるいは台（台町）の茶屋や宿場の本陣に「小休」する際には、その「駕」＝行列を留めて、風景を眺めるとしている。「東海道名所図会」「武蔵神奈川」における第一の部分と比較すれば、より具体的に繁栄の内容を叙述していることになる。

しかし、この部分の表現は、「東海道名所図会」巻之六における「武蔵品川」＝品川宿の「品川の駅ハ東都の喉口にして、常に賑しく旅舎軒端をつらね、酒旗肉肆海荘をしつらへ、客を止め、賓を迎ふて、糸竹の音今様の歌麗しく、渚にハ漁家おほく肴つかつ声々、沖にはあごと唱ふる海士の呼声、おとづれて風景足らずといふ事なし、こゝハ東海道五十三次の館駅の首たる所なるべし」という記述を、ほぼそのまま転用した内容である。喜荘が「東海道名所図会」の品川宿の部分をも読んでいたことを示すとともに、「神奈川駅中図会」編纂の段階では神奈川宿の繁栄の内容を独自に記述するだけの準備がなかったことを窺わせる。

四　神奈川宿台町からの景観

④は、「台から西の方ニハ」とあるように、神奈川宿を代表する景勝地である青木町の台町からの眺望を、西・南・東の三方面に分けて叙述している。「東海道名所図会」「武蔵神奈川」における第二の部分である「神奈川台とて、風景の勝地にして、申酉の方に冨士山見ゆる、右の方海辺に出崎あり、本牧十二天ノ森といふ、稲毛弁天祠あり、沖を本牧の沖といふ」と、第三の部分である「又駅中に飯綱権現祠・熊野権現祠あり」に対応する。あわせて繁昌の地である神奈川宿が同時に景勝の地でもあることを、台町からの眺望に代表させて述べている。

台町より「西の方」には「相州大山・箱根山」や雪をいただいた「冨士の高根」が、「南の方」には「久良岐郡の小山続」から「金沢・鎌倉山」へ続く「遠近の連山」が「綿々」として連なる遠景がみえる。一方、近景としては、眼下に「本牧浦十二天の森」と「洲浜の長サ八町許」の「横浜洲乾弁天社」の「出洲」が広がっている。遠景と近景を対比しつつ、眺望の素晴らしさを表現している。ここでは「稲毛弁天祠」と記した「東海道名所図会」の誤りを、「横浜洲乾弁天社」と訂正している。眼下に広がるこの「出洲」に生い茂る小松の枝葉が汐風に吹かれる様子は、東海道沿いの名所として知られる駿河の清見寺から三保の松原を眺める風景のごとくであり、「窈窕」として「三千の美人」が「紅粉」を粧いて一度に微笑むようであるという。

台町の「東の方」には、晴れていれば海上遙かにみえる多数の帆かけ船が浪の上を走り、雲が掛かればそれらの船が水田の上を飛ぶ雁の群のようにみえるという昼間の情景を記す。ついで、比較するように夜の情景を述べる。すなわち沖合で漁をする船の漁り火を蛍火や星になぞらえ、嵐の激しい波は平安を破る。海に写る月の影は曇らぬ鏡を洗うようであり、「続古今和歌集」所収の「大納言通方卿」（源通方）の「武蔵野ハ」云々の和歌が思い出されるとし、さらに後鳥羽院下野が詠んだ「あふ人に」云々の和歌を引用している。最後に結びにあたるように、神奈川宿の繁栄について「海陸の賑わひ」と東海道を徒歩・馬・乗物によって往来する多数の人々、そしてそれらの人々を「饗応」する「風景」といった要素にまとめ、繁栄の地であるとともに景勝の地でもある神奈川宿の特性を端的に記述している。

ただし、この部分は「東海道名所図会」巻之六の「武蔵品川」の内、「御殿山」の「丘山にして嶮しからず、桜樹繁茂し、弥生の花盛には春色に乗じ、貴となく賤となくこゝに宴し京師の嵯峨御室にも異ならず、さながら雲と見れば雪とちりて、花の香四方にかほりて酒をすゝめ、歌詠詩を賦すも多かめり、特に風景の地にして、東南の方ハ海面はるかに晴て帆かけ舩、波をはしり、雲につらなれば、田面の鴈のハたるに似たり、釣する蜑のいさり火は沖にちいさく浪間にすだく蛍火かそれかあらぬか、はるゝ夜の星かとのミぞみへまがふ、嵐はげしきをり〳〵は波こゝもとに立かゝり、まろねの夢をやぶりける、潮にひたす月の影は曇らぬ鏡を洗ふが如く、海より出て海に入、大納言通方卿の詠じ給ひし「むさし野ハ、月の入るべき、山もなし、お花が末に、かゝるしら雲」など思ひ出され、又後鳥羽院下野の歌に「あふ人に、とへどかハらぬ、おなじ名の、いく日になりぬ、むさしの、原」、風定り波なふして、海陸の賑ひ、のぼる人・くだる人、歩より行もあり、馬・のり物にて通るも多かりき、咸此所の風景を饗応かとおもハれける」とほぼ同文であり、「東海道名所図会」の当該部分を模倣していることになる。先述した③後半の部分とあわせて、「序」における「かれをうつし、これをまねて」の文言に該当するものであり、喜荘による「東海道名所図会」の読み込みと、「神奈川駅中図会」作成における準備不足を示すものといえよう。

まとめ

以上、①〜④に分けて「神奈川」の項目を検討した。①では「神奈川」「金川」という二つの表記が一体のものとして認識されていることと、東海道の起点である江戸→終点である京都の方向で叙述されていることが指摘できる。いずれも喜荘にとっては②の前提として重要な事柄であった。②では、「神奈川」の地名の由来について、「前なる川」における「金の神像」の出現をふまえて、東国の平和をもたらした人物の一人である源頼朝によって命名されたとする。あわせて「金川」という表記を紹介して、五行説に依拠しつつ、「神奈川」「金川」という地名により神奈川が繁栄する理由を説明している。この際、「金」の文字が西方を意味することと、京都が神奈川宿の西側に存在することが論理上不可欠であり、第一節でみたように東海道の方位が南北方向ではなく東西方向とされる必要性がある。③では神奈川宿の繁栄の状況を描き出している。しかし、その繁昌を示す文言は、「東海道名所図会」中の「武蔵品川」＝品川宿の記述を転用したものであり、神奈川宿における独自の描写を表現するにはいたっていない。④では神奈川宿を代表する景勝地として台町を取り上げ、同地からの眺望の良さを述べる。ここでは「東海道名所図会」における「稲毛弁天」の誤りを修正している。しかし、繁栄や眺望の記述は、③と同様に「東海道名所図会」の「武蔵品川」の内の「御殿山」の記述を転用・模倣している。

このように、「神奈川」の項目において、①では「東海道名所図会」における京都を起点とし南北方向に位置づけられていた神奈川宿の存在を、江戸との関係に組み替えるとともに、後述する②との関係で東西方向に変更している。②では「神奈川」の地名の由来を「前なる川」における「金の神像」の出現から源頼朝による「神奈川」の命名と、あわせて「金川」という表記の存在を紹介しつつ、この二つの地名表記を一体的なものとして認識している。この地名説話は「神奈川駅中図会」の編纂にあたり喜荘が創出したものと思われ、同書独自の発想といえる。そして、この「神奈川」「金川」という地名が神奈川宿の繁栄をもたらしているとする。しかし、神奈川宿の具体的な繁栄を記す③や、代表的な景勝地として取り上げた台町からの眺望を述べた④においては、その具体的な記述内容を「東海道名所図会」の品川宿の部分より転用しているように、独自の内容を記すことができなかった。この点は「序」や跋文にみられるように喜荘自身にとって不満足なものであったと思われる。

第四節　挿絵の紹介

第四節では、「神奈川駅中図会」に所収されている(B)挿絵について検討する。本書では挿絵の全てを掲載していないが、神奈川宿の紹介を兼ねて、その内容を概観しておきたい。「神奈川駅中図会」所収の(B)挿絵は、原則として東(江戸・川崎側)より西(京都・保土ヶ谷側)への順序で配置されている。

まず、第一節であげた一覧を再掲すると、次の通りである。

(あ)「定杭」、(い)「観福寺之図」、(う)「名号石」、(え)「浦嶌父子塔」、(お)「多宝塔」、(か)「礎」、(き)(浦島寺縁起)、(く)「新町・長延寺之図」、(け)「新町・良泉寺之図」、(こ)「荒宿・神明社・能満寺之図」、(さ)「荒宿土橋・上無川・慈雲寺之図」、(し)「十番町・九番町・熊野社・金蔵院之図」、(す)「田畑之図」、(せ)「仲之町・四ツ角・猟師町・諏訪社之図」、(そ)「問屋役所之図」、(た)「御殿町之図」、(ち)「飯田町・成仏寺の図」、(つ)「禁札」、(て)「名号石之図」、(と)「小伝馬町・吉祥寺之図」、(な)「二ツ谷町・慶運寺之図」、(に)「西之町・御本陣・瀧之橋之図」、(ぬ)「宗興寺之図」、(ね)「浄龍寺之図」、(の)「海沖漁之図」、(は)「青木町・洲崎社之図」、(ひ)「本覚寺之図」、(ふ)「一里塚・三宝寺・飯綱社之図」、(へ)「東台之図」、(ほ)「西台之図」、(ま)「軽井沢勤行寺之図」。

検討にあたり、便宜上、全三一項目を、一「定杭」(あ)「定杭」、二「観福寺関係」(い)「観福寺之図」〜(き)(浦島寺縁起)、三「神奈川町の部分」(く)「新町・長延寺之図」〜(に)「西之町・御本陣・瀧之橋之図」、四「青木町の部分」（ぬ）「宗興寺之図」～（ま）「軽井沢勧行寺之図」の四つに区分する。第一の部分の（あ）「定杭」は挿絵全体の序論にあたるもの。第二の部分は「東海道名所図会」における「神奈川宿」の項目で分量の半分以上を費やした神奈川町の並木町観福寺に関連するもの。一寺院を対象とした挿絵としては数が多いので一つのまとまりとした。この部分は第二節で検討した「東海道名所図会」「武蔵神奈川」の第四の部分に対応するものである。第三の部分は神奈川町に、第四の部分は青木町に、それぞれ属している。

一　定杭

（あ）「定杭」は、宿場の入口に建てられ、宿場名と代官・領主の名前を書いた杭である。「神奈川駅中図会」では「定杭　並木町入口に有、文字ハ略す」と記されているように、宿場名等の本来の文言は省略され、かわって「従是左、東海道神奈川宿之図」という文言があり、これ以降、神奈川宿に関する挿絵が続くことを示している。本文である挿絵・文章の冒頭にこうした「定杭」の挿絵を配置していることは、喜荘が記述対象である神奈川を東海道の宿場＝神奈川宿として認識していることを意味している。

二　観福寺関係

次に（い）～（か）までは観福寺関係の挿絵である。観福寺は「東海道名所図会」において「浦嶌寺」と記されている寺院である。「神奈川駅中図会」では、一つあるいは複数の寺社が一枚の挿絵に描かれることが多く、その意味では

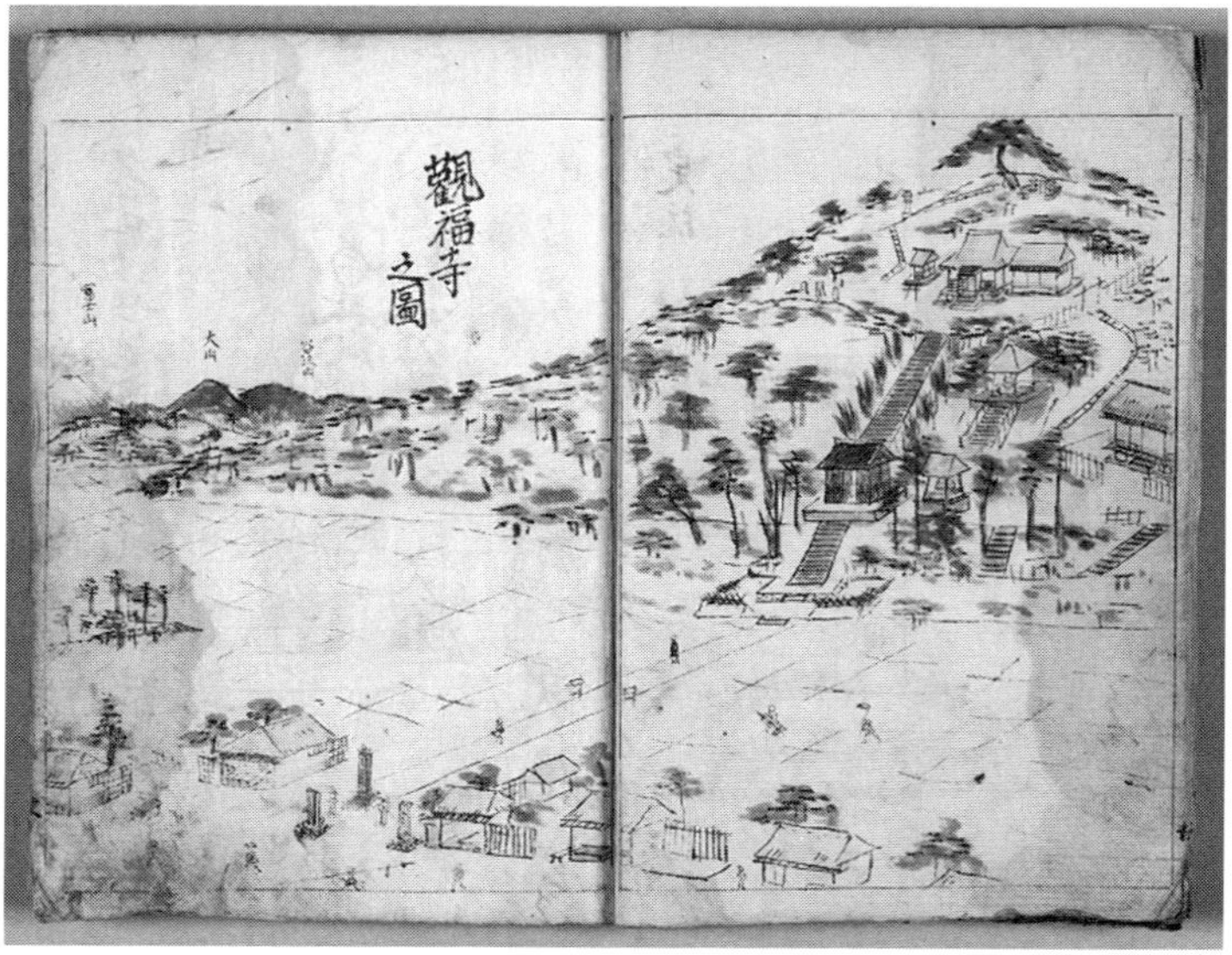

「神奈川駅中図会」(い)「観福寺之図」(横浜市歴史博物館所蔵)

観福寺の取り扱いは異例である。「東海道名所図会」「武蔵神奈川」の第四の部分における「浦嶌寺」記載に対応させる目的であろう。

(い)「観福寺之図」は、神奈川宿の東側入口に位置し、浦島伝説に関連した名所「浦嶌寺」として有名な観福寺(観福寿寺)を描いたもの。同寺が立地する丘陵と、東海道よりの参道の情景が描かれている。遠方に富士山・大山・谷沢山(丹沢か)が記されているのは、遠望の景観を示す意図であろう。

これに続く(う)「名号石」~(か)「礎」は、観福寺境内の石造物である。(う)「名号石」には「南無阿弥陀仏」の六字名号が記されており、台座には「徳本行者専修念仏弘通道場」という文言がみえる。その所在地は「門前に有、高サ壱丈許」とあり、同寺の門前に位置すると記されるが、先述した(い)「観福寺之図」の山門前には確認できない。東海道に面した参道の入り口に立つ石塔類の一本であろうか。(え)「浦嶌父子塔」は「竜燈の松の下ニあり、甚古代の躰にして、此類鎌倉に多く有」とあるように、観福寺の山頂に存在する「龍燈の松」の根元に存在し、「古代の躰」にみえるという。(お)「多宝塔」は「仏てんの前に有」とあり仏殿の前に存在している。挿絵の石に「徳本行者塔」という文字がみえる。(か)「礎」は、「門前左右ニアリ」と記されているが、これも(う)「名号石」と同じく、東海道に面した参道の入口に存在したものである。右側の石塔の正面には「淳和天皇勅願所　古跡」とあり、右面に「父浦嶌太夫廟所　子浦嶌太郎齢塚」、左面に「浦島大明神・亀化龍女神鎮座　大坂堀江　浦嶌講中」と記されており、この石塔が「大坂堀江　浦嶌講中」によって寄進されたことがわかる。海上交通を通じた神奈川湊と大坂との密接な関係と、東京湾の海上交通において観福寺が立地する丘陵が航路の目印(山当・目当の対象物)であることを窺わせる。左側の石塔には「龍宮伝来浦島観世音　浦島寺」という文言が刻まれている。台座が亀となっているのは浦島伝説との関連である。

こうした観福寺における石造物等について、林晃平『浦島伝説の研究』第五章第一節「神奈川浦島寺の興亡」では「仁王門は文政五年五月、名号塔・徳本上人廟塔は八月に、開山堂は六年八月に成就した」(同書二四九頁)としており、(お)「多宝塔」が徳本上人廟塔と思われることから、「神奈川駅中図会」における観福寺の挿絵は文政五年(一八二二)八月以降の状況を描いていることになる。

これに続く観福寺の由来を記す文章の(き)を、史料7として掲げておく。

〔史料7〕

抑浦嶋寺の縁記をくわしく尋ぬるに、往昔人皇二十二代雄略天皇御宇相州三浦の住人水江の浦嶋大夫の子同太郎、神女に携て龍宮江到て、三百余年をすきて、旧里ニ帰り、父の墳墓を尋て、此所ニ来り、白幡の峯ニ有ける父か墓詣して、龍宮よりたづさへ来りし玉匣観世音の像を当寺におさめ、暇乞して、霊亀ニ乗して龍宮へいたりぬ、人々仰信のあまり神體を模作し、浦嶋大明神・亀化龍女神と崇奉りぬ、爾来ほのかに天聴に達し、淳和天皇深く叡信ましく、勅願所の宣命を下し賜ふ、故に浦嶋の神社共、八千歳の御社とも申奉りき、おりく霞ヶ浦に大なる霊亀浮み出、漁船拝見の者多く、是を浦嶋亀といふ、亦山の頂に古松の大樹有、おりく龍燈かゝる事有、又浄土宗の第四祖白旗上人中興して念仏門なし給ふ、因縁の然るべきにや、徳本上人関東飛錫のとき、自坊最初の地ニして、根本の道場なり、これに依て行者の生像を客殿に安置し、相継て弟子中住務をなしけり

この「浦島寺の縁起」の内容は、前述の『浦島伝説の研究』第五章第二節に記された「享保本」「天明本」「文政本」という三種類の観福寺略縁起の内、文政三年(一八二〇)の刊行と推定されている「文政本」にもとづくものである。「東海道名所図会」で使用されたと思われる「天明本」よりも新しい縁起に依拠している。なお、「山の頂に古松の大樹有、おりく龍燈かゝる事有」とされる「古松の大樹」は龍燈松である。

三　神奈川町の部分

(く)〜(に)は神奈川町を扱った挿絵である。

(く)「新町・長延寺之図」は、神奈川町の新町の東海道沿いにある長延寺付近を描いたもので、同寺の門前に東海道をはさんで両側に存在する塚は、神奈川宿の江戸方見附と思われる。見附とは宿場の入口(江戸側・京都側)に目印として造られた構造物であり、宿場の範囲を視覚的に確認させるものである。ただし、実際の形状は、本図に見られるような一里塚状ではなく、土居に近いものであった。

(け)「新町・良泉寺之図」は、前図に引き続き新町の良泉寺(良仙寺)付近の東海道の情景である。

(こ)「荒宿・神明社・能満寺之図」は、荒宿町の神明社・能満寺付近の東海道の情景である。向かって右側に能満

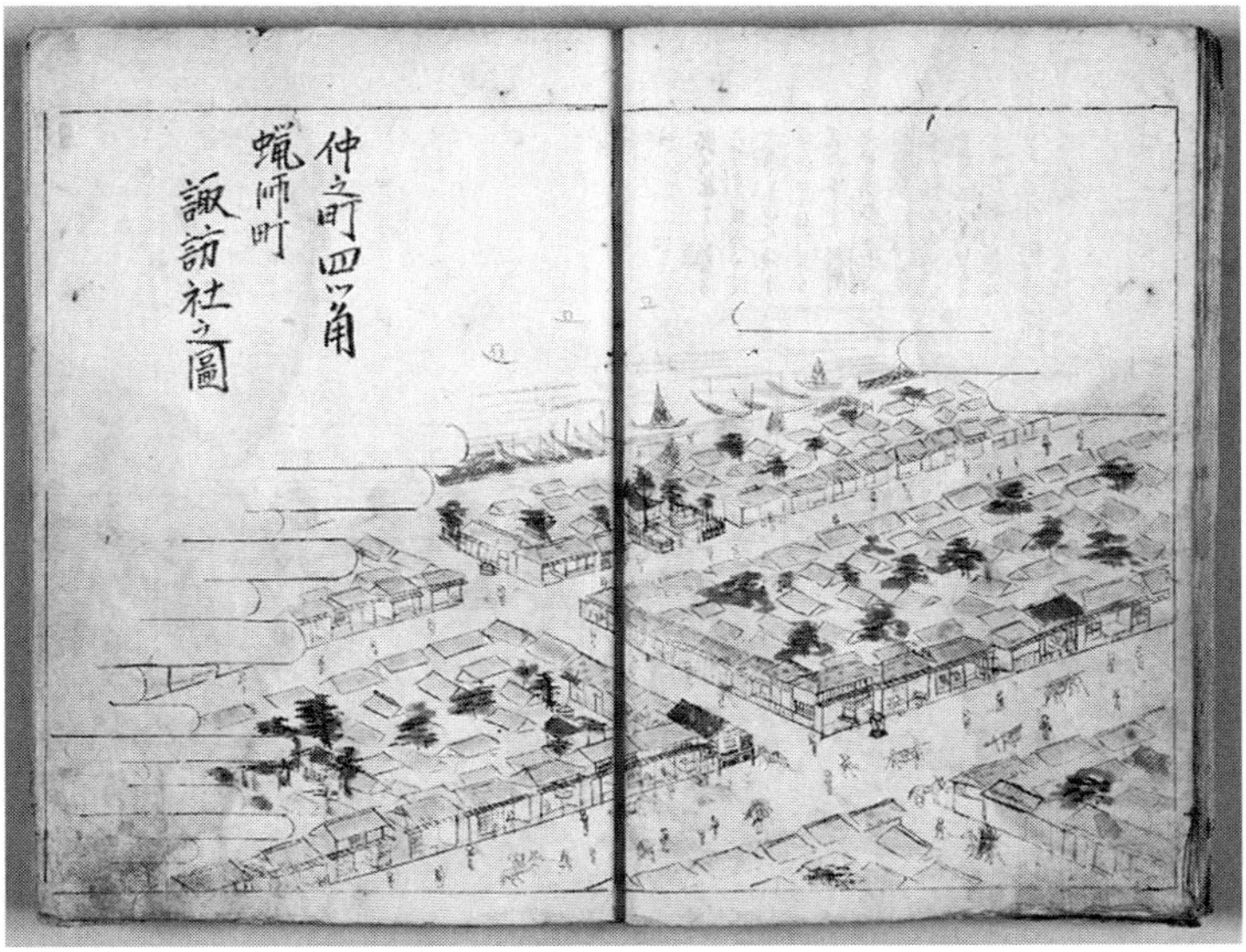

「神奈川駅中図会」（せ）「仲之町・四ツ角・猟師町・諏訪社之図」（横浜市歴史博物館所蔵）

寺が、左側に神明社が、それぞれ描かれている。

（さ）「荒宿土橋・上無川・慈雲寺之図」は、同じく荒宿町の土橋・上無川・慈雲寺を描いている。右側の川が上無川で、それに架かる土橋がみえる。その左側に慈雲寺がみえる。

（し）「十番町・九番町・熊野社・金蔵院之図」は、神奈川町の中心である十番町・九番町付近の東海道の情景を描いたもので、右から金蔵院・熊野社と並んでいる。

（す）「田畑之図」は、神奈川御殿跡裏の瀧の川沿いの田園風景と丘陵部を描いたもので、左手に二ツ谷町がみえる。その上部には「蛇坂」をのぼって「城山」と呼ばれる丘陵の頂点がある。図中に「瀧の橋より乾の方六町斗に、城山といふて小高き小山の頂に平地なる所あり、天正年中相州小田原の城主北条氏政の幕下に平尾内膳居城とす、是ゆへにわきなるさかを平尾坂といふ、土人訛まつて蛇坂といふ」という文章があり、「平尾坂」（へいびさか）が訛って「蛇坂」となったという由来が述べられている。「城山」より瀧の川をはさんだ対岸に「河内屋」という文字が記され

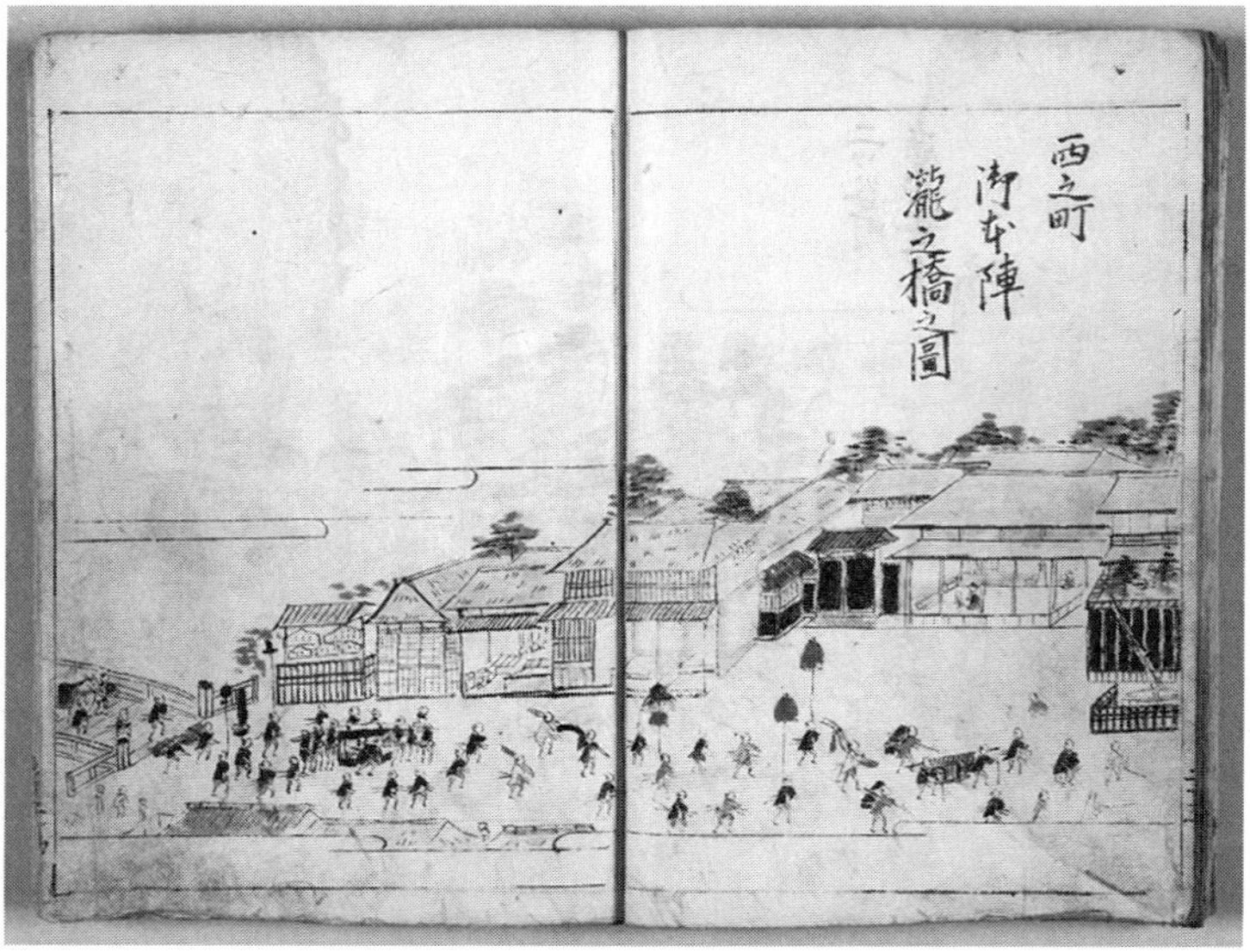

「神奈川駅中図会」(に)「西之町・御本陣・瀧之橋之図」(横浜市歴史博物館所蔵)

ているが、そこにみえる家を指すのかは定かではない。

(せ)「仲之町・猟師町付近の情景である。これまでの挿絵が海側より描くのとは異なり、山側からの視点となっている。画面を左右に横切る道が二本存在するが、手前が東海道である。これに対して、二本の道に対して交差するように、右下から中央に向かっている道が一本存在し、この道と東海道との交差点が「四ツ角」である。画面上部の奥には海岸がみえ、砂浜に漁船がみえる。この一帯が猟師町となる。諏訪社はほぼ中央部にみえる社であろう。

(そ)「問屋役所之図」は、神奈川町に置かれた問屋場の情景である。街道より若干下がって建物があり、帳場に座って事務を執る宿役人二名がみえる。

(た)「御殿町之図」は、東海道の裏にある道筋に沿う御殿町を描いたもの。右側に広がる耕地が御殿(神奈川御殿)跡、その左に比較的広い屋敷が二軒続く。これは御殿の廃止後、神奈川町に居住するようになった御殿番(御殿を管理する役人)の屋敷である。

(ち)「飯田町・成仏寺の図」は神奈川町飯田町にある成仏寺付近の情景である。(つ)「禁札」と(て)「名号石之図」は、成仏寺に関連するもの。(つ)「禁札」は「天正十八年四月日」付のもので「此高札ハ天正年中太閤秀吉公北国巡見之時、当寺へ御建有りしといふ」とあるが、実際には豊臣秀吉の小田原出兵時のもの。「成仏寺門前ニあり」と記されているように、成仏寺の門前に建てられていた。(て)「名号石之図」は「南無阿弥陀仏」という六字名号の石塔で、「本堂の西の方」にあるという。

(と)「小伝馬町・吉祥寺之図」は、神奈川町小伝馬町の情景である。左側にあるのが吉祥寺。海をはさんで「海保山」という文字がみえる。子安村の海保氏の屋敷であろうか。

(な)「二ツ谷町・慶運寺之図」は、神奈川町の二ツ谷町にある慶運寺付近を描いたもの。手前の川は瀧の川で、小舟が二艘みえる。河川交通として瀧の川が用いられたことの表現であろう。

(に)「西之町・御本陣・瀧之橋之図」は、神奈川町の西之町にある神奈川町本陣(石井本陣)と、青木町との境にあたる瀧の橋の情景を描いたものである。本陣との関連であろうか、東海道には参勤交代の大名行列が描かれている。瀧の橋の東詰には高札場があり、五枚の高札が掲げられている。

四　青木町の部分

(ぬ)〜(ま)は青木町を扱った挿絵である。

(ぬ)「宗興寺之図」から青木町の情景となる。本図は、権現山の麓にある瀧横町の宗興寺を描いたもの。右手中央に神奈川宿の名水として知られた宗興寺の井戸と、水桶を担いで井戸へ向かう人物が描かれている。左側には石段を

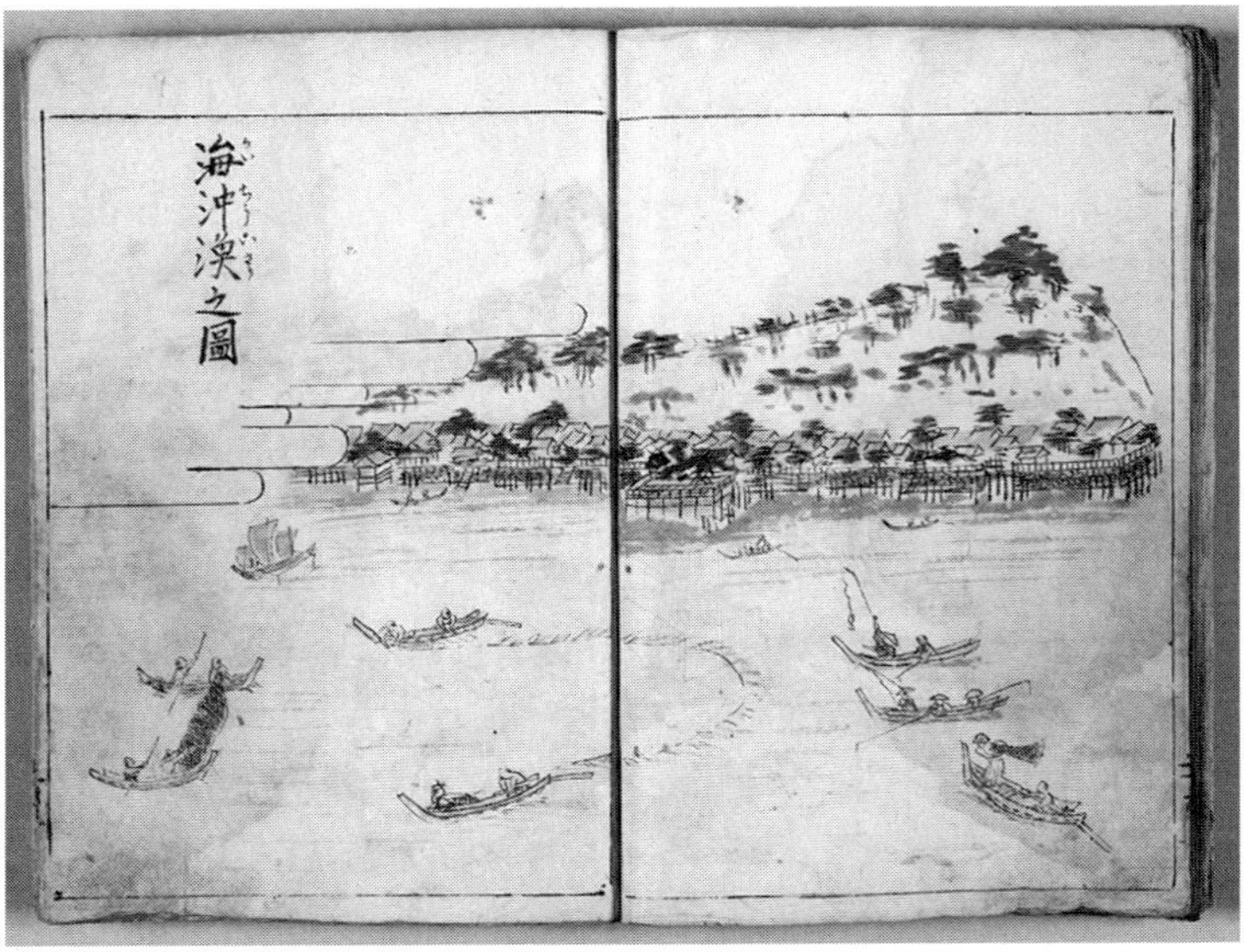

「神奈川駅中図会」(の)「海沖漁之図」(横浜市歴史博物館所蔵)

登った頂上に観音堂と思われるお堂がある。

(ね)「浄龍（ママ）寺之図」は、瀧横町の浄瀧寺を描いたものである。

(の)「海沖漁之図」は、青木町の沖合における漁猟風景。さまざまな漁法が描かれているが、右側の三艘の船の構図は「東海道名所図会」巻之六所収の挿絵「芝海漁舟」の右側を模倣しているようにみえる。

(は)「青木町・洲崎社之図」は、権現山を回り込むように湾曲している東海道と青木町の町並みを描いたもの。中央の山が権現山で、左の神社が洲崎社である。

(ひ)「本覚寺之図」は、青木町の本覚寺と、その参道を描いたものである。

(ふ)「一里塚・三宝寺・飯綱社之図」は、青木町の三宝寺と飯綱社を描いたもので、右から三宝寺・飯綱社と並んでいる。東海道に沿って両者の中間にあるのが青木の一里塚であるが、海側の一里塚は頂部しかみえない。

(へ)「東台之図」と(ほ)「西台之図」は、青木町の台町を描いたもの。(へ)「東台之図」は、台町の東側の部分で、

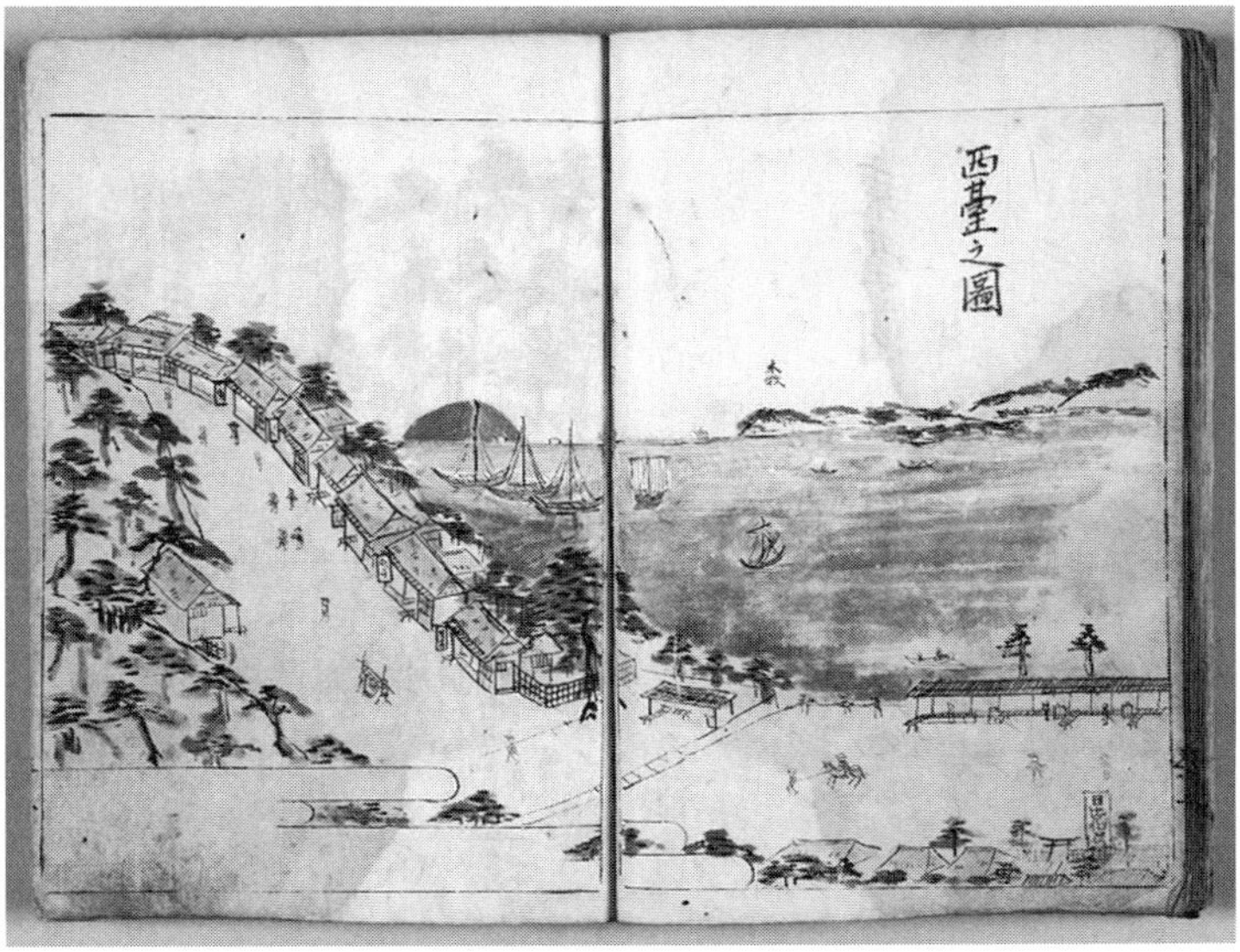

「神奈川駅中図会」（ほ）「西台之図」（横浜市歴史博物館所蔵）

江戸から京都へ向かう方向では登り坂となる。眺望の良さをうかがわせる構図である。（ほ）「西台之図」は、台町の坂の頂上を過ぎ、下り坂になっている地点。沖合に帆を下ろして停泊する和船が三艘みえ、この場所が神奈川湊の廻船の碇泊地であることを示す。その背後には、日の出の太陽がみえる。海をはさんでは「本牧」の地名がみえる。台町からの眺望の良さと、湊としての賑わいを感じさせる。

（ま）「軽井沢勤行寺之図」は、青木町軽井沢にある勤行寺付近の情景を描いたものである。ここはすでに青木町のはずれである。

まとめ

以上、「神奈川駅中図会」所収の挿絵について、掲載の順序にしたがって、四つに区分して簡単な内容紹介を行った。（あ）「定杭」と（い）〜（き）の観福寺関係の挿絵については、喜荘による意図的な配置が窺える。これに対して、神奈川町の部分である（く）〜（に）と青木町の部分である

(ぬ)～(ま)は、宿内の社寺を中心的な描写対象としてその周囲を描いており、挿絵における強い意図はあまり感じられない。

次に「神奈川駅中図会」における挿絵の内容を分類すると、次の三種類に分けられる。

第一は、東海道に沿った神奈川宿の情景を東→西の方向で分割して描く部分図であり、(い)「観福寺之図」、(く)「新町・長延寺之図」、(け)「新町・良泉寺之図」、(こ)「荒宿・神明社・能満寺之図」、(さ)「荒宿土橋・上無川・慈雲寺之図」、(し)「十番町・九番町・熊野社・金蔵院之図」、(せ)「仲之町・四ツ角・猟師町・諏訪社之図」、(に)「西之町・御本陣・瀧之橋之図」、(は)「青木町・洲崎社之図」、(ひ)「本覚寺之図」、(ふ)「一里塚・三宝寺・飯綱社之図」、(へ)「東台之図」、(ほ)「西台之図」、(ま)「軽井沢勤行寺之図」が該当する。原則として海側より山側を望む方角で描かれている。挿絵の中心となる寺社等の対象物に近寄った構図であり、これらの挿絵をつないでも東海道沿いの神奈川宿の景観が連続的に描かれているわけではない。「神奈川駅中図会」において当初からそうした意図は想定されていなかったことになろう。

第二は、東海道から分岐あるいは並行した枝道に位置する部分を第一の挿絵と同様に俯瞰図として描いたものであり、(す)「田畑之図」、(た)「御殿町之図」、(ち)「飯田町・成仏寺の図」、(と)「小伝馬町・吉祥寺之図」、(な)「二ツ谷町・慶運寺之図」、(ぬ)「宗興寺之図」、(ね)「浄龍寺之図」が含まれる。構図の取り方は前者と同様に対象物に近寄ったものである。

この二種類の挿絵は、神奈川宿を概説的に説明する内容である。また、(い)「観福寺之図」に対応して、(う)「名号石」、(え)「浦嶌父子塔」、(お)「多宝塔」、(か)「礎」、(き)(浦島寺縁起)が、(ち)「飯田町・成仏寺の図」に対応して、(つ)「禁札」、(て)「名号石之図」が、それぞれ部分の詳細を描く挿絵として付加されている。

第三の種類はそれ以外のもので、(あ)「定杭」、(そ)「問屋役所之図」、(の)「海沖漁之図」が該当する。それぞれ特定の意味・テーマを持たせた内容ではあるが、神奈川宿の特色を出すものとしては数が少ない。

喜荘自身が跋文において不足している要素として挙げた四点の内、挿絵に関係する②年中行事、③土地の人躰・風俗、④古物・名物についてみれば、③については神奈川宿沖合の漁撈を描く(の)「海沖漁之図」、④に関連しては観福寺関係の(う)「名号石」、(え)「浦嶌父子塔」、(お)「多宝塔」、(か)「礎」と、成仏寺関係の(つ)「禁札」、(て)「名号石之図」が、それぞれ該当する挿絵になるが、量的には明らかに少ない。

結局、名所図会形式の地誌として必要不可欠な挿絵については、分量・内容とも必要最低限のレベルは維持しているものの、「神奈川駅中図会」の対象である神奈川宿の特徴をクリアに表現するまでにはいたっていないことになる。

第五節　説明文の内容

第五節では、前節の挿絵に引き続き、本文の内(C)説明文について検討する。こちらも再掲になるが、一覧を示しておく。

(ア)「瀧之橋」、(イ)「両御本陣」、(ウ)「御高札」、(エ)「御守殿跡」、(オ)「帰国山観福寺」、(カ)「海見山長延寺」、(キ)「海岸山良泉寺」、(ク)「正一位笠脱稲荷大明神」、(ケ)「海運山能満寺」、(コ)「神明宮」、(サ)「荒宿橋」、(シ)「上無川」、(ス)「観行山慈雲寺」、(セ)「平尾山東光寺」、(ソ)「長光山妙仙寺」、(タ)「神境山金蔵院」、(チ)「熊野三社大権現」、(ツ)「海浦山吉祥寺」、(テ)「正覚山成仏寺」、(ト)「吉祥山慶運寺」、(ナ)「海浜」、(ニ)「諏訪大明神」、(ヌ)「妙潮山浄龍寺」、(ネ)「開塔山宗興寺」、(ノ)「権現山」、(ハ)「洲崎大明神」、(ヒ)「祇園牛頭天王」、(フ)「洲崎山普門寺」、(ヘ)「真色山甚行寺」、(ホ)「青木山西向寺」、(マ)「青木山本覚寺」、(ミ)「袖の浦」、(ム)「円明山陽光院」、(メ)「瑠璃光山三宝寺」、(モ)「一里塚」、(ヤ)「飯綱山」、(ユ)「大日堂」、(ヨ)「台」、(ラ)「日出稲荷大明神」、(リ)「学陽山勧行寺」、(ル)「けかち川」、(レ)「冨士浅間社」、(ロ)「芝生窟」。

(B)挿絵が全三一項目であったのに対し、(C)説明文は全四三項目となり、項目数が若干多い。(C)説明文は、二つの部分に分かれる。第一の部分は(ア)「瀧之橋」、(イ)「両御本陣」、(ウ)「御高札」、(エ)「御守殿跡」である。この部分は東→西の方向順に配列せず、神奈川宿における重要な対象を冒頭にまとめたもの。「東海道名所図会」「武蔵神奈川」における第一の部分に対応する発想であろうか。第二の部分は(オ)「帰国山観福寺」～(ロ)「芝生窟」である。こちらは「神奈川東入口並木町」の「帰国山観福寺」から「神奈川ノ駅西入口芝生村境」を経て隣村である芝生村「芝生窟」にいたるまでの東海道沿いに位置する神社・仏閣・名所などを、東から西への順序で記述している。史料6「神奈川」の①における「旧跡・神社・仏刹ハ末にしるす」という文言に対応する部分である。項目数が多いので、第四節の挿絵と同様に、神奈川町に属する(オ)「帰国山観福寺」～(ニ)「諏訪大明神」と、青木町とその西隣の芝生村に属する(ヌ)「妙潮山浄龍寺」～(ロ)「芝生窟」に区分する。

まず、寺社に関する記載の内容と形式を確認するため、(オ)「帰国山観福寺」～(コ)神明宮を史料8として掲げる。

〔史料8(オ)〕

　帰国山観福寺　浄土宗、京知恩院末、宿内慶運寺支配、
　　　　　　　　神奈川東入口並木町ニ有、浦嶌寺ト云
　　　　　　　　瀧之橋ヨリ十二丁許
本尊浦嶌観世音　長壱尺八寸、龍宮伝来と云
　浦嶌大明神
亀化龍女神　　　観世音左右に鎮座す
仏殿阿弥陀仏　長弐尺許、座像
徳本行者像　仏殿に安す
龍燈の松　観音堂の上の山に有、古木也
竜燈　松の下にあり

金塚　松の西の方畑中ニ有
稲荷祠　観音堂の脇ニ有
多宝塔　仏でんの前に有
浦嶌父子塔　松の下に有

〔史料8（カ）〕
海見山長延寺　浄土真宗、京西本願寺末、
新町ニ有、瀧之橋ヨリ十一町許
本尊阿弥陀仏　脇檀ニ開山親鸞上人
前住上人影を安す

〔史料8（キ）〕
海岸山良泉寺　浄土真宗、京東本願寺末、
新町中程、瀧の橋より九丁許
本尊阿弥陀仏　脇檀に開山親鸞上人
前住上人影を安す

〔史料8（ク）〕
正一位笠脱稲荷大明神　新町裏之畑中ニアリ
祭神　倉稲魂命　例祭九月十九日

〔史料8（ケ）〕

海運山能満寺　真言宗、鳥山村三会寺末、
荒宿ニ有、瀧之橋ヨリ七町許
本尊能満虚空蔵菩薩　長七寸五分、本堂ニ安す
左右脇檀　地蔵尊
観世音　本堂に安す
不動堂　門前ニ有
薬師堂　門前ニアリ
黒薬有

〔史料8(コ)〕
神明宮　別当能満寺、荒宿に有、瀧之橋ヨリ七町許
祭神　天照大神　例祭九月十五日
末社　淡嶋祠　戸隠祠　稲荷　二祠

史料8によれば、寺院は山号・寺号(・院号)という寺院名、宗派と本末関係、所在地と瀧の橋からの距離、本尊・堂宇等が、神社は社名、所在地と瀧の橋からの距離、祭神・例祭・別当寺等が、それぞれ記されている。宿内における所在地の位置関係は、「新町ニ有、瀧之橋ヨリ十一町許」というように町(チョウ)名と瀧の橋からの距離によって示されている。なお、能満寺の薬師堂の「黒薬」は、同寺で販売していた薬であり、宗興寺・本覚寺・三宝寺でも販売されていた神奈川宿の名物の一つである。

以下、順に記載内容を概観しておこう。

一　冒頭部分

まず、第一の部分である(ア)〜(エ)である。

(ア)「瀧之橋」は東海道が瀧の川を渡河する橋で、神奈川町と青木町の境である。「板はしなり、長サ七間・横二間半、神奈川中央ニ有、青木・神奈川さかいニかゝる、是より諸方道法を定めル」とあるように、「神奈川駅中図会」では瀧の橋が「神奈川中央」(神奈川宿の中央)の地点とされ、ここを起点として宿内各所までの距離を記すとしている。「神奈川中央」を示す書き方は、「東海道名所図会」の「武蔵日本橋」における「葱宝珠高欄橋、長サ二十八間、江戸町中の中央にして、諸方の行程をこれより定む」を模倣していると思われる。あわせて「瀧之川」にも触れており、「橋の下流をいふ」という場所と「七ヶ所の溜いけ、又ハ所々の田水」という水源を述べる。関連して「瀧の川　いづる湊に　汐みてば　せりもて多ふ　浦の入海」という和歌一首が付されている。

(イ)「両御本陣」は、宿場における重要施設の一つである本陣に関する記述である。「両御本陣」とあるように、神奈川宿には「東御本陣、石井氏、本宿にあり」という神奈川町の石井本陣と、「西御本陣、鈴木氏、青木瀧之町にあり」という青木町の鈴木本陣という二つの本陣が存在していた。なお、神奈川町の「本宿」とは、神奈川町を構成する「町(チョウ)」の内、西之町・仲之町・十番町・九番町という四か「町(チョウ)」全体の呼称であり、「本町」とも呼ばれている。同様に瀧之町も青木町を構成する「町(チョウ)」の一つである。ともに「神奈川中央」である瀧の橋に近接した場所になる。あわせて「問屋役所」(問屋場)も「九番町にあり、瀧の橋より二丁許」というように、神奈川町の九番町、瀧の橋より二丁余りの場所にあった。本陣と問屋場は、宿場における重要な施設であるため、二番目

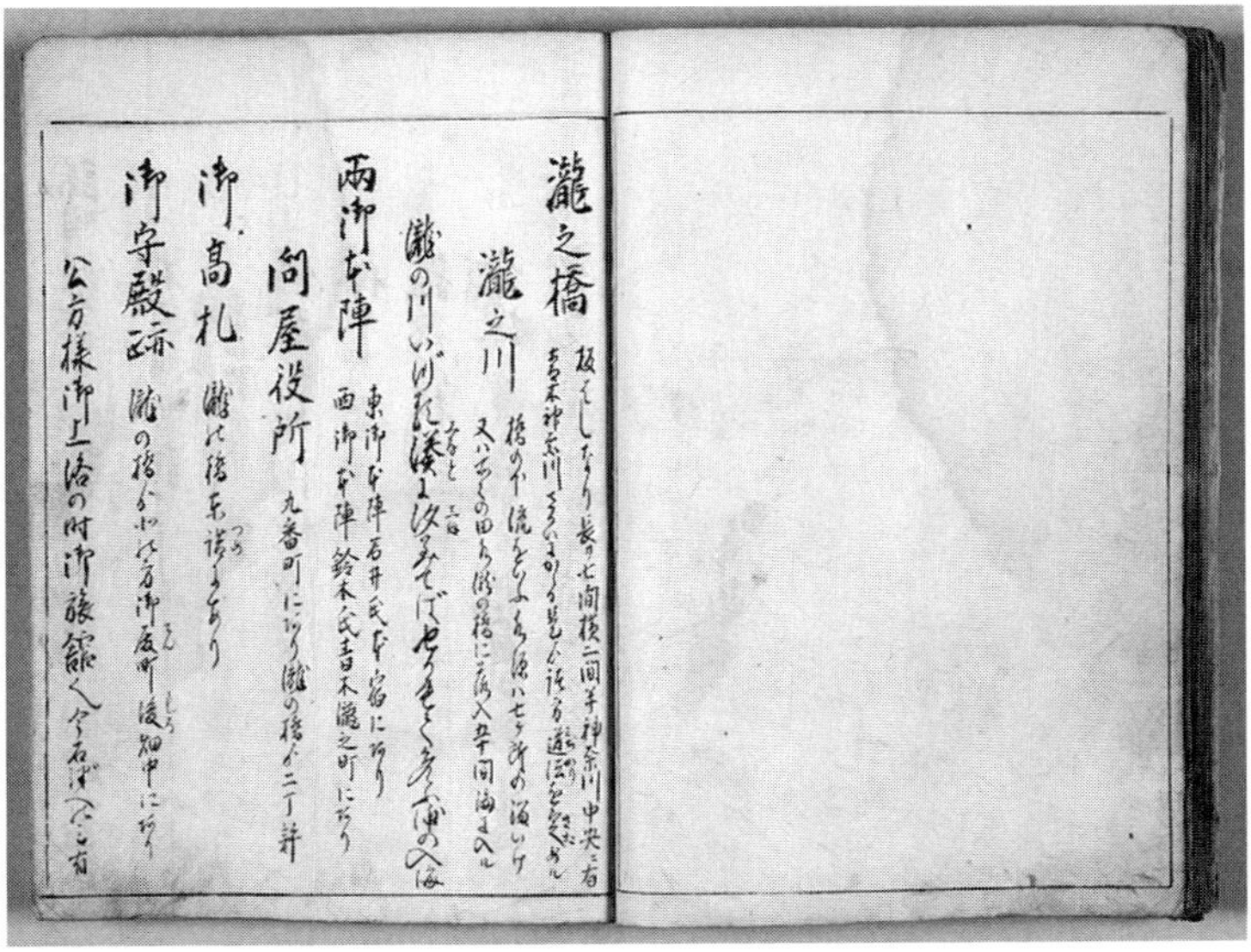

「神奈川駅中図会」（ア）「瀧之橋」（イ）「両御本陣」（ウ）「御高札」（エ）「御守殿跡」
（横浜市歴史博物館所蔵）

に記述されているのであろう。

（ウ）「御高札」（高札場）については「瀧の橋東詰にあり」と記されている。高札場は、宿内や村内の中心部に所在することが一般的であるが、神奈川宿の場合も「神奈川中央」である瀧の橋の「東詰」である神奈川町側に設置されている。高札場も、宿場における重要な施設であるので、三番目に記述されている。

（エ）「御守殿跡」は「公方様御上洛の時御旅館也、今石づへのミ有」とあるように、近世初頭に「公方様」＝将軍・大御所が「御上洛」のため東海道を往来した際の「御旅館」＝神奈川御殿内の施設＝「御守殿」の跡地である。「神奈川駅中図会」が作成された文政六年（一八二三）当時は、「石づへ」＝礎石だけが残されていたという。その所在地は「瀧の橋より北の方、御殿町後畑中にあり」とあるように、御殿町の「後」＝山側の畑地の中とされている。

（ア）〜（エ）の内、（イ）の本陣（＋問屋場）と（ウ）の高札場はどの宿場においても存在するものなので、神奈川宿独自の内容としては(ア)瀧の橋と(エ)神奈川御殿ということになる。いずれも神奈川宿にとって重要な場所として喜荘が認識していたことを示している。

二　神奈川町の部分

(オ)～(ニ)は、瀧の川の東側に位置する神奈川町に属する。

(オ)「帰国山観福寺」は、浄土宗で「京知恩院末」であり「宿内慶運寺支配」とされている。瀧の橋より一二町離れた「神奈川東入口」の並木町に存在し、前述したように「浦嶌寺」と呼ばれていた。「龍宮伝来」とされる本尊の「浦嶌観世音」は高さ一尺八寸、「浦嶌大明神」と「亀化龍女神」がその左右に鎮座している。仏殿には高さ二尺余の座像である阿弥陀仏と徳本行者像が安置されている。この徳本行者像は史料7の「徳本上人関東飛錫のとき、自坊最初の地ニして、根本の道場なり、これに依て行者の生像を客殿に安置し、相継て弟子中住務をなしけり」の「行者の生像」に対応する。「観音堂の上の山」には龍燈松と呼ばれる「古木」があり、史料7の「山の頂に古松の大樹有、おり〳〵龍燈かゝる事有」の「古松の大樹」に該当する。龍燈松の下には「龍燈」が、龍燈松より西方の畑の中に「金塚」が、それぞれ存在するとされるが、それ以上の説明はない。この他、「稲荷祠」「多宝塔」「浦嶌父子塔」の位置が記されている。

(カ)～(ク)は神奈川町の内、新町に所在する寺社である。(カ)「海見山長延寺」は、浄土真宗で京西本願寺末。瀧の橋より一一町程の地点に所在する。本尊は阿弥陀仏で、脇檀に「開山親鸞上人」と「前住上人」の「影」(画像)を安置している。(キ)「海岸山良泉寺」は、浄土真宗で京東本願寺末。瀧の橋よりは九町程で、新町の中程に位置する。

本尊は阿弥陀仏で、脇檀に「開山親鸞上人」と「前住上人」の「影」(画像)を安置する。(ク)「正一位笠脱稲荷大明神」は、新町の裏の畑の中に所在する。祭神は倉稲魂命で、九月一九日が例祭である。

(ケ)と(コ)は荒宿町に位置している。(ケ)「海運山能満寺」は、真言宗で鳥山村三会寺末。瀧の橋より七町余の地点に位置している。高さ七寸五分の本尊能満虚空蔵菩薩と、左右の脇檀である地蔵尊・観世音は本堂に安置されている。この他、不動堂と薬師堂が門前にあり、薬師堂では「黒薬」が販売されていた。(コ)「神明宮」の別当は能満寺であり、能満寺の西隣に所在する。祭神は天照大神で、九月一五日が例祭である。この他、末社として、淡嶋祠・戸隠祠と稲荷二祠があった。

(サ)「荒宿橋」は土橋で長さ二間・幅二間半であった。(シ)「上無川」は、「土橋」=荒宿橋の下を流れる川である。水源は「所々の田水」とされている。さらに「此川、昔は広かりしといふ、此川より祇園天王出現座スといふ、夫ゆへ神名瀬川ともいふ」という文章が記されており、かつては川幅が広く、後述する「祇園天王」が「出現座ス」川であるため「神名瀬川」とも呼ばれるという。これに関連して「東路や　上無川に　満汐の　ひるたもみへぬ　五月雨のころ」「立匂ふ　浪のしつろも　へだゝりき　神名瀬川の　秋の夕暮」「水浅き　はまのまさこを　越波も　神名瀬川に　春雨ぞふる」という和歌三首が付されている。

(ス)〜(ソ)も荒宿町に存在する。(ス)「観行山慈雲寺」は、日蓮宗で池上本門寺末。瀧の橋より六町余の距離である。本尊は釈迦仏と多宝仏で、他に鬼子母神と稲荷祠がある。(セ)「平尾山東光寺」は真言宗で駅中の金蔵院末、瀧の橋よりは四町半の距離である。本尊の薬師仏は本堂に安置されている。(ソ)「長光山妙仙寺」は、日蓮宗で池上本門寺末、瀧の橋よりの距離は四町である。本尊は釈迦仏と多宝仏、他に「日朝上人」と記される画像あるいは座像が存在する。妙仙寺は神奈川町に存在する朱印寺四か寺の一つである。

(タ)「神境山金蔵院」は、新儀真言宗で山城醍醐三宝院末。寺号は「東曼陀羅寺」、瀧の橋より三町程の九番町に存在する。本尊は阿弥陀仏で、左右の脇檀は観世音・不動尊。脇檀には弘法大師と「弘行大師」の影像が安置されている。ちなみに「弘行大師」という大師号は存在しないので「弘教大師」の誤記であろう。本堂の前には「御手かけ梅」があり、境外堂の地蔵堂が「中木戸」にあるという。惣門の内側の右の方に位置する寺中の宝蔵坊の仏殿には正観世音が安置されている。「神奈川駅中図会」に記載はないが、金蔵院も朱印寺である。

(チ)「熊野三社大権現」は、別当の金蔵院に隣接して九番町に所在する。史料5にみえる「熊野権現祠」に該当する。同社は、「神奈川総鎮守」であり、「今」は「東の方」(神奈川町)の「産土神」である。祭神は「本宮　伊弉冉尊」「新宮　泉津事解男命」「那智宮　速玉男命」の「熊野三社」。例祭は六月一八日で神輿渡御が行われる。ついで「日本書紀曰」として熊野三社の由来を記す。末社には神明宮・第六天神・庚申堂・稲荷十二社・天満宮・馬頭観音があり、「宮柱　ふとしき立て　万代に　今ぞさかへん　神奈川の里」という和歌一首が付されている。

(ツ)「海浦山吉祥寺」は、真言宗で駅中の金蔵院末である。東海道より海沿いに位置する小伝馬町に所在し、瀧の橋よりの距離は三町余である。本尊の大日仏座像と脇檀の弘法大師・「弘行大師」は本堂に安置されている。他に金比羅大権現・庚申堂・稲荷祠がある。

(テ)「正覚山成仏寺」は、浄土宗で江戸増上寺末。東海道から瀧の川に沿って北上する飯田町に所在し、瀧の橋からの距離は二町余とされる。本尊の阿弥陀仏座像と左右脇士である観音・勢至が本堂に安置されている。脇檀には円光大師と善導大師の像を安置する。また開山法燈円明国師像もあり、同国師は永仁六年(一二九八)に示寂しており、文政五年(一八二二)迄の「歳歴」は「五百二十五年」と記されている。これは「神奈川駅中図会」作成に関わる調査が文政五年に行われたことを示す証左になろう。同寺の「中興浄土帰依開山」は「心蓮社本誉上人呑無万公大和尚」

である。鎮守の熊野大権現は寺内にあり、例祭は六月八日である。他に稲荷宮三社・庚申堂・地蔵堂と、「寺中」の福泉院・見松院が所在する。なお、成仏寺も朱印寺である。

(ト)「吉祥山慶運寺」は、浄土宗で京都東山の知恩院末である。飯田町の北に位置する「二ツ谷入口」に所在し、瀧の橋からは北へ三町半余である。本尊の阿弥陀仏と左右の脇士である観音と勢至は本堂に、円光大師と善導大師の像は左右の脇檀に、それぞれ安置されている。鎮守の熊野大権現は本堂の前に位置し、他に稲荷社が二社ある。開山は音誉上人、「寺中」として寂静院がある。慶運寺も朱印寺である。

(ナ)「海浜」は、小伝馬町と猟師町の海岸を指しており、「神奈川猟師町」が存在するように「漁師」(猟師)の家が多い。場所は瀧の橋の東詰より海側に入った周辺である。「なひき越　神奈川浦の　かひあらば　千鳥の跡を　たへすとハなん」という和歌一首と「目に青葉　山郭　初かつほ」という句が添えられている。(ニ)「諏訪大明神」は、「漁師町」(神奈川猟師町)にあり、同町の「産土神」である。別当は能満寺、瀧の橋より二丁余の距離である。やや離れた荒宿町の能満寺が別当寺となっている理由は記述されていない。祭神は建御名方命と八坂刀売命で、例祭は七月二七日である。

三　青木町・芝生村の部分

(ヌ)～(リ)は瀧の川の西側に存在する青木町に、(レ)「冨士浅間社」と(ロ)「芝生窟」は芝生村に、それぞれ所在する。(ル)「けかち川」は青木町と芝生村の境に位置する川である。

(ヌ)「妙潮山浄龍寺」は、日蓮宗で池上本門寺末。青木町の瀧横町にあり、瀧の橋から二町余りである。本尊は釈迦仏と多宝仏。日蓮上人像と鬼子母神・十羅刹女が本堂に安置されている。この他、(三十)番神堂と稲荷社が境内に存在する。

(ネ)「開塔山宗興寺」は、禅宗で青木町の本覚寺末。瀧横町にあり瀧の橋からの距離は半町余りで、「黒薬」を販売している。定朝作とされる本尊の宝冠釈迦仏は本堂に安置されている。この他、観音堂が「上の山」(権現山の山上)にあり、天満宮社と稲荷社が境内に存在する。

(ノ)「権現山」は、「熊野権現」=(チ)「熊野三社権現」の「跡地」であり、「元宮」と称される「小社」がある。史料5の「熊野権現祠」はこちらを指している可能性もある。例祭は「正月十七日夜」である。

(ハ)「洲崎大明神」は、青木町の産土神であり、滝の橋から三町余りの距離である。神主は吉田氏、社僧は普門寺で、「同所」に居住している。祭神は布刀玉命・天比羅乃咩命、例祭は六月二七日で「神輿渡御」が行われる。「なを守れ　恵み洲崎の　宮柱　たつこととやすき　旅のゆきゝを」の和歌一首が付されている。末社は神明宮・天満宮・秋葉大権現と稲荷四社がある。

(ヒ)「祇園牛頭天王」は「洲崎社」=「洲崎大明神」に相殿で祭られており、「神奈川東の方祭神」であるという。祭神は素戔嗚尊、神主は「洲崎社」と同じく吉田氏である。例祭は六月一四日で「神輿渡御」が行われる。青木町の洲崎社に相殿されている同社が「神奈川東の方」=神奈川町の祭神となっているのは、「此御神、荒宿上無川より出現座ス、子安村萩原氏是を勧請ス、其例今に有」とあるように、この神が神奈川町の荒宿町の上無川より出現したことによる。子安村の神主である萩原氏がこれを勧請したという。なお、各地で「夏の末の月」=六月に素戔嗚尊を祭ることは「京祇園会」に拠っており、詳細は「公事根源」という故実書にみえるとする。

(フ)「洲崎山普門寺」は、真言宗で駅中の金蔵院末である。青木町の元町に所在し、瀧の橋より四町半余りに位置する。本尊の大日仏と脇檀の弘法大師・「弘行大師」は本堂に安置されている。

（ヘ）「真色山甚行寺」は浄土真宗で、伊勢一身田の専修寺末である。青木町の元町にあり、瀧の橋より五町余りである。本尊の阿弥陀仏は本堂に安置されている。

（ホ）「青木山西向寺」は禅宗で、下総小金の一月寺末である。一月寺は虚無僧で知られる普化宗の本寺である。青木町の七軒町横町の三ツ沢通りに所在する。本尊は釈迦仏で、境内には稲荷社がある。

（マ）「青木山本覚寺」は、禅宗で小机村の雲松院末。青木町の七軒町に所在し、瀧の橋より六町半余りの距離にある。本尊の地蔵尊は本堂に安置され、脇檀に開山の像がある。正観音を奉る観音堂が本堂の南にあり、門前の地蔵堂では「黒薬」が販売されている。この他、稲荷祠が石坂の上にある。「本覚の　よゝの燈　かきたてゝ　船路も明き袖の浦かな」という和歌一首が付されている。

（ミ）「袖の浦」は青木町の七軒町から台町一帯の地名である。本文中には「袖の浦の　花の波にも　しらさりきいか成秋の　色に恋つゝ　順徳院」「袖の浦に　たまらす玉の　くたけつゝ　よりても遠　かへる波哉　定家」「しき波に　ひとりやねなん　袖の浦　さわく湊に　よる船もなし　西行」という和歌三首が付されている。これは「東海道名所図会」巻之六所収の「袖の浦　稲村崎の海浜、袖の如し、故に名とす、又出羽にもあり、歌によりてこれを分つ」と記される鎌倉稲村ヶ崎に所在する「袖の浦」に記されている和歌である「御集　袖の浦の　花の浪にも　知さりき　いかなる秋の　色に恋つゝ　順徳院」「家集　袖の浦に　たまらす玉の　くだけつゝ　よりても遠く　かへる波哉　定家」「山家　しきなみに　ひとりやねなん　袖の浦　さハく湊に　よる船もなし　西行」を転用したものである。

（ム）「円明山陽光院」は禅宗で越前永平寺末である。青木町の七軒町に所在し、瀧の橋より九町余りである。本尊は釈迦仏である。

(メ)「瑠璃光山三宝寺」は、浄土宗で駅中の慶運寺末。台町の東坂である「東台下」に位置し、瀧の橋より一〇町余りの距離となっている。本尊の薬師仏と脇檀の弁財天女・十二童子は本堂に安置されている。門前には薬師堂と地蔵堂があり、薬師堂では「黒薬」を販売している。

(モ)「一里塚」は「東台下」に所在する。

(ヤ)「飯綱山」は、飯綱権現の後方の山である。「東台下」に所在する「飯綱大権現」は「東海道名所図会」にみえる「飯綱権現」と思われ、瀧の橋より一〇町程の場所にある。別当は普門寺。祭神は大山祇命で、前立の不動尊、大天狗・小天狗が祭られている。末社としては船玉社・疱瘡神・弁財天女・子ノ権現社・稲荷社がある。この他に「祭神　金山彦尊」を祭る「金毘羅大権現」がある。

(ユ)「大日堂」は、瀧の橋から一二町程離れている。青木町の台町にあり、「江府」＝江戸に居住する修験の梅之院が管理している。本尊は大日仏、他に天満宮・稲荷祠・不動堂がある。

(ヨ)「台」は台町のことで青木町の西の外れに位置する。「台」の地名から窺われるように高台にあり、多くの茶屋が建ち並ぶ「茶屋町」を形成していた。江戸→京都の方角からみて、右側が山、左側には海が広がる「風景ノ地」であった。「神奈川」の項目において同地よりの眺望が詳細に記されているためであろうか、ここでの記述は簡単なものとなっている。

(ラ)「日出稲荷大明神」は、西台の坂下に位置し、瀧の橋からは一二町余りである。神主は同所に居住する大久保山之進。祭神は稲倉魂命・保食命・宇迦御魂命・太田命・大国主命であり、あわせて「稲荷五社」と称している。

(リ)「学陽山勧行寺」は、日蓮宗で越後本成寺末である。青木町の枝郷である軽井沢に所在し、瀧の橋からの距離は一四町余り。本尊は釈迦仏と多宝仏である。

(ル)「けかち川」は「神奈川ノ駅西入口」であり、青木町(神奈川宿)と芝生村の境に位置する川である。東海道が渡河する「石橋」がある。

(レ)「冨士浅間社」は芝生村に所在する神社で、祭神は木花開耶姫命である。(ロ)「芝生窟」は浅間社の山腹にある洞窟で、「土人」=地元の人々は「冨士の人穴」と呼んでいる。「冨士浅間社」と「芝生窟」は芝生村内にあり神奈川宿には属さないが、記述の対象とされている。

まとめ

以上、(ア)〜(ロ)にいたる説明文の項目を、三つの部分に分けて概観した。まず(ア)〜(エ)では、神奈川の中央に位置し宿内各所への里程の起点である瀧の橋と、本陣・問屋場・高札場といった宿場の中心施設、及び神奈川御殿の主要施設である御守殿跡を、特に重要な事柄として立項している。これに対して、神奈川町に属する(オ)「帰国山観福寺」〜(ニ)「諏訪大明神」と、青木町と芝生村に属する(ヌ)「妙潮山浄龍寺」〜(ロ)「芝生窟」については、(B)挿絵の順序に対応するように、東海道に沿った宿内の寺社・川・橋などを東→西の順序で記載しており、神奈川宿に存在する寺社などを一定度網羅したと評価することができる。

しかし、第四節で触れた(B)挿絵において項目数が多かった(オ)「帰国山観福寺」や、第三節で検討した「神奈川」の項目において神奈川宿を代表する景勝として記されている(ヨ)「台」=台町などについても、特に目立った分量や記述はみられない。むしろ(B)挿絵の史料7や「神奈川」の史料6の④において必要な事柄がすでに記述されており、

(C)において追加すべき内容が残っていないというのが実態であろうか。

「序」で喜荘が記した「東海道名所図会」の特徴である「古詠の和歌」と神社仏閣名所古跡の記述については、神奈川宿内に存在する神社仏閣と名所旧跡はおおむね記され、それぞれの箇所に関連する和歌が所収されており、「東海道名所図会」を模倣した神奈川宿の名所図会としては一定度の内容を掲載したものとして評価できる。しかし、同時に作成されたと思われる跋文において、「神奈川駅中図会」の不足点として喜荘が挙げた①寺社の縁起、②年中行事、③土地の人躰・風俗、④古物・名物の四点についてみれば、①については挿絵部分に所収されている観福寺を除けば詳細な縁起は掲載されず、②〜④についても喜荘が想定・イメージしていた点には到達していなかったことになる。

おわりに

　以上、煙管亭喜荘によって文政六年（一八二三）に編纂された名所図会形式の地誌である「神奈川駅中図会」について、全五節にわたる検討を行ってきた。

　第一節では、喜荘の「序」、本文の構成、喜荘の跋文について検討した。喜荘による文政六年の「神奈川駅中図会」の編纂は、神奈川町の有力者である内海家所蔵の「東海道名所図会」の「素読」を契機として開始された。こうして編纂された「神奈川駅中図会」は、冒頭に総論である「神奈川」の項目を配置し、挿絵と説明文を持つ名所図会形式の構成ではあるものの、「序」と跋文で述べているように、「凡例」の欠如や挿絵と文章の分離といった構成上の欠点、及び準備不足による内容面の物足りなさなどを、喜荘自身が自覚せざるを得ない内容であった。このため、跋文において翌年における「神奈川砂子」の刊行を予告することとなった。また、跋文の記載から「神奈川駅中図会」の記述が「東」＝江戸側➡「西」＝京都側の順序となっていることは留意しておきたい。

　第二節では、「神奈川駅中図会」の成立に影響を与えた「東海道名所図会」の構成の概要と「凡例」の内容、及び同書における神奈川宿関連の記述内容について整理した。「東海道名所図会」における東海道の起点は京都であり、終点が江戸となる方向で叙述されていることと、記述のモチーフとして日本武尊の東征が存在することが指摘できる。「神奈川駅中図会」の序文と跋文はこの「東海道名所図会」の「凡例」を意識して執筆されたものと思われる。「東海道名所図会」における神奈川宿の記述の分量は、周辺の他宿と比べれば少なくないものの、神奈川宿に生活を営む喜荘にとっては物足りないものであった可能性が強い。記述の内容も「稲毛弁天」といった名称の誤りや、「浦嶌寺」の寺名が記載されない点も見受けられる。以上の点をふまえつつ、喜荘は「東海道名所図会」「凡例」第七条の「猶脱漏ハ後人の補遺を俟のミ」を受ける形で、「神奈川駅中図会」の編纂を志向したものと思われる。

第三節では「神奈川」の項目を、①神奈川宿の概要、②「神奈川」という地名の由来、③神奈川宿の地勢と繁昌の内容、④神奈川宿を代表する景勝地である青木町の台町からの眺望、という四つの観点から分析した。①では、「東海道名所図会」における京都を起点とし南北方向に位置づけられていた神奈川宿の存在を、江戸を起点とする関係に組み替えるとともに、後述する②との関係で東西方向に変更している。②では神奈川宿の地名について「神奈川」「金川」という二つの表記を一体的なものとし、源頼朝が神奈川の地を通行した際に「前なる川」から「金の神像」が出現したことをふまえて「神者人の初めなり、奈を大に示す」として「神奈川」と命名したとし、あわせて「金川」という表記も紹介している。「神奈川駅中図会」では五行説に依拠しつつ、この「神奈川」「金川」という地名そのものが神奈川宿繁栄の要因としている。しかし、神奈川宿の具体的な繁栄を記す③や、代表的な景勝地として取り上げた台町からの眺望を述べた④において、その具体的な記述内容を「東海道名所図会」の品川宿の部分から転用しているように、神奈川宿における独自な内容を挙げることができなかった。この点は喜荘自身にとって不満足であったと思われる。

第四節では、「神奈川駅中図会」所収の挿絵全三一項目を、掲載の順序にしたがって、(あ)「定杭」、観福寺関係の(い)~(か)、神奈川町に属する(く)~(に)、青木町に属する(ぬ)~(ま)の四つに区分し、その内容を紹介した。(あ)「定杭」と観福寺関係の挿絵については一定の意図をふまえた内容であるが、それ以外の挿絵については社寺を中心にその周辺を描くものであり、挿絵における喜荘の独自な意図はあまり感じられない。挿絵の内容からは、東海道に沿った神奈川宿の情景を東↓西の方向で分割して描く部分図、東海道から分岐するあるいは並行した枝道に位置する部分図、特定の対象物を描くテーマ図、の三つに分類した。しかし、東海道の部分図についても連続して神奈川宿全体を分割して描く意図はなく、神奈川宿の特色を浮かび上がらせる挿絵全体の構成を意図的に組み立てたものとは言い難いように思われる。

第五節では、「神奈川駅中図会」所収の説明文全四三項目を、掲載の順序にしたがって、冒頭部分の(ア)〜(エ)、神奈川町に属する(オ)〜(ニ)、青木町と隣村の芝生村に属する(ヌ)〜(ロ)、の三つに分けて紹介した。冒頭部分では、神奈川の中央に位置し各所への里程の起点である瀧の橋と、本陣・問屋場・高札場といった宿場の中心施設、及び神奈川御殿の跡地である御守殿跡を、重要な事柄として立項している。神奈川町と青木町・芝生村の部分では、(B)挿絵の順序に対応するように、東海道に沿った宿内の寺社・川・橋などを東↓西の順序で記載している。これにより、神奈川宿の構成要素を一定度網羅したといえる。しかし、挿絵や「神奈川」において重要視された観福寺や台町についても、特に目立った分量や記述はみられない。

以上の第一節から第五節までの検討をふまえて、最後に煙管亭喜荘による「神奈川駅中図会」編纂の意義について整理しておこう。文政六年(一八二三)に煙管亭喜荘によって編纂された「神奈川駅中図会」は、喜荘が内海家所蔵の「東海道名所図会」を「素読」したことを契機として作成された。それは、京都から江戸へいたる東海道を題材とする「東海道名所図会」という外部からの視点により、神奈川宿が東海道五十三次を構成するという一つの地域であることを、神奈川宿に生活する喜荘があらためて発見・認識することによって生み出されたものと思われる。

しかし、そのことは「東海道名所図会」によって提示された東海道と神奈川宿の位置づけをそのまま受容するものではなく、江戸に近接した神奈川宿の地域性をふまえる形で種々の組み替えを伴うものであった。具体的には、京都を起点とし江戸を終点とする「東海道名所図会」における東海道認識を、江戸を起点とし京都を終点とする認識へと反転させている。これに伴い、「東海道名所図会」における京都→江戸の方向で記されている記述の順序は、「神奈川駅中図会」においては江戸→京都の方向に変更されている。ついで、神奈川宿とその周辺における東海道の方位・方角を、「東海道名所図会」における南北方向ではなく、東西方向に改変している。この改変は、神奈川宿の繁栄が「神奈川」「金川」という地名に由来するという喜荘の論理構成にとって不可欠な事柄であった。

「神奈川駅中図会」によれば、建久四年（一一九三）に源頼朝が下野国奈須野へ赴く途中に「武州橘樹郡内海の里霞ヶ浦」に宿泊した際、「前なる川」において「金の神像」を発見した。「神像」の「神」にちなみ「神者人の初めなり、奈を大に示す」という理由で「神奈川」と命名したとする。あわせて「金川」という表記も紹介している。この「金川」という表記は「金ハかねなり、川は水なり、金性水の相生の勝地也」として繁栄の由来となっている、というのが喜荘による説明である。五行説では「金」の方位は西にあたり、江戸を中心とすれば、神奈川が西に位置することと重ね合わせているのであろう。

挿絵と説明文については、東海道に沿う神奈川宿内の寺社等を網羅するとともに、「瀧之橋」を「神奈川中央」に設定することにより神奈川宿全体の地理を示す枠組みを設定するなど、質量ともに「東海道名所図会」における神奈川宿の記述を遙かに超えており、「神奈川駅中図会」編纂の大きな成果として評価できる。

とはいえ、挿絵と説明文の分離や「凡例」の欠如、さらには網羅的ではあるが逆にいえば平板な挿絵と説明文の構成と内容等、名所図会形式の地誌としては未完成な部分もあり、喜荘自身も満足していなかったことは自身の「序」や跋文からもうかがわれる。そのため、翌文政七年（一八二四）にはより本格的な地誌として「神奈川砂子」が編纂されていくこととなる。以下、章をあらためて「神奈川砂子」を検討することにしたい。

第二章　煙管亭喜荘による神奈川宿認識

―「神奈川砂子」を素材として―

はじめに

第二章では、東海道神奈川宿を題材として名所図会形式で作成された民間地誌である「神奈川砂子」を検討する。「神奈川砂子」は文政七年（一八二四）に神奈川町の煙管商・煙管亭喜荘により編纂・執筆された。前年に作成した「神奈川駅中図会」の跋文において自ら「なを委しく寺社の縁記、年中行事、土地の人躰・風俗、古物・名物等をくわしく図せんとすれども、家業世話敷ゆへに、図するにいとまあらず、なを来春の時をまつべし」と述べているように、「神奈川駅中図会」の内容に満足できなかった喜荘があらためて作成したものである。「神奈川駅中図会」と同様に江戸時代において刊行されたことはない。表題が「金川砂子」と表記される箇所も存在するが、本章では「神奈川砂子」の表記で統一する。

「神奈川砂子」は、神奈川宿の平田家と三橋家、及び三井文庫に伝来した写本の三本が存在する（以下、それぞれ平田家本・三橋家本・三井文庫本とする）。この内、三井文庫本のみが手彩色である。刊行本としては、石野瑛氏の校訂による『武相叢書第二編　金川砂子　附神奈川史要』（一九三〇年刊行、一九七三年名著出版復刻。以下、武相叢書本とする）と、石井光太郎氏の校訂による横浜市文化財調査報告第二輯『三井文庫本神奈川砂子』（横浜市教育委員会、一九七〇年）の二種類がある。両者の内、後者は調査報告書として刊行されたものであり、ここでは入手しやすい前者の武相叢書本を主たる検討素材として用いる。

武相叢書本は、同書所収の石野氏の「金川砂子に就て」や「例言」によれば、神奈川宿の平田敬一郎氏所蔵本（平田家本）を底本とし、その破損部分を同宿の三橋為蔵氏所蔵本（三橋家本）によって「補綴」（補訂）したものである。ただし、平田家本に依拠する部分は活字による翻刻ではなく、「例言」に「版下は全部一点一画を粗忽にせず謄写した」とあるように、現在の影印本に近い形で刊行した（三橋家本に依拠する補訂部分は活字による翻刻）。その内容について、石野氏は「文政七年に煙管亭喜荘といふ人が、生麦松原から、程谷入口までの東海道沿道の風物を絵にしめし、神奈川宿内の名所旧蹟の由来、神社仏寺の沿革を文にあらはしたもの」とまとめている。武相叢書本では、表紙は省略されているが、「金川砂子」＝「神奈川砂子」本文の頁数は二〇八頁に及ぶので、原本の分量はおおむね一〇四丁ということになり、第一章で扱った「神奈川駅中図会」の二倍以上になる。なお、『三井文庫本神奈川砂子』所収の石井氏の「解題」によれば、平田家本は第二次世界大戦の戦災で焼失したという。同じく石井氏「解題」によれば、三橋家本は「新撰細図神奈川砂子」の表題であり、平田家本には記載されていない寺社の除地・御朱印地の石高が記される等、若干の増補が行われており、末尾には「神奈川在絵図」や「十二時神奈川浮世」の「来春出来」の予告が記されているという。

一方、後者の『三井文庫本神奈川砂子』は、三井文庫本を写真版で刊行したものであり、すでに述べたように石井光太郎氏による「解題」が所収されている。三井文庫本の奥書には「今天保八丁酉年八月　借需写之」という一節があり、天保八年（一八三七）に筆写されたことがわかる。あるいは神奈川宿部分を含んだ「江戸名所図会」の前半三巻一〇冊が天保五年（一八三四）に刊行されたことが影響しているのかもしれない。三井文庫本は現状では五冊に分冊されているが、当初は一冊本であり、第一冊の扉に「神奈川砂子　全」の原題簽が貼られている。ただし、冒頭の飯田徐風による序文の表題は「金川砂子序」となっている。

武相叢書本の挿絵「活ス之図」には「文政八乙酉年再び公聴し、旧例之ごとく活鯛置場之定杭建之」という文言が記されており、文政七年の完成以降も喜荘が必要に応じて内容を増補していることがわかる。喜荘自身が複数の浄書本を作成した可能性もあり、伝写の系統を探ることは困難であるので、本事例のように年次が明記されているもの以外については完成時の記述内容であると考えておく。

以下、第一節では具体的な分析の前提として武相叢書本の構成と三井文庫本との異同を検討する。ついで、武相叢書本の全一一五項目について、第二節以降で具体的な記述内容について検討していく。第二節では前付である1「金川砂子序」〜3「凡例」を検討する。第三節では神奈川宿の地域認識の前提として喜荘における東海道認識を示す5「東海道」・6挿絵「駅路鈴之図」と、「凡例」第四条に対応する子安村を描く挿絵群である7挿絵「生麦松原・子安一里塚」〜12挿絵「西連寺・浦嶋塚」を対象とする。第四節では、「神奈川砂子」における神奈川宿の総論であり喜荘における神奈川宿認識の到達点ともいうべき13「神奈川駅」・14挿絵「神奈川方角図」・15挿絵「其(神奈川方角図)二」を考察する。第五節では各論にあたる16挿絵「観福寺」〜108「三沢檀林」を検討する。第六節では、「凡例」第四条に対応する109挿絵「芝生村追分・程谷入口」と、付論にあたる110「神奈川名産」〜112「四水の名泉」及び後付である113「東都の淮南堂先生、予か一筆の細図を見て」・114「乍憚口上を以奉申上候」・115「跋」を、対象とする。第七節では、「神奈川駅中図会」における挿絵の内容を整理・分類した第一章第四節と同様に、「神奈川砂子」所収の挿絵を全体図・部分図・テーマ図の三つに分類するとともに、その特徴を概観する。第八節では、武相叢書本＝平田家本「神奈川砂子」の特徴である、本文所収の挿絵に記載されている詩歌四八首を対象として、作者別の分類を行い、煙管亭喜荘に関連した文人のネットワークを検討する。

なお16以降の挿絵については、一括して第七節末に収録した(ただし、53・54は省略した)。

第一節　武相叢書本と三井文庫本の比較

第一節では、第二節以降における「神奈川砂子」検討の前提として、検討対象である武相叢書本「神奈川砂子」の構成を概観するとともに、三井文庫本との異同について確認する。

一　武相叢書本の構成

まず、武相叢書本の構成を目次風に示しておこう。通し番号で文章・挿絵の番号を示すとともに、それぞれの表題を「　」で記した。挿絵については「　」の前に挿絵の文言を補った。頁数は、武相叢書本の頁数である。

1　「金川砂子序」　一～四頁
2　「序」　五～七頁
3　「凡例」　八～一〇頁
4　挿絵「山水中春景」　一一頁
5　「東海道」　一二～一八頁
6　挿絵「駅路鈴之図」　一九頁

7　挿絵「生麦松原・子安一里塚」　二〇～二一頁
8　挿絵「子安村」　二二～二三頁
9　挿絵「其(子安村)二」　二四～二五頁
10　挿絵「入江川橋・一之宮」　二六～二七頁
11　挿絵「新宿村」　二八～二九頁
12　挿絵「西連寺・浦嶋塚」　三〇頁
13　「神奈川駅」　三一～四五頁
14　挿絵「神奈川方角図」　四六～四七頁
15　挿絵「其(神奈川方角図)二」　四八～四九頁
16　挿絵「観福寺」　五〇～五一頁
17　「護国山浦嶌院観福寿寺」　五二～六三頁
18　挿絵「並木町・新町・長延寺」　六四～六五頁
19　「海見山長延寺」　六六頁
20　「七塚」　六六頁
21　「海岸山良泉寺」　六七頁
22　挿絵「新町・良仙寺」　六八～六九頁
23　「正一位笠脱稲荷大明神」　七〇頁
24　「海運山満願院能満寺」　七〇～七三頁

25「神明宮」　七四～七五頁
26「荒宿橋」　七五頁
27「上無川」　七五頁
28 挿絵「荒宿町・能満寺」　七六～七七頁
29 挿絵「上無川・慈雲寺」　七八～七九頁
30「観行山慈雲寺」　八〇頁
31「平尾山東光寺」　八一～八三頁
32「長光山妙仙寺」　八三頁
33 挿絵「東光寺・妙仙寺・仲木戸横町」　八四～八五頁
34 挿絵「金蔵院・熊野社・御殿跡」　八六～八七頁
35「神境山金蔵院東曼陀羅寺」　八八～九〇頁
36「熊野三社大権現」　九〇～九二頁
37「海浦山吉祥寺」　九二頁
38 挿絵「海浜漁場」　九三頁
39 挿絵「神奈川名産之図」　九四～九五頁
40 挿絵「田畑之図」　九六～九七頁
41 挿絵「神奈川夜之景」　九八頁
42「漁場」　九九頁

43　「駅問屋役所」　九九頁
44　「御守殿跡」　九九頁
45　挿絵「熊野社夜宮祭礼」　一〇〇～一〇一頁
46　挿絵「同神輿渡御」　一〇二～一〇三頁
47　挿絵「十番町の景」　一〇四～一〇五頁
48　挿絵「駅問屋」　一〇六～一〇七頁
49　挿絵「小伝馬町・吉祥寺」　一〇八～一〇九頁
50　挿絵「仲之町・御殿町」　一一〇～一一一頁
51　挿絵「仲之町の景」　一一二～一一三頁
52　挿絵「飯田町・浄(成ヵ)仏寺」　一一四～一一五頁
53　挿絵「千貫松・浪石」　一一六頁
54　挿絵「(禁制)」　一一七頁
55　「正覚山法雨院成仏寺」　一一八～一二三頁
56　挿絵「二ツ谷・慶運寺」　一二四～一二五頁
57　「吉祥山茅草院慶運寺」　一二六～一二七頁
58　挿絵「神奈川御本陣」　一二八～一二九頁
59　挿絵「瀧之橋・権現山」　一三〇～一三一頁
60　挿絵「浄瀧寺」　一三二～一三三頁

61「諏訪大明神」　一三四頁
62「両御本陣」　一三四頁
63「御高札」　一三四頁
64「瀧之橋」　一三四頁
65「妙湖山浄瀧寺」　一三五～一三七頁
66「開塔山宗興寺」　一三七頁
67 挿絵「権現山合戦」　一三八～一三九頁
68「権現山」　一四〇～一四一頁
69 挿絵「神奈川之住人　間宮彦四郎勇戦」　一四二～一四三頁
70「北条五代実記二ノ巻之中　武州神奈川権現山合戦ノ事」　一四四～一四七頁
71 挿絵「青木御本陣」　一四八～一四九頁
72 挿絵「神奈川注連飾の図」　一五〇～一五一頁
73 挿絵「青木町裏座敷ノ図」　一五二～一五三頁
74 挿絵「其(青木町裏座敷ノ図)二」　一五四～一五五頁
75 挿絵「活ス之図」　一五六～一五七頁
76 挿絵「青木町・洲崎社」　一五八～一五九頁
77「洲崎大明神」　一六〇頁
78「祇園牛頭天王」　一六一頁

79　挿絵「元町・普門寺・甚行寺」　一六二～一六三頁
80　「洲崎山普門寺」　一六四頁
81　「真色山甚行寺」　一六四頁
82　「青木山西向寺」　一六五頁
83　「青木山延命院本覚禅寺」　一六五～一六六頁
84　「円明山陽光院」　一六七頁
85　「瑠璃光山三宝寺」　一六七頁
86　挿絵「七軒(軒カ)町・本覚寺」　一六八～一六九頁
87　挿絵「東台下・飯綱社」　一七〇～一七一頁
88　「一里塚」　一七二頁
89　「隠橋」　一七二頁
90　「飯綱大権現」　一七二頁
91　「清水山大日堂」　一七三頁
92　「台町」　一七三～一七五頁
93　挿絵「台町茶屋之景」　一七六～一七七頁
94　挿絵「西台之図」　一七八～一七九頁
95　挿絵「袖ヶ浦之景」　一八〇～一八一頁
96　挿絵「軽井沢・勤行寺」　一八二～一八三頁

97　「袖ヶ浦」　一八四〜一八五頁
98　挿絵「けかち川・芝生村・浅間社」　一八六〜一八七頁
99　挿絵「三沢檀林」　一八八〜一八九頁
100　挿絵「其(三沢檀林)二・八幡宮」　一九〇頁
101　「北条五代実記四之巻大意」　一九一〜一九二頁
102　「日出稲荷大明神」　一九三頁
103　「学陽山勧行寺」　一九三頁
104　「けかち川」　一九三頁
105　挿絵「斉当(藤カ)分・善竜寺」　一九四〜一九五頁
106　「宿遠山善竜寺」　一九六頁
107　「法照山豊顕寺」　一九六頁
108　「三沢檀林」　一九七〜二〇一頁
109　挿絵「芝生村追分・程谷入口」　二〇二〜二〇三頁
110　「神奈川名産」　二〇四頁
111　「黒薬」　二〇四頁
112　「四水の名泉」　二〇四頁
113　「東都の淮南堂先生、予か一筆の細図を見て」　二〇五頁
114　「乍憚口上を以奉申上候」　二〇六頁

115「跋」　　　　　　　　二〇七～二〇八頁

以上のように武相叢書本「神奈川砂子」は、挿絵を含む全一一五項目からなる。その構成を概観すると、冒頭の1「金川砂子序」・2「序」・3「凡例」は本文の前に位置する前付である。なお、4挿絵「山水中春景」は、表題どおり「中春」(仲春)における「山水」の風景を描いた挿絵であるが、神奈川宿との関係は不明である。冊子の構成上、空いている箇所へ入れ込んだ挿絵と思われるので、以下の検討からは除外する。あるいは後述する挿絵中の漢詩には「桃源郷」「蓬莱」といった仙郷のイメージが詠み込まれているので、その関係上、描かれた挿絵かもしれない。挿絵中の「鳳暦巳開天子地　春先到吉人家　大海」という漢詩は、挿絵の表題とともに春をイメージさせるものであり、「神奈川砂子」を言祝ぐ意味があると思われる。5「東海道」～112「四水の名泉」が本文、113「東都の淮南堂先生、予か一筆の細図を見て」・114「乍憚口上を以奉申上候」・115「跋」が後付に該当する。

こうした武相叢書本「神奈川砂子」の構成上からみた「神奈川駅中図会」との大きな違いは、以下の五点であろうか。第一に挿絵と説明文が分離せず一体のものとして構成されていること。第二に他者による1「金川砂子序」と3「凡例」が加えられていることである。この二点からは武相叢書本「神奈川砂子」が名所図会の一般的な形式であることが確認される。第三に説明文の項目も、(ア)「瀧之橋」・(イ)「両御本陣」・(ウ)「御高札」・(エ)「御守殿跡」を冒頭に配置した「神奈川駅中図会」とは異なり、それらの項目も東↓西という東海道の行程に沿うように配置されている。叙述の一貫性・統一性が考慮された結果であろう。第四に具体的な説明文は付記されていないものの、挿絵の対象範囲が東側の子安村と西側の芝生村・保土ヶ谷宿まで拡大されている。東海道筋に限定されたものではあるが、神奈川宿を中心とした地域圏の広がりを窺わせる。第五に「神奈川駅中図会」ではみられなかった5「東海道」の項目が設定されている。

本文の構成は、まず5「東海道」と6挿絵「駅路鈴之図」が一つのまとまりとなる。前者は神奈川宿が含まれる東海道を扱ったもの。後者はそれに関連して駅路の鈴を描いた挿絵である。ついで、7挿絵「生麦松原・子安一里塚」～12挿絵「西連寺・浦嶋塚」が一つのまとまりとなっている。神奈川宿の江戸側＝東側に隣接した子安村の東海道沿いの景観を東→西の方向で描写したものであるが、説明文はない。13「神奈川駅」・14挿絵「神奈川方角図」・15挿絵「其(神奈川方角図)二」は、神奈川宿全体を説明する総論にあたる。14・15の挿絵である「神奈川方角図」は神奈川宿全体を対象とした絵地図であり、14が神奈川町、15が青木町を主要な対象範囲としている。16挿絵「観福寺」～108「三沢檀林」が神奈川宿内の寺社・名所などを扱った各論であり、原則として東→西の方向で記述され、挿絵の内容と文章の項目はおおむね近接する場所に配置されている。109挿絵「芝生村追分・程谷入口」は、神奈川宿の東寄りの隣村である子安村を描写した挿絵群である7～12と対応するように、神奈川宿の西側に隣接する芝生村と隣宿である保土ヶ谷宿入口の江戸方見附を描いた挿絵。子安村と同様に挿絵のみで説明文は記されていない。110「神奈川名産」・111「黒薬」・112「四水の名泉」は神奈川宿全体に関わるもので、黒薬を含む名産品や名泉を書き上げた項目であり、付論といった位置づけになる。

各論である16挿絵「観福寺」～108「三沢檀林」についても挿絵と説明文の前後関係からみると、八つに区分することができる。第一の部分は、神奈川宿の東側における最初の名所である観福寺に関する16挿絵「観福寺」と17「護国山浦嶌院観福寿寺」。第二の部分は、観福寺以外の並木町と新町・荒宿町の範囲に該当する18挿絵「並木町・新町・長延寺」～33挿絵「東光寺・妙仙寺・仲木戸横町」。第三の部分は、十番町・九番町と小伝馬町・猟師町の範囲に該当する34挿絵「金蔵院・熊野社・御殿跡」～49挿絵「小伝馬町・吉祥寺」。第四の部分は、仲之町と御殿町・二ツ谷町・飯田町を対象とする50挿絵「仲之町・御殿町」～57「吉祥山茅草院慶運寺」。第五の部分は、神奈川町の西之町と青木町の瀧之町・久保町・瀧横町を対象とする58挿絵「神奈川御本陣」〜75挿絵「活ス之図」。第六の部分は青木町の宮之町・元町・七軒町を対象とする76挿絵「青木町・洲崎社」〜86挿絵「七軒町・本覚寺」。第七の部分は、青木町の台町から軽井沢の部分で、87挿絵「東台下・飯綱社」〜98挿絵「けかち川・芝生村・浅間社」と102「日出稲荷大明神」・103「学陽山勧行寺」・104「けかち川」である。第八の部分は、東海道から離れた青木町枝郷の三ツ沢と神奈川町枝郷の斉藤分を対象とするもので、99挿絵「三沢檀林」〜101「北条五代実記四之巻大意」と105挿絵「斉当（藤カ）分・善竜寺」〜108「三沢檀林」となる。

二　三井文庫本との異同

次に三井文庫本との異同を確認しておこう。武相叢書本と三井文庫本との異同については、武相叢書本にはない項目が三井文庫本にみられるもの、あるいは逆に武相叢書本に存在するが三井文庫本にはみられないもの、さらに両者の項目の場所が異なるものと項目の表題が異なるもの、といった四つのケースが想定される。以下、石井氏の解説に依拠しながら、順に確認してみたい。

石井氏によれば、武相叢書本になく三井文庫本に存在する項目は、観福寺の背後の山にある「龍燈松」の挿絵が三井文庫本に存在するのみである、逆に武相叢書本中の挿絵に記された詩歌類（和歌・狂歌・俳句・川柳・漢詩等）が三井文庫本には原則として所収されていないという。ただし、本文中に引用されている詩歌類については、武相叢書本も三井文庫本も変化が無いので、この違いは挿絵中の詩歌類に限定されている。武相叢書本と三井文庫本は別系統の写本ということになろう。

次に武相叢書本と三井文庫本の構成上の大きな相違は二点存在する。まず、武相叢書本の113「東都の淮南堂先生、予か一筆の細図を見て」の配置場所が、三井文庫本では武相叢書本の2「序」と3「凡例」の間に置かれている。ついで、武相叢書本の114「乍憚口上を以奉申上候」と115「跋」が、三井文庫本では無く、かわって「金駅仲ノ街住　煙管亭喜荘書、文政七甲申穐八月出成」と「今天保八丁酉年八月　借需写之」、さらに「此冊予敢非為徴、唯幼童之慰美為成一哭、亦徒然之折者、為無益眠寝不厭、墨紙走禿筆写已而、作者又咸心哉　重緒述」という三井文庫本「神奈川砂子」の筆写の経緯を記す文言が付されている。石井氏の「解題」によれば、この重緒という人物については不明である。また、4挿絵「山水中春景」も三井文庫本にはみられない。

次に項目の表題の違いについては次の通りである。

8　挿絵「子安村」→「子安邑」
11　挿絵「新宿村」→「新宿邑」
12　挿絵「西連寺・浦嶋塚」→「西連寺・浦嶼墳」
22　挿絵「新町・良仙寺」→「新町・良儒寺」
28　挿絵「荒宿町・能満寺」→「荒宿・能満寺」
33　挿絵「東光寺・妙仙寺・仲木戸横町」→「東光寺・妙儒寺」
34　挿絵「金蔵院・熊野社・御殿跡」→「金蔵院・熊野社」
41　挿絵「神奈川夜之景」→「夜之景」
45　挿絵「熊野社夜宮祭礼」→「熊野社弓矢神楽」
47　挿絵「十番町の景」→「十番町ノ景」

59　挿絵「瀧之橋・権現山」→（表題なし）
72　挿絵「神奈川注連飾の図」→（表題なし）
73　挿絵「青木町裏座敷ノ図」→「青木街裏座敷」
75　挿絵「活ス之図」→「活簀図」
76　挿絵「青木町・洲崎社」→「青木街・洲崎社」
93　挿絵「台町茶屋之景」→「台街茶屋」
94　挿絵「西台之図」→「西台ノ図」
98　挿絵「けかち川・芝生村・浅間社」→「蹴勝川・芝生村・浅間社」
101　「北条五代実記四之巻大意」→「北条五代実記四之巻書抜」
104　「けかち川」→「蹴勝川」
105　挿絵「斉当（藤カ）分・善竜寺」→「斎藤分・善龍寺」
112　「四水の名泉」→「四ツ之名泉」

以上のように、武相叢書本と三井文庫本との表題の相違の多くは挿絵のタイトルに関わるものであり、内容そのものを変更するものはみられず、おおむね同様であるといってよいだろう。

まとめ

以上、武相叢書本における「神奈川砂子」の構成を概観するとともに、三井文庫本との異同について確認した。その結果、両者の間には若干の相違はあるものの、本質的な違いはないことが確認できた。そこで、以下の検討は武相叢書本を主な対象として行うこととし、第二節〜第六節において武相叢書本の各部分を検討する。第二節では前付である1「金川砂子序」〜3「凡例」を、第三節では喜荘における東海道認識を示す5「東海道」・6挿絵「駅路鈴之図」と子安村を描く挿絵群である7挿絵「生麦松原・子安一里塚」〜12挿絵「西連寺・浦嶋塚」を、第四節では神奈川宿の総論ともいうべき13「神奈川駅」・14挿絵「神奈川方角図」・15挿絵「其（神奈川方角図）二」を、第五節では各論にあたる16挿絵「観福寺」〜108「三沢檀林」を、第六節では109挿絵「芝生村追分・程谷入口」と付論にあたる110「神奈川名産」〜112「四水の名泉」及び後付である113「東都の淮南堂先生、予か一筆の細図を見て」・114「乍憚口上を以奉申上候」・115「跋」を、それぞれ対象とする。

第二節　序文・凡例の検討

第一節でみたように、武相叢書本「神奈川砂子」は一一五項目から構成されている。この内、1「金川砂子序」・2「序」・3「凡例」は、前付の部分であり、「神奈川砂子」全体の構成や枠組みを示している。第二節ではこの部分について検討する。1「金川砂子序」の執筆者は飯田徐風、2「序」は喜荘の自「序」、3「凡例」も喜荘自身の執筆である。以下、順にその内容をみていこう。

一　飯田徐風の「金川砂子序」

まず、1飯田徐風の「金川砂子序」の全文を史料1として掲げる。なお、引用にあたっては、本文に振られている振り仮名(ルビ)は省略した(この点については以下同様である)。

石井光太郎氏の「解題」によれば、三橋家本には執筆者名を記した末尾に「成仏寺門前」の記載があるという。「成仏寺門前」とは、朱印寺である成仏寺の門前地＝朱印地を意味している。同地は神奈川町の「四ツ角」において東海道と直角状に交差して小机へ向かう「飯田道」周辺に存在しており、飯田町と呼ばれていた。飯田徐風の「飯田」は地名に由来するということになろう。また、石井氏は「東海道人物誌」にみえる神奈川宿の文人である「相応寺（号海底舎似風）」をあげ、「序文をかいた飯田徐風は、あるいは似風の系統を引いた俳人ではなかろうか」と指摘する。一方、石野瑛氏の「金川砂子に就て」では「序文を書いて居る飯田徐風と云ふ人に就いても、其の出身地や其の経歴はよく判らぬ」としている。

〔史料1〕

金川砂子序

金川の事のおもむきをいひ、図会にもあらはしたるハ、東海道駅路鈴・東海道名所図会、なほこの外にもこれかれあンめれど、五十あまり三次の駅路にをよべれば、そらかぞふ、おほよそにして、此駅をしもむねとはえセず、こをこそあかす、物たらはぬ心ちはヽすれ、さるを麻もよし、きせる烟管のあき人喜荘は、絵かくこと、学べるとはあらねど、なりはひのいとまあるをり〳〵、まめやかに筆をとりて、此駅内の神社仏閣のかた白玉椿、つばらに図してもらせるなり、或はもの〳〵はえある所々、いそのかミふるき跡のこと種をさへ、普く画き、まつぶさにいひ、ひと巻となし、金川砂子といふ、こは菊岡のをぢが編る江戸砂子、或は沙汰して、瓦石をえりすて、あるは沙子をわかちて金もとむるてふ、是らによりて名づけけらし、それ風のとの遠きさかひを、ものせるは、よしと見ゆる、其ところの山のたヽずまひ、海のけしき、まのあたり見んには、絵のさた、たがへるらしもあンなるを、こはおのがじヽ、朝夕めなれし、あしがきのまぢかきあたりなれバ、図会のまことなる巻を開き見ん人は、頓にしりぬべし、かヽれば此冊子のいで来しや、此里の浦山のけしき、かくるヽくまなく、またひときハの光もそハりぬべく、おもほえければ、此ぬし此駅にしては、まめなるいさを人也、けたし僕に序せよと、せちにこはるヽを稲舟のしひて、いなみたらんはなか〳〵をこならましと、拙き詞をはしつかたに書しるしつ、時ハ文政の七とせ八月はつかいつか

飯田徐風

史料1によれば、飯田徐風による「金川砂子序」の大意は次の通りである。

「金川」＝東海道神奈川宿を記述した「図会」としては、「東海道駅路鈴」や「東海道名所図会」を始めとしていくつか編纂されているが、いずれも「五十あまり三次の駅路」＝東海道五十三次全体を対象としたものであり、「此駅」＝神奈川宿だけを対象とする「図会」が存在しないことに物足りぬ想いをしていた。こうした中、煙管商である喜荘は、絵を描くことを特に学んでいないのにもかかわらず、本業である煙管商売の合間にまめやかに筆をとり、神奈川宿内の神社・仏閣をつぶさに描いた。あるいは物の栄えある所や古き跡のことなどもあまねく描き、「ひと巻」＝一巻としてまとめ、それを「金川砂子」と題した。この表題は「江戸砂子」に準じたものであり、「瓦石」を選び捨て、砂子を分割して黄金を求めるなどという理由によって選んだという。慣れ親しんだ山の佇まいや海の景色をまのあたりに見るのには絵画にまさるものはなく、図会を開き見る人はそれを知ることができる。それ故、「此冊子」＝「金川砂子」ができたことは、「此里」＝神奈川宿の「浦山のけしき」が隠れることがなく顕れるように一筋の光を当てたものである。編纂者である「此ぬし」＝喜荘は「此駅」にしては「まめなるいさを人」である。

以上が「金川砂子序」の本文であり、以下はその執筆に至る経緯を記す。すなわち「僕」＝飯田徐風に「序せよ」（序文を執筆してほしい）とのことであるので、「描き詞」を書き記したとしている。末尾に「時ハ文政の七とせ八月はつかいつか」とあるように、飯田徐風の序文が文政七年（一八二四）八月二五日に執筆されており、喜荘による「神奈川砂子」本文の完成はそれ以前であったことがわかる。

「神奈川砂子」本文の完成をふまえ、喜荘が飯田徐風に「序」文の執筆を求めたのは、「東海道名所図会」における「中山前大納言愛親」の序文を意識したものであろう。あるいは飯田徐風は神奈川宿内において一定度知られていた文人であったのだろう。こうした中、「神奈川砂子」＝「金川砂子」を編纂した喜荘を、飯田徐風は「此ぬし此駅にしては、まめなるいさを人也」と称賛している。ちなみに「此駅にしては」という表現からは、これまで「此駅」＝神奈川宿の人々によって神奈川宿の「図会」編纂が行われていないことを暗に批判しているようにも感じられる。

「金川砂子」＝「神奈川砂子」の書名は、「江戸砂子」に倣ったとしている。「江戸砂子」は、菊岡沾涼の編纂により享保一七年（一七三二）に刊行されたもので、江戸市中の旧跡や地名を図解入りで説明した地誌である。前作の「神奈川駅中図会」は「東海道名所図会」をふまえた表題であるが、「江戸砂子」を模した「神奈川砂子」という書名からは、「東海道名所図会」に対して一定の距離感を持ちつつ、より江戸を強く意識した喜荘の認識を窺うことができよう。

二　喜荘の「序」

次に2煙管亭喜荘の「序」の全文を史料2として掲げる。

〔史料2〕

序

このふミもとより一時のけほく、さらに作るのかくこならす、唯ふようの眠りさまさんとて、かんなかハのふることかんかへしるさはやと、目に見、耳にきくにつけて、なにくれと書つけし、あまたひらつもりぬとかさるを、この里おほに見て過ん人のためにも、かとさらひとに書なし、ゑ図をもくハへて、道しるべのたつしとせるは、此駅なれば所のおもかけの、さなからこゝろにまかひて、えそらことともおもほへすといふことを、文政甲申の

としの夏所のまゝながらかきやる

武陽金駅之住人

煙管亭喜荘

史料2によれば、「このふミ」＝「神奈川砂子」はもとより一時のものであり、作るだけの覚悟もなく、ただ「ふようの眠り」を覚ますために、「かんなかハ」＝神奈川の「ふること」＝古事を考え記そうとして、目に見、耳に聞くことを何くれと書き連ねて、この里を見て過ごす人のために執筆した。絵図を加えて道標の達しとすることは、「此駅」＝神奈川宿の面影を心に任せて、絵空事とも思われないためであるとしている。ただし、実際には編纂への強い意志とそれを支える知識が存在しなければ「神奈川砂子」が完成しえなかったことはいうまでもない。冒頭の「ふよう」の文言は「不用」と「芙蓉」（＝富士山）を掛けたものであろうか。

末尾には「文政甲申のとしの夏所のまゝながらかきやる」とあり、「文政甲申」＝文政七年の「夏」＝四月～六月に「神奈川砂子」の本文が完成していた。前作の「神奈川駅中図会」の完成が前年の文政六年正月であるので、おおね一年から一年半の期間で「神奈川砂子」を編纂したことになる。

三　「凡例」

さらに作者である喜荘の意図が最もよく反映されている3「凡例」を史料3として掲げる。

〔史料3〕

凡例

一、夫此書ハ都て東海道名所図会といふを引書したれバ、かの文中ことごとくあり
一、渾て方位を示すにハ、瀧の橋ハ神奈川中央に有ゆへ、瀧の橋より某の東何町、某の西何町ニ有と証し、或は左の方・右の方とハ江府より上へ赴旅者の左右也
一、引書ハ古来流布の記、和歌ハ代々の撰集、軍談ハ其要を摘んで記し、神廟梵刹の由縁ハ社人・寺僧の記せるを考へ、又駅翁野夫の諺も是成ハ載事有
一、近村郷里に悉く、寺社・古跡たぐひあれ共、際限あらざれバ、是又省く、三ツ沢檀林・斉当(藤)分善龍寺、駅中内なれば記す、左右の隣村子安村・入川(入江川のことか)・新宿・芝生村追分ハ、駅中に連隣村なれば図斗りあらハす
一、山水風景細図ハ天地万物の始、書人の骨筋也、画書に甚タ伝法有、僕か一筆の細図ハ我流にして四時の別ちなく、小児の虚書にひとし、諸文ハ猿利根にまかしたれバ影護事際なければ、若賜顧の君子ありて、其拙をゆるし給ひて、あやまりの大成を報知給ふあらば、夫即後学の一助となりて、倖最も甚しからん

煙管亭誌

史料3の「神奈川砂子」の「凡例」は全五か条からなる。以下、逐条ごとに「東海道名所図会」の「凡例」を参考にしながらみていこう。

第一条は、「東海道名所図会」を「引書」したので、同書に記されている「文中」は「此書」=「神奈川砂子」の中に「ことごとく」あるとする。後述する「東海道」や「神奈川宿」の項目においては、「東海道名所図会」の文章をそのまま引用する部分が多いことを事前に断っているとの意味であろうか。やや文意を理解しがたい点もあるが、あるいは「川崎まで二里半、此宿ハ舩着にして、旅舎商家多く、繁昌の地也、神奈川台とて、風景の勝地にして、申酉の方に冨士山見ゆる、右の方海辺に出崎あり、本牧十二天ノ森といふ、稲毛弁天祠あり、沖を本牧の沖といふ、又駅

中に飯綱権現祠・熊野権現祠あり、又駅の北ノ端に浦嶌寺といふあり（後略）」という「東海道名所図会」における神奈川宿の記述内容については、「神奈川砂子」の中で触れているという意味であろうか。いずれにせよ、「神奈川砂子」の編纂にあたり、喜荘が「東海道名所図会」における神奈川宿の記述内容をふまえていることがわかる。この点は「神奈川駅中図会」における自「序」と同様の内容といえる。

第二条は、「神奈川砂子」における地理認識の基準を示したもので、「東海道名所図会」の「凡例」第四条に対応する。すなわち瀧の橋を「神奈川中央」と位置づけ、宿内の寺社などの方位・距離についてはここを起点としている。瀧の橋は、64「瀧之橋」の項目に「瀧之橋　長サ七間・横二間半、神奈川中央にアリ、青木・神奈川境に掛ル、従是諸方道法を定ル」とあるように、神奈川宿を構成する二つの町である神奈川町と青木町の境に位置しており（神奈川宿に一か所しかない高札場も、瀧の橋の東詰＝神奈川町寄りにある）、東海道に沿って町並みが続く神奈川宿の「中央」として適当な場所であった。同時に神奈川町に居住していた喜荘が、青木町を含めた神奈川宿の両町を一体のものとして理解していることを示す。本条をふまえて、「神奈川砂子」の宿内の地理に関する叙述は、瀧の橋からの距離で示されている。また、「左右」については、東海道を江戸より京都へ向かう「旅者」（旅人）の「左右」を基準としている。そのため、東海道を境として海側が「左」、山側が「右」となる。これは「神奈川砂子」の記述方向が、原則として東＝江戸側から西＝京都側へ向かうことに対応する。こうした記述の順序は、「東海道名所図会」の「凡例」第四条における「或ハ左の方・右の方とハ、京師より東関に赴く旅者の左右なり」とは逆方向であり、「神奈川駅中図会」において提示された原則を「凡例」の中で明示したもので、神奈川宿が「江府」（江戸）を中心とする大きな地域圏に属していることを窺わせる。

第三条は、「神奈川砂子」の記述の典拠を示したもので、「東海道名所図会」「凡例」第五条の「引書ハ古来流布の紀行、和歌ハ代々の撰集、詩賦ハ名家の文集を引拠とす、軍談ハ其要を撮んで記し、神廟梵刹の由縁は社人寺僧の記せるを勘へ、又村翁野夫の諺も是なるハ載る事あり」を引き写した内容である。引用する書目は「古来流布の記」、和歌は「代々の撰集」、「軍談」(＝軍記物か)はその概要を記すとしている。また、神社仏閣の由来については、それぞれの社寺の社人・僧侶の記したものを参考にする。この他、神奈川宿に居住している人々(＝「駅翁野夫」)の「諺」も「是成」ものは採用するとしている。この点は、本文各論の中で十分に表現されていると思われる。

第四条は、「神奈川砂子」の記述範囲を示したもので、青木町の枝郷である三ツ沢に存在する「三ツ沢檀林」＝豊顕寺と、神奈川町の枝郷である斉藤分の善竜寺は、東海道筋から離れているが、行政範囲としての神奈川宿に含まれるので記述対象とする。子安村・入江川・新宿と芝生村追分は隣村なので、挿絵のみを記すとしている。こうした地域も広い意味では、神奈川宿を中心とした地域に包摂されるということであろう。なお、江戸時代後期における子安村は東子安村と西子安村に分かれており、新宿村は子安村より分村して成立した村落である。また、入江川は子安村地内を流れる小河川である。東海道沿いに限定されていた「神奈川駅中図会」の記述範囲と比較して、行政範囲としての神奈川町・青木町に含まれる「三ツ沢檀林・斉当分善龍寺」を記述対象に加えるとともに、東＝江戸側の隣村である子安村と西＝上方側の隣村である芝生村(さらにはその西に存在する保土ヶ谷宿入口の江戸方見附まで)についても説明は加えないものの、挿絵の対象に含めている。神奈川宿を中心とする地域の広がりを意識したものであろう。

第五条は、「東海道名所図会」の「凡例」第七条・第八条に対応するもの。前半は「山水風景細図」(＝挿絵)の重要性について触れ、「書人の骨筋」のように重要であるが、「神奈川砂子」に描いた挿絵は「僕」(＝喜荘)が「我流」で描いたものであり、「小児の虚書」のようなものである。文章も「猿利根にまか」せたもので「影護事」(うしろめたきこと)の際限がないとしている。この部分は「神奈川駅中図会」の自序における「人まねさる利根むようにひつ書こと」に似た表現である。また、「あやまりの大成を報知給ふあらば、夫即後学の一助となりて、倖最も甚しからん」として、「神奈川砂子」の記述に誤りがあれば知らせてくれるよう記している一節は、「東海道名所図会」「凡例」第七条の「猶脱漏ハ後人の補遺を俟のミ」をふまえている。

まとめ

以上、本節では、「神奈川砂子」全体における前付である、飯田徐風による1「金川砂子序」、喜荘の2「序」、同じく喜荘による3「凡例」、の内容について検討を行った。

煙管亭喜荘による飯田徐風への1「金川砂子序」執筆の依頼は、「東海道名所図会」における「中山前大納言愛親」の序文を意識したもので、飯田徐風が喜荘とのつながりをもつ神奈川宿内において一定度知られていた文人であることが想定される。徐風は、神奈川宿を単独として扱った「図会」＝地誌が従来存在しないことをふまえて、「神奈川砂子」を編纂した喜荘を「まめなるいさを人」として高く評価する。また「神奈川砂子」という書名が「江戸砂子」に依拠したことにも触れており、前著の「神奈川駅中図会」が「東海道名所図会」を模したのに対し、「神奈川砂子」という書名がより江戸との関連を意識していることを窺わせる。徐風の序文は文政七年（一八二四）八月二五日に執筆されており、喜荘による「神奈川砂子」本文の完成がそれ以前であったことがわかる。

次に自「序」において、「神奈川砂子」は「ふようの眠り」を覚ますために神奈川の古事について見聞したものを書き連ねたのみであり、絵図を加えて道標にしたとする。「神奈川駅中図会」の「序」と同様にやや謙遜した言い回しではある。執筆の日付は文政七年の「夏」（四月〜六月）であり、前作の「神奈川駅中図会」の完成から一年〜一年半の短期間で「神奈川砂子」が完成したことになる。

全五か条の「凡例」は、「東海道名所図会」のそれを参考にして構成されたものと思われる。注目すべきは「神奈川砂子」における地理認識の基準を示した第二条と記述範囲を示した第四条である。第二条では「神奈川中央」として神奈川宿内の方位・距離を示す起点として瀧の橋を設定するとともに、記述における「左右」を東＝江戸側→西＝京都側の方角における行程の左右と明示している。第四条では、行政範囲としての神奈川町・青木町に含まれる「三ツ沢檀林・斉当分善龍寺」を記述対象に加えるとともに、東＝江戸側の隣村である子安村と西＝上方側の隣村である芝生村（と保土ヶ谷宿入口の江戸方見附）まで挿絵の対象に含めるとしている。

以上のように「神奈川砂子」は、前作の「神奈川駅中図会」と比較すると、他者による「序」と「凡例」を備えるとともに、記述範囲の拡大とあわせて、より本格的な名所図会としての体裁を整えたということができる。

第三節　「東海道」と子安村の挿絵

第二節では、「神奈川砂子」の項目の内、前付にあたる1「金川砂子序」・2「序」・3「凡例」を検討した。第三節ではそれに続く5「東海道」～12挿絵「西連寺・浦嶋塚」について検討する。この部分は、東海道に関連する5「東海道」・6挿絵「駅路鈴之図」と、子安村の東海道沿いを描写した挿絵である7挿絵「生麦松原・子安一里塚」～12挿絵「西連寺・浦嶋塚」の二つに分かれる。ただし、6挿絵「駅路鈴之図」は、5「東海道」の⑶に記述される駅路の鈴を描いた挿絵であるが、神奈川宿には直接関連しないので省略する。

一　「東海道」認識

先述したように、「東海道名所図会」をふまえる形で、煙管亭喜荘は神奈川宿の地誌編纂を行った。それでは神奈川宿の地域認識の前提として、「東海道名所図会」全体が対象とする東海道について喜荘はどのように考えていたのであろうか。5「東海道」はそれを検討する素材である。

まず、史料4として5「東海道」の全文を掲載する。ただし、説明の便宜上、⑴⑵⑶という三つの部分に分けて検討する。

〔史料4〕

(1)東海道十五箇国也といへ共、江府より京迄五十三駅、都て十州ニ到　抑東海道と云は、天地開て国常立尊より天神七代地神五代の御始、天照太神の末葺不合尊第四皇子神日本盤余彦尊人皇の始、神武天皇也神代の蹤を継、日向国宮崎に都し給ふ、五拾九年と申、己未の年十月東征して、豊葦原の中津国に止り、御座大和国云は是なり、高市郡うねびの山を転して帝都を立、柏原の地を切はらひて宮室を作り給ひき、則柏原の宮といふ、然しより已来代々の帝皇都を所々へ遷る、事三十度に余り四十度に及へり、中略、五十代桓武天皇の御宇延暦三年十月大和国奈良の都より山城の国にうつされて長岡の宮今西の岡大原野の近所に内裏の跡有におハしましける、此京せばしとて同十二年正月大納言藤原おくろ丸、参儀左大弁紀こさみ、大僧都源海等をつかわして当国の内かとの郡宇田村を見せらる、三人共に奏して申、此地ハ左青龍左の方に水流れあるをいふ、右白虎右の方に道、あるをいふ　前朱雀前ニ田畑、有を云　後玄武後に高山、有を云　一ツもかけず、四神相応の霊地也、是に依て同十三歳に長岡の京より、此の平安城に移し給ひて、以来都を他所へ移されず

(2)桓武天皇平安城を興基有てより、結縄の政をして天下化成し、加之代々の聖主徳を踏、仁を詠し、上古の風を同して、群生を撫育し給へば、四海静にして億兆の歳を弥らんとそ見へにける

(3)抑平安京ハ都て一千有余歳の都にて中華にも其例あらず、五畿七道は天武天皇の御時勅に依て定き、其中にも東海道はその冠首たり、草薙の余光煌々として四海の潮ハ東日に照されて、浪の音謡也、干戈の威日々に新にして梟鳥敢て翔す、賞罰厳にして虎畏をます、京迄の往来貴賤となく老少となく、夜となく昼となく、公卿は勅を蒙り春の御使、藩屏の諸侯ハかわる〳〵参勤あり、あるハ商人の交易・斗藪の桑門・風騒の歌枕・俳諧の行脚・伊勢まいり・富士詣迄、駅路の鈴の絶間もなく、馬あり、竹輿あり、舩あり、橋有、泊々ハ自在にして酒旗所々に翩翻たり、周礼ニ曰、国野の道十里に一廬有、廬に飲食あり、三十里に宿あり、宿に駅亭有とぞ、馬に鈴をつく

るを駅路の鈴といふて、昔毎年貢を馬にて運び蔵奉る時、又ハ公卿国々の任有て守護に下り給ふ時、此鈴を付たる馬ハ夜も関の戸を明て通しけると也、孝徳帝の御宇大化二年に関宿を定め駅馬伝馬ニ鈴の契を付る事あり、続日本紀・延喜式・江家次第・令義解　等には粗見へたり

新六帖

旅人の　山路へつふる　夕暮に　駅の鈴の　をとひ、くなり　衣笠内大臣

新六帖

道細き　里の駅の　鈴鹿山　ふりはへ過る　友よいふなり　為家

同

神もさぞ　ふりくる雨は　しの塚の　駅の鈴の　小夜深き声　逍遙院

国王七鈴をもつて七道へつかハすにハ、官使ニ一ツ宛賜ふ、これを印にて駅へつく毎にふりならして宿る也、其所を駅路といふ、駅舎は江戸より京師まて五十三駅なり

史料4の内、⑴⑵は「平安城」＝京都が都となった経緯を記しており、東海道そのものに関係するのは⑶のみである。⑵と⑶は漢字と平仮名や送り仮名といった表記の違いを除けば、「東海道名所図会」巻一の冒頭の「平安城」の文言をおおむね引用したもの。特に⑵は「東海道名所図会」の該当部分と同文である。⑶も基本的には同文であるが、意識的に変更された箇所が存在する。「東海道名所図会」の「江府迄の往来」と「京師より江戸まで五十三駅なり」が、それぞれ「京迄の往来」「江戸より京師まて五十三駅なり」と変更されている。

「凡例」第二条に明示されるように、京都を起点、江戸を終点とする「東海道名所図会」における東海道の行程に対して、「神奈川砂子」では江戸を起点とし京都を終点とする構成になっており、それに合わせた文言の変更である。

京都を中心・起点とする「東海道名所図会」の東海道認識のあり方は、江戸に近接する神奈川宿の住民である喜荘にとって違和感があり、江戸を中心・起点とする東海道認識に転換させたのである。また、「五畿七道は天武天皇の御時勅に依て定き、其中にも東海道はその冠首たり、草薙の余光煌々として四海の潮ハ東日に照されて、浪の音謐也」という文言からは、「五畿七道」の内、「七道」の「冠首」が江戸から京都へ向かう東海道であることと、東海道は「草薙の余光」＝草薙剣を持参した日本武尊の東征の「余光」が「煌々」として明らかであり、「四海の潮」は「東日」に「照」らされて浪の音は静謐であるとしている。換言すれば、「草薙の余光」と「東日」の「照」により東海道は安泰・平和であるということになる。「東日」の「照」は、東から昇る太陽であるが、日本武尊が草薙剣を伊勢神宮から持参したことをふまえれば、太陽神である天照大神の意味をも含むと思われる。ただし、東海道の起点を京都から江戸へ組み替えた喜荘にとっては、「東日」の「照」を「東照」(宮)＝徳川家康の存在と二重写しにしている可能性も考えられる。

これに対して、(1)の典拠は管見の限り「東海道名所図会」中からは確認できないが、文中に「中略」の表記があるので、引用文であることは確かである。後考をまちたい。冒頭の「十五箇国也といへ共、江府より京迄五十三駅、都て十州ニ到」の内、「十五箇国」とは古代律令制下の行政区分としての東海道に属する伊賀・伊勢・志摩・尾張・三河・遠江・駿河・甲斐・伊豆・相模・武蔵・安房・上総・下総・常陸の一五か国。これに対して、「江府より京迄五十三駅、都て十州ニ到」とは、「東海道名所図会」の「凡例」第一条にある「東海道ハ京師よりはじめて江戸に到る、都て十州に亙り」とあるように、道路としての近世東海道を指しており、具体的には山城・近江・伊勢・尾張・三河・遠江・駿河・伊豆・相模・武蔵の一〇か国となる。

以上のように「東海道」の項目では、京都を起点とする「東海道名所図会」の東海道認識を、神奈川宿居住者の感覚に適合的な江戸を起点とするものに意識的に組み替えるとともに、(1)において天地開闢から神武天皇の即位や平城京への遷都を経て、「四神相応」の地である平安京への遷都までの歴史を簡潔に記している。何らかの典拠が存在したと思われる。この部分は、第四節で検討する「神奈川」「金川」の地名由来に関する日本武尊の関連とともに、「四神相応」の地として神奈川のありようを説明する前段として組み込まれたものであろう。

二　子安村の挿絵

5「東海道」と13「神奈川駅」の間には、7「生麦松原・子安一里塚」・8「子安村」・9「其(子安村)二」・10「入江川橋・一之宮」・11「新宿村」・12「西連寺・浦嶋塚」という六点の挿絵が存在する。これは「凡例」第四条にある「一、近村郷里に悉く、寺社・古跡たぐひあれ共、際限あらざれバ、是又省く、三ツ沢檀林・斉当分善龍寺、駅中内なれば記す、左右の隣村子安村・入川・新宿・芝生村追分ハ、駅中に連隣村なれば図斗りあらハす」の内、神奈川宿よりも東方(江戸寄り)に位置する「子安村・入川・新宿」に該当する部分である。

「西連寺・浦嶋塚」を除く五点の挿絵は、7→8→9→10→11の順番で東→西の方向で連続する。7に子安村の東隣の生麦村の西の外れである「生麦松原」が含まれているのは、東海道に沿った子安村全域を描写するためである。いずれも見開き状で構成されており、向かって右側が江戸・東方向、左側が京都・西方向で統一され、切れ目なく継続するとまではいえないものの、方向としての連続性は維持されている。

「神奈川砂子」における本文最初の挿絵である7「生麦松原・子安一里塚」(二一九頁上段)では、画面上部の三分の一程度が霞状で表現されており、右側に「旅かこの　さか手もいまた　にえきらて　えましのたらぬ　生麦の里　琴通舎」という狂歌が、左側には先述した挿絵の表題が配置されている。「琴通舎」は江戸の狂歌師である琴通舎英賀のこと。同人の狂歌・川柳は「神奈川砂子」の挿絵中に合計五首所収されている。この狂歌は、江戸から旅人を乗せた駕籠かきの心中を想定したもので、「酒手」＝運賃を煮え切らないようにはっきり決めずに客をのせたものの、どこまで行くのか、とうとう生麦の里まで来てしまった、という内容である。ここには「えまし麦」の意味が掛けられている。「えまし麦」とは精白した麦を一度煮たものであり、煮えきらなくて「えまし」が足らない生の麦という意味合いで「生麦」の地名に掛け合わせたもの。生麦から始まる開巻冒頭の挿絵において、この「神奈川砂子」の内容はいかなるものであろうかという期待と惑いが込められているように思われる。こうした挿絵中への詩歌類の挿入は、「神奈川砂子」における新たな試みであり、挿絵に託した意味と内容をふまえて適宜選択されていると思われる。

挿絵の内容に戻ると、東海道の道筋は画面下部に配置され、右側には「生麦松原」が、左側には子安「一里塚」を中心に街村状の子安村の家並みが、それぞれ描かれている。「生麦松原」は生麦村の東海道の内、神奈川宿寄りの西側に位置する部分。同村の江戸寄りの東側は東海道に沿って街村を形成しているが、西側は東海道が直接、海岸に面しており、街道の両側には松並木が存在していたので「松原」と称されていた。子安の「一里塚」は東海道の両側の二か所が描かれている。

8「子安村」(二一九頁下段)の挿絵には東海道に沿って右から「遍照院」「本慶寺」「淡島社」が描かれている。いずれも子安村所在の寺社である。9「其(子安村)二」(二二〇頁上段)には「稲荷社」「海保」が描かれ、「日の入るに　構はぬ夏の　旅路かな」(作者名の記載は無い)という俳句が挿絵中に記されている。日の長い夏は日没になってもまだ明るさに余裕があり、宿泊地である神奈川宿への行程もゆったりと進めるとの意であろう。「海保」は海保氏の屋敷であり、目立つように構図が設定されている。煙管商売の得意先等といった喜荘との親しい関係が想定される。10「入江川橋・一之宮」(二三〇頁下段)では「一宮社」「入川橋」「蛭児社」が描かれ、「はるの日も　はや山の端に　入江川かへす光りを　水に見る哉　よミ人しらす」の和歌が付されている。9の俳句を受けて、夏に比べて日の短い春の太陽は早くも山の端にかかり、その残照が入江川の川面に反射しているとの内容である。山の端に「入」る意と「入江川」の地名を掛け合わせたもの。

11「新宿村」(二二一頁上段)では「大安寺」「西連寺」「浦島塚」「松井亭」が記されている。「松井亭」は茶屋であろうか。「海保」と同様に喜荘との親近関係が想定される。右側上部には「おのつから　り、敷見ゆる　足元ハ　これあつらいの　仏(紺カ)の旅人　十返舎一九」の狂歌が、左側上部には「春風や　売切て居る　道中詩(記カ)　岱画」の俳句が、それぞれ記されている。一九の狂歌は、新調した旅支度で江戸を出発した旅人の衣装が真新しく見えるとの意。岱画の句は暖かさを運ぶ春風とともに旅人が盛んに往来するようになり、そのため旅の案内書である「道中詩(記カ)」も売り切れているという内容。ともに四季の最初である春を示すとともに、旅の始まりをイメージ化しており、本書「神奈川砂子」が開巻から本題である神奈川宿へと進むことを象徴化している。本挿絵に記されている「浦島塚」にある石塔を大きく描いた挿絵が12「西連寺・浦嶋塚」(二二一頁下段)となる。西連寺と浦島塚については、「東海道名所図会」に記述があり、それに対応する内容としたものであろう。

まとめ

第三節では、喜荘における東海道認識を示す5「東海道」と、3「凡例」第四条に記された「子安村・入川・新宿」の挿絵に対応する7「生麦松原・子安一里塚」~12「西連寺・浦嶋塚」の六点の挿絵について検討した。

5「東海道」では、京都を起点とする「東海道名所図会」の東海道認識を、神奈川宿居住者の感覚に適合的な江戸を起点とするものに意識的に組み替えるとともに、天地開闢から神武天皇の即位や平城京への遷都を経て、「四神相応」の地である平安京への遷都までの歴史を簡潔に記す。第四節で検討する13「神奈川駅」における「神奈川」「金川」の地名由来に関連する日本武尊とともに、「四神相応」の地として神奈川のありようを説明する前段として組み込んだものである。

一方、7「生麦松原・子安一里塚」～12「西連寺・浦嶋塚」という子安村関連の六点の挿絵は、「凡例」第四条の「左右の隣村子安村・入川・新宿・芝生村追分ハ、駅中に連隣村なれば図斗りあらハす」の文言をふまえて所収したもの。東海道を通じた神奈川宿より東側への広がりを意識したものであろう。挿絵中に記されている詩歌類には、「神奈川砂子」の冒頭部分に位置することから、季節的には四季の最初である春をイメージさせるとともに、東海道や神奈川宿という旅・道中を題材とすることから旅立ちを想起させる内容となっており、「神奈川砂子」全体の構成と対応するように配置されている。こうした挿絵中の詩歌類の役割は以下の各論においても同様である。

第四節　「神奈川砂子」にみる「神奈川」認識

第四節では、13「神奈川駅」を検討する。神奈川宿に関する序論にあたるものであり、喜荘における神奈川宿認識が端的に表現されている。あわせて神奈川宿の絵地図である14挿絵「神奈川方角図」・15挿絵「其(神奈川方角図)二」についても簡単に触れる。

「神奈川砂子」における13「神奈川駅」は、「神奈川駅中図会」の「神奈川」において記された喜荘の神奈川宿認識をさらに発展させたもので、喜荘における神奈川宿認識の到達点である。ここではその全文を史料5として掲載する。検討の都合上、便宜的に(A)～(F)の六つの部分に区分した。

〔史料5〕

(A)神奈川駅　武州橘樹郡ニ有、五十三次の其一ツ也、江府行程七里也

(B)夫神奈川といふ名は、往昔人皇十二代　大足彦忍代別天皇景行帝ナリ四十年夏六月、東夷叛逆の由を奏す、即　天皇斧鉞を持て、日本武尊に授け、東国安泰すへきと詔ありけれバ、尊斧鉞を授り、再拝し奏曰、東夷暴逆す、速に天神地祇を祀り、天皇の聖恩を蒙りて、其境に臨ミ徳教を示に、猶服せざるものあらば、忽兵を発して是を誅罰し、四海を謐し、叡慮を慰奉らん、天皇即吉備武彦・大伴武日連、日本武尊ニ従しめ、七掬脛を膳夫として、冬十月朔日威風凜々として出陣し給ふ、先枉道て　伊勢皇太神宮を再拝し、倭姫命に辞して曰、今詔を被て東征

し、反賊を誅んと欲す、於是倭姫命宝剣を授て、慎で怠り給ふ事なかれと命じ給ふ、日本武尊打立て駿河国に至る、其地の姦賊陽従て、尊を欺て曰、此郊に麋鹿あり、気は雲霧の如く、足は茂林の如し、こゝに臨んて狩し給へと奏す、尊其言を信し、曠野ニ入て悠々然として、覓獣し給ふ、姦賊思ふ図に将て相図の狼煙を上ケければ、伏勢一度に起て其野に放火し、天兵を鏖にせんとす、尊驚破謀れぬと知し召て佩け給ふ藂雲の宝剣をすらりと抜、遠かたをしげきかもとをやい鎌のと、鎌を持て打払事の如く唱へ祓ひて、あたりの草を薙攘給ひしかば、風忽然として変り、賊軍へ吹靡き、猛火熾になれば、賊兵途を喪ひ、烟に噎て倒れ臥す、風威弥々強して炎四方に満々たれバ、逆賊残らす討れにけり、於是草薙神剣と改給ふ、其野を焼津といふ、尊直に進んて、相模国を越、武蔵国橘樹郡霞ヶ浦ニて上総の国に至らんとて、艤し給ふ時、尊佩給へる宝剣、前なる川の漲る水底にうつり、金色の光をなす、依て此地を金川と号け給ふ

(C)厥后年歳はるかにおしうつり、治承年中源頼朝公平家を一挙に滅し、右大将征夷大将軍の宣旨を賜り、鴻業を闢き、四海を掌に握り、四夷八蛮を鎮め、光輝を赫し、万民を撫育し、鎌倉に在城し、日本総追捕使の勅命を蒙り、関八州巡見し給ふ時、此金川に泊らせ給ふ時、かなの字ハ、金を書り、金は則西の方を司り、西ハ則上に当て皇城也、神大に示の地なりとて、神奈川改給ふ

(D)夫此駅は東・南ニ海近く、西・北は在々の田畑小山続なり、土に臨んて水にむかふ、易にとつてハ地水師といふ、天馬出群、之課以寡伏衆象、故に、良雅の地也、凡其土地平かに開て土地の興廃ハ専ら地水の善悪に依る、又中央ニ瀧の川とて小川有、水勢豊ニ満、流所々の田水、普く枝流し、順回終て海ニ落る、凡如斯備地理山嶽水砂を論する漢土の書々にも見たり、最此地南方は久良岐郡の平低にして田甫あるハ朱雀の備に不異、北方の群山ハ正に玄武の備足り、西方ハ東海道にして西国貴侯東武参勤の道路たり、是又白虎の備に邇し、唯東に青龍川の備を

闕く而已、然といへとも、土地の名を神奈川と云ふを以て、山水畠路四箇の備、自然に具足せり、依て土地興栄して、民盛り、富商多く、又諸州の産物、此地に交易せさるはなし、其繁栄他の津に越たり、是皆此所の地勢風炁勝たるの致す所也、凡地理風水と唱するも、正に五行の順逆に依て、其生剋土地の興廃に懸るを観察なすの術也、依て冨豪栄盛而、常に賑敷、都会の地にして、商家多く、諸国大小の売舩、日々此津に湊して交易す、亦卿相雲客、万国の諸侯ハ多く此駅を御旅館と定給ふ、旅舎軒端をつらね、旅客を止め、賓をむかふて、糸竹の音・今様の歌麗しく

(E)まつ江府より東入口に観福寺といふて浦島か古跡の寺有、前を並木町、又松原ともいふ、夫より新町長延寺・良泉寺、荒宿町能満寺・神明社も同所ニ有、上無川土橋也、荒宿橋共いふ、慈雲寺・東光寺・妙仙寺、中木戸横町地蔵堂、十番町金蔵院に御手折の梅ありて紅梅寺共いふ、熊野社は駅中の総鎮守也、九番町問屋役所、左りの横町ハ小伝馬町吉祥寺、中の町、右の裏町を御殿町といふ、御守殿の跡あり、西之町、四ツ角左りの横町ハ浜横丁、猟師町を西浜といふ、諏訪社有、右の横町ハ飯田町成仏寺、慶雲寺二ツ谷町、是より在々へ行道有、又西の町御本陣・御高札、瀧の橋、此橋ハ青木・神奈川堺にかゝる、河岸の横町を瀧横丁といふ、宗興寺上の山を権現山と云、古戦場也、観音堂あり、傍に熊野権現跡地とて小社あり、夫より瀧の町御本陣、久保丁、宮之丁洲崎社、元町普門寺・甚行寺、右の横丁は三ツ沢道也、西向寺虚無僧寺なり、七軒町本覚寺・陽光院、下台町三宝寺・一里塚、飯綱社・金比羅社も同所也、上の山を飯綱山と云也、是より台町大日堂、海岸ハ茶屋町也、西台下日出稲荷、軽井沢勧行寺、けかち川石橋有、こゝは神奈川・芝生村との境也、芝生村を浅間下といふ、冨士浅間社は山の頂にあり、山腹ニ窟あり、冨士の人穴といふ

(F)誠に金駅は東海五十三次の内一、二をあらそふ館駅なり、風景足らすといふ事なく、海陸の賑はひ、登る人・く

たる人、歩ニて行くも有、馬・乗ものにて通るも多かりき、咸この所の風景を饗応かとおもわれける

(A)の部分は、第一章第三節で検討した「神奈川駅中図会」の「神奈川」①に対応する部分であり、「神奈川駅」＝神奈川宿の概要を一行で述べている。神奈川宿は、武蔵国橘樹郡に属し、東海道五十三次の宿場の一つであり、「江府」＝江戸から七里半の距離にあるとする。江戸日本橋と神奈川宿の間には、品川宿と川崎宿が存在するが、両宿に関する記述は無く、江戸と神奈川宿が直結する形で記されている。

序論的色彩が強い(A)に対して、(B)〜(F)は本論にあたろう。(B)と(C)では神奈川あるいは金川という地名の由来を示す。「神奈川駅中図会」の「神奈川」②に対応する。「神奈川駅中図会」では、源頼朝の「奈須野」行の行程における「前なる川」で「金の神像」が出現したことをふまえ、頼朝により「神奈川」が命名されるとともに、「金川」の地名を紹介しているが、「神奈川砂子」では命名の役割を「金川」は日本武尊、「神奈川」は源頼朝と分離させている。いずれも東国の「安泰」＝平和に大きな役割を果たした人物と喜荘は理解していたのであろう。日本武尊については「東海道名所図会」におけるモチーフを参考にしたと思われる。(D)は神奈川の地勢とそれにもとづく神奈川の繁栄ぶりを記述した部分で、「神奈川駅中図会」の「神奈川」③に対応する。(E)は、宿内の概要を記述したもの。末尾の(F)は結語にあたる。(E)と(F)は「神奈川駅中図会」の「神奈川」④に対応する。以下、(B)〜(F)の順に詳細にみていく。

一　「金川」「神奈川」の地名の由来

(B)では「金川」という地名の由来について述べる。「神奈川駅中図会」において、「神奈川」の地名は源頼朝によって命名されたが、「金川」については「又金川とも書す」とあるのみで、その由来を明示できなかった。ここでは源

頼朝が「神奈川」と命名する以前に、日本武尊による「金川」命名があったとする。「人皇十二代」「景行天皇」の四十年夏六月、「東夷」が「叛逆」した。これを平定して「東国」を「安泰」にするため日本武尊が派遣されることとなった。日本武尊は同年の冬十月朔日に出発、途中「伊勢皇太神宮」に立ち寄って倭姫命より宝剣を授与される。東へ進んで駿河国で「其地の姦賊」の策略により火攻めを受けたが、日本武尊がこの宝剣を抜いて草を薙払ったところ、「忽然」として風向きが「賊軍」へと変わり窮地を脱した。そこで、この宝剣を「草薙神剣」と名づけたという。さらに進んで「相模国を越、武蔵国橘樹郡霞ヶ浦」から「上総の国」へ渡海しようとした時、所持していた宝剣(=草薙神剣)を「前なる川の漲る水底」に映したところ、「金色の光」を発したので、この地を「金川」と名づけたとする。

この内、景行天皇による東征の命令とそれを受けた日本武尊が相模国を過ぎるまでは、「東海道名所図会」巻一の冒頭の「草薙剣」の項目を適宜つないで一文にしたもの。しかし、「東海道名所図会」では日本武尊は相模国(三浦郡)より上総へと渡海するが、「神奈川砂子」では東京湾西岸の出船地点を「武蔵国橘樹郡霞ヶ浦」として先述した「金川」の地名説話を説く。「神奈川駅中図会」において、正体不明の「金の神像」によって説明されていた金色の光が、ここでは三種の神器である「草薙神剣」から発せられたものとして明確に意義づけられた。「金川」という地名(とその土地)は「草薙神剣」から発せられた金色の光によって守護されていることになる。

次に(C)では、「治承年中」に「右大将征夷大将軍」となり「鴻業を闢き、四海を掌に握り、四夷八蛮を鎮め、光輝を赫し、万民を撫育」して鎌倉に幕府を開いた源頼朝が、「日本総追捕使の勅命」をうけて「関八州」を巡見する途中、「金川」の地に宿泊した際に「かなの字ハ、金を書り、金は則西の方を司り、西ハ則上に当て皇城也、神大に示の地なり」として「神奈川」に改めたとする。この記述は、「東海道名所図会」巻之六の「鎌倉」の項目の内、「治承五年源頼朝公、右大将征夷大将軍の宣旨を賜り、鴻業を闢き、四海を掌に握り、四夷八蛮を鎮め、三代の将軍九代の執権穆々として光輝を赫し、万民を撫育し給ふ事」が典拠であろう。

源頼朝の指示によれば、「金川」の「金」の文字は五行説で西を司どり、この地から西には「皇城」(平安城)があり、「神、大に示の地なり」として神奈川に改めるように命じたとする。典拠は確認できないが、「奈」の文字を「大」と「示」に分解して意味を付す手法は「神奈川駅中図会」において採用されたもの。「東海道名所図会」巻六の「鎌倉」の項目では「鎌倉志曰、鎌の字は金を兼る也、倉の字は人一君と書り、金は則西の方を司る、西は皇城なり、天子の政を兼る人壱人、こゝに在して平天下の政を兼て行ひ給ふ、事理の明白なりと云々」として、「鎌倉志」を引用しながら「鎌倉」の地に幕府が設立された理由を説明している。「鎌倉」の文字を「鎌」と「倉」に分け、さらに「鎌」を「金」と「兼」、「倉」を「人」「一」「君」に分解して字義を説明する。すなわち、「金」は五行で西を司る。鎌倉の西方に「皇城」(平安城)があり、「天子」(=天皇)の「政」(政治)を「兼」ねる「人」一人が鎌倉において幕府を開いたと解釈する。五行説において「金」が持つ意味と、漢字を分解してその字義を説く「神奈川砂子」の手法は、「東海道名所図会」のこの部分から影響を受けた可能性が高い。

このように「神奈川砂子」では、「金川」は「東国安泰」のために派遣された日本武尊によって命名され、ついで源頼朝が「関八州巡見」した祭に「神奈川」と改めたとする。この地名考証は史実ではないが、自らが居住する「神奈川」「金川」という地名の由来・由緒を探求しようとする喜荘の歴史意識を窺うことは可能であろう。「神奈川」が源頼朝によって命名されたものの、「金川」の地名の典拠が明確に説明されないまま、五行説で説明していた「神奈川駅中図会」の「神奈川」②と比較すると、「神奈川砂子」においては、「草薙神剣」の金色の光に依拠する「金川」を日本武尊が、その「金川」の地名をふまえつつ「金」の文字の意味から命名された「神奈川」を源頼朝が、それぞれ命名したとするように、古代の日本武尊と中世の源頼朝という東国の「安泰」(平和)にとって重要な人物に地名の由来を仮託している。「金川」の地名が日本武尊によって命名されたとする「神奈川砂子」においては、地名の由来を源頼朝のみに求めた「神奈川駅中図会」よりも、その歴史性はより古いものとして位置づけられたことになる。

二　四神相応の地と神奈川宿の繁栄

次に(D)は、神奈川宿が「四神相応の地」であるとする前半と、そうした地勢にもとづいて繁栄する神奈川宿の現状を記す後半から構成されている。

前半は「夫此駅は東南ニ海近く、西北は在々の田畑小山続なり、土に臨んて水にむかふ、易にとつてハ地水師といふ、天馬出群、之課以寡伏衆象、故に、良雅の地也、凡其土地平かに開て土地の興廃ハ専ら地水の善悪に依る、又中央ニ瀧の川とて小川有、水勢豊ニ満、流所々の田水、普く枝流し、順回終て海ニ落る、凡如斯備地理山嶽水砂を論する漢土の書々にも見たり、最此地南方は久良岐郡の平低にして田甫あるハ朱雀の備に不異、北方の群山ハ正に玄武の備足り、西方ハ東海道にして西国貴侯東武参勤の道路たり、是又白虎の備に邇し、唯東に青龍川の備を闕く而已、然といへとも、土地の名を神奈川と云ふを以て、山水畠路四箇の備、自然に具足せり」である。

ここでは、まず「此駅は東南ニ海近く、西北は在々の田畑小山続なり」という神奈川宿の地理認識を述べ、北を上に配置する方位の感覚から、田畑や小山が続く「西北」＝上部を「土」＝「地」、海が近い「東南」＝下部を「水」として解し、「土に臨んて水にむかふ」という地勢の認識が記されている。これを「易」にあてはめると、上卦が「坤」（＝「地」）、下卦が「坎」（＝「水」）となり、易の卦では「地水師」にあたり、「天馬出群、之課以寡伏衆」（天馬が群れ出て、これを課するに寡（＝少数）でもって、衆＝（多くの人々）を伏くせしめることのできる）という「良雅の地」とする。「土地の興廃ハ専ら地水の善悪に依る」とあるように、「土地の興廃」は「地水の善悪」による。この場合の「地水」は、易学的な「地」「水」と現実的な地勢としての「地」「水」を重ねた意味であろう。これに関連して、瀧の川について「中央ニ瀧の川とて小川有、水勢豊ニ満、流所々の田水、普く枝流し、順回終て海ニ落る」として、瀧の川が神奈川宿の「中央」という地理的な所在地点だけではなく、その川の水が幾流にも枝分かれして宿内の水田を順回していることを述べる。「地水師」の具体的な表現として生命の息吹である水が宿内を回流するイメージの喚起であろう。

さらに喜荘は、神奈川の地を四神相応の地として描き出す。四神相応の地とは、吉祥の地形を指すもので、東に青龍の神がやどる川、西に白虎の神がやどる道、南に朱雀の神のやどる池か海、北に玄武の神がやどる山、といった地形である。秋里籬島の「都名所図会」の編名にも採用されているように、古代の平安京や近世の江戸の立地選定においても考慮されたという。本章第三節で検討した「東海道」の項目では、左＝東の青龍は「左の方に水流れあるをいふ」、右＝西の白虎は「右の方に道あるをいふ」、前＝南の朱雀は「前ニ田畑有を云」、後ろ＝北の玄武は「後に高山有を云」と表現されている。

神奈川宿にあてはめると、南は「南方は久良岐郡の平低にして田甫あるハ朱雀の備」というように久良岐郡の田圃が連なり、これを朱雀の「池」にあてる。北には「北方の群山ハ正に玄武の備」として玄武にあたる「群山」が存在する。西には「西方ハ東海道にして西国貴侯東武参勤の道路たり、是又白虎の備」というように東海道が通り、これが白虎に該当する。東に位置すべき川＝青龍は「東に青龍、川の備を闕く」とあるように該当する川は存在しないが、「土地の名を神奈川と云ふを以て」として神奈川という地名に「川」の文字があるので、これによって「山水畠路四箇の備、自然に具足せり」として四神相応の地の条件を満たすとしている。なお、「山水畠路」とは、山＝玄武、水＝青龍、畠＝朱雀、路＝白虎という対応である。

(D)の後半部分に記されているように、「地理風水」における「此所の地勢風炁勝たるの致す所」が「四神相応の地」＝吉祥の地である。「金川」の地名が金→水という五行の相生にあたる(「五行の順逆」でいえば「順」であり、同じく「生剋」でいえば「生」にあたる)ことにより、神奈川宿が繁栄しているとする。以上の地名由来や四神相応の説明は、術学的といえばそれまでであるが、喜荘にとって一定の意味を持つ記述なのであろう。

次に(D)の後半は「依て土地興栄して、民盛り、冨商多く、又諸州の産物、此地に交易せさるはなし、其繁栄他の津に越たり、是皆此所の地勢風炁勝たるの致す所也、凡地理風水と唱するも、正に五行の順逆に依て、其生剋土地の興廃に懸るを観察なすの術也、依て冨豪栄盛而、常に賑敷、都会の地にして、商家多く、諸国大小の売船、日々此津に湊して交易す、亦卿相雲客、万国の諸侯ハ多く此駅を御旅館と定給ふ、旅舎軒端をつらね、旅客を止め、賓をむかふて、糸竹の音・今様の歌麗しく」であり、神奈川宿の繁栄について具体的な内容を述べている。

まず、先述した「金川」「神奈川」の命名や四神相応の地勢によって、神奈川宿が「土地興栄して、民盛り、冨商多く」という繁栄を謳歌する現状を指摘する。特に「冨商多く」「冨豪栄盛」「商家多く」とあるように神奈川宿に富裕な商人が多いことをあげている。その理由は「諸州」(全国各地)の「産物」が「諸国大小の売船」によって「此津」(＝神奈川湊)に運ばれ交易されているためである。神奈川湊の「繁栄」は、「他の津に越たり」というように他の湊と比較して一頭地ぬきんでており、同時に「卿相雲客」(公卿と幕府の高官)や「万国の諸侯」(諸大名)の多くが神奈川宿を「御旅館」としたので、「旅舎」は軒をつらね、「糸竹の音・今様の歌」が「麗しく」聞こえると記している。まさに神奈川宿は「常に賑し」い「都会の地」として記述されている。

「神奈川駅中図会」における「上下一里の余にして、西北ハ在々の田畑小山続て、東南ハ内海渺然として房総の山々鮮なり、東海道一二をあらそふ駅なり、船着にして商家おふく繁昌の地、常に賑敷、旅舎軒端をつらね、家として冨ざるなし、物としてあらざるなし、入船有、出船有、旅客を止め、賓をむかふて、糸竹の音・今様の歌艶しく、又万国の諸大名多くハ此宿ニ御旅館なり、又ハ台に茶屋、本陣御小休に、駕を停、風景を詠めらる」という表現が、「東海道名所図会」の「武蔵品川」における「品川の駅ハ東都の喉口にして、常に賑しく、旅舎軒端をつらね、酒旗肉肆海荘をしつらへ、客を止め、賓を迎ふて、糸竹の音・今様の歌艶しく、渚にハ漁家おほく、肴つかつ声々、沖にはあごと唱ふる海士の呼声おとづれて、風景足らずといふ事なし、ここハ東海道五十三次の館駅の首たる所なるべし」をほぼそのまま転用していたのに比べると、その記述内容を消化しつつ、より豊かな表現を行ったということがいえよう。

三　神奈川宿の地域区分

(E)の部分では、神奈川宿の町名・寺社・名所旧跡などを東から西の順序で概観している。神奈川町と青木町を描いた14・15挿絵「神奈川方角之図」に対応するとともに、16以降における「神奈川砂子」の各項目の位置づけを示している。若干の入れ込みが存在するものの、14挿絵「神奈川方角之図」が神奈川町を、15挿絵「其(神奈川方角図)二」が青木町を、それぞれ対象としている。

ちなみに14挿絵「神奈川方角図」には「鳴な〳〵　夫程きめて　かへる鳫　一古」という俳句が、15挿絵「其(神奈川方角図)二」には、「曲笠庵紹□」による「笠紐の　赤きもまちる　春の旅」と、作者名が記されていない「旅人の　足も留るや　袖がうら」という俳句二首が、それぞれ挿絵中に記されている。作者である「一古」と「曲笠庵紹□」は不詳。14の句は、旅や故郷への懐郷を象徴する渡り鳥の雁を題材として旅路のイメージを喚起するもの。40挿絵「田畑之図」に挿入された「鳫の声　おぼろ〳〵と　何百里」の句に対応するものとして配置されたか。15の句の内、前者の赤い笠紐は女性の旅人であり家族連れの春の旅立を詠んだもの。後者の句は、神奈川宿青木町の名所である袖ヶ浦へは旅人も足を留めるといった内容。青木町を主な対象とする15挿絵「其(神奈川方角図)二」に対応させた句である。

(E)の記述では、「神奈川砂子」における東海道沿いの神奈川宿を七つに区分している。

最初の部分は「まつ江府より東入口に観福寺といふて浦島か古跡の寺有」であり、「江府」=江戸よりの「東入口」(の丘陵)に所在する「浦島か古跡の寺」=観福寺である。

第二の部分は「前を並木町、又松原ともいふ、夫より新町長延寺・良泉寺、荒宿町能満寺・神明社も同所ニ有、上無川土橋也、荒宿橋共いふ、慈雲寺・東光寺・妙仙寺、中木戸横町地蔵堂」である。観福寺の前面の低地は東海道に沿った(神奈川町の)並木町である。並木町という町名は松並木が存在していたことに由来すると思われ、「松原」という別称も同義であろう。神奈川町の拡大に伴い、元来、並木であった町外れが順次、街村化していったのだろう。並木町より西へ進むと、新町の長延寺・良泉(仙)寺、さらに荒宿町の能満寺・神明社へと続く。先述した並木町と同様に、新町・荒宿町もその町名からみて新たに街村化されたことが想定される。荒宿町には東海道が上無川を渡河する土橋=「荒宿橋」がある。(荒宿町の)慈雲寺・東光寺・妙仙寺を経て、(東海道より内陸へ直角に伸びる道筋の西側が)中木戸横町となり、その西側の奥に地蔵堂がある。

第三の部分は「十番町金蔵院に御手折の梅ありて紅梅寺共いふ、熊野社は駅中の総鎮守也、九番町問屋役所、左りの横町ハ小伝馬町吉祥寺」であり、荒宿町を西へ行くと十番町に入る。同町の金蔵院には「御手折の梅」があり「紅梅寺」とも呼ばれている。金蔵院に隣接する熊野社は「駅中の総鎮守」である。(十番町の西隣である)九番町には問屋役所（問屋場）がある。そのあたりを海側へ入る左の横町が小伝馬町で、同町には吉祥寺がある。十番町・九番町という町名の由来は一日～一〇日までを一回りとする役負担に由来するものであり、仲之町・西之町を合わせた神奈川町の四か町と東海道沿いに存在する青木町の六か町（＝瀧之町・久保町・宮之町・元町・七軒町・台町＝下台町）の合計一〇か町がその役負担の対象であったと思われる。

第四の部分は「中の町、右の裏町を御殿町といふ、御守殿の跡あり、西之町、四ツ角左りの横町ハ浜横丁、猟師町を西浜といふ、諏訪社有、右の横町ハ飯田町成仏寺、慶雲寺二ツ谷町、是より在々へ行道有」である。（九番町の西隣である）「中の町」（仲之町）の右側の裏町が御殿町であり、ここには（神奈川御殿の）御守殿の跡が残されている。仲之町と西之町の境は、東海道と小机へ向かう飯田道との交差点である「四ツ角」である。「四ツ角」を海に面した左へ入ると「浜横丁」＝浜横町になる。海岸に面した場所には猟師町があり、「西浜」と呼ばれ、諏訪社が所在する。「西浜」の名称は、これに対応する「東浜」の存在を想定させるが、「神奈川駅中図会」「神奈川砂子」では確認できない。一方、「四ツ角」を右（内陸側）に曲がった横町が飯田町で、成仏寺が存在する。その先にある慶雲寺は二ツ谷町に属している。この地点からは「在々へ行道」＝内陸の各方面への道筋が存在する。神奈川湊から搬出入される物資の輸送路ということになろう。

第五の部分は「又西の町御本陣・御高札、瀧の橋、此橋ハ青木・神奈川堺にかゝる、河岸の横町を瀧横丁といふ、宗興寺上の山を権現山と云、古戦場也、観音堂あり、傍に熊野権現跡地とて小社あり、夫より瀧の町御本陣、久保丁」である。記述を東海道に戻せば、神奈川町の西の端に位置する「西の町」（西之町）には「御本陣」（＝神奈川町の石井本陣）と「御高札」（高札場）がある。そして、「青木・神奈川堺」である瀧の橋にいたる。ここまでが神奈川町である。次に記述は青木町へ入る。まず、瀧の橋の青木町側＝西側の川岸の横町が「瀧横丁」＝滝横町である。同町の宗興寺の背後にある山が権現山。「古戦場」であるとともに観音堂が存在する。その傍らに「熊野権現跡地」(＝十番町の熊野神社の故地)の「小社」がある。再び東海道へ戻り、瀧の橋の西詰は青木町の「瀧の町」(瀧之町)。ここには「御本陣」(＝青木町の鈴木本陣)がある。さらに西へ進み「久保丁」＝久保町にいたる。

第六の部分は「宮之丁洲崎社、元町普門寺・甚行寺、右の横丁は三ツ沢道也、西向寺虚無僧寺なり、七軒町本覚寺・陽光院」であり、久保町の西隣が「宮之丁」＝宮之町である。同町には洲崎社が所在する。その西隣が元町で、普門寺・甚行寺がある。その先を「右」(＝内陸側)へ入る横道が(豊顕寺・三沢檀林へといたる)「三ツ沢道」であり、少し入った東側に虚無僧寺(普化宗)の西向寺が存在する。元町を西へ進むと七軒町となり、本覚寺と陽光院がある。

第七の部分は「下台町三宝寺・一里塚、飯綱社・金比羅社も同所也、上の山を飯綱山と云也、是より台町大日堂、海岸ハ茶屋町也、西台下日出稲荷、軽井沢勧行寺、けかち川石橋有、こゝは神奈川・芝生村との境也、芝生村を浅間下といふ、冨士浅間社は山の頂にあり、山腹ニ窟あり、冨士の人穴といふ」である。七軒町を西へ進むと、台の東坂にあたる下台町にいたる。同町には三宝寺と一里塚の他、飯綱社と金比羅社が存在する。飯綱社・金比羅社の背後にある山が飯綱山である。そして台町へと進むと大日堂がある。この地点の海側は茶屋が軒を連ねる「茶屋町」である。台の坂の頂部を過ぎると西坂であり、それを下りきった西台下には日出稲荷がある。その先の青木町枝郷である軽井沢には勧行寺があり、さらに進むと「けかち川」の石橋がある。この橋＝「けかち川」が神奈川宿(青木町)と芝生村の境である。芝生村は「浅間下」と呼ばれ、その由来となった富士浅間社は山の頂きにあり、その山腹に存在する洞窟は「冨士の人穴」と呼ばれている。

ちなみに第五節で検討する各論部分の挿絵や説明文の項目は、この七つの部分に(E)では記述されていない青木町枝郷である三ツ沢と神奈川町枝郷の斉藤分を加えた合計八つの部分から構成されている。

以上の記述の中でも、「浦島か古跡の寺」である観福寺(各論の16挿絵「観福寺」と17「護国山浦嶌院観福寿寺」が該当する。以下同じ)、御手折の梅が所在し「紅梅寺」とも呼ばれる金蔵院(34挿絵「金蔵院・熊野社・御殿跡」・35「神境山金蔵院東曼陀羅寺」)、徳川将軍家の宿泊施設であった神奈川御殿の跡地である「御守殿の跡」(34挿絵「金蔵院・熊野社・御殿跡」・44「御守殿跡」)、「駅中の総鎮守」である熊野社(34挿絵「金蔵院・熊野社・御殿跡」・36「熊野三社大権現」・45挿絵「熊野社夜宮祭礼」・46挿絵「同神輿渡御」)、「古戦場」でもある権現山(59挿絵「瀧之橋・権現山」・67挿絵「権現山合戦」・68「権現山」・69挿絵「神奈川之住人　間宮彦四郎勇戦」・70「北条五代記二ノ巻之中　武州神奈川権現山合戦ノ事」)、台町の「茶屋町」(92「台町」・93挿絵「台町茶屋之景」・94挿絵「西台之図」・95挿絵「袖ヶ浦之景」)、山腹に「富士の人穴」と呼ばれる洞窟のある富士浅間社(98挿絵「けかち川・芝生村・浅間社」)の七か所は、地名・社名・寺名だけではなく、簡単な説明が加えられており、神奈川宿の中でも重要ないしは有名な場所として喜荘が考えていたことになろう。

以上、神奈川宿内部における詳細な地域区分は、「神奈川駅中図会」では記述されておらず、「神奈川駅中図会」の編纂とそれをふまえた検討による喜荘の宿内の地域認識がより進展したことの表れである。

四　神奈川宿の繁栄

以上のような(A)~(E)の記述をふまえて、(F)では「金駅」(金川駅=神奈川宿)は東海道五十三次の中でも「一、二をあらそふ館駅(宿場)」として、その繁栄ぶりを誇っている。この場合、「神奈川」ではなく「金川」の文字で表記しているのは、(B)(C)(D)で述べた神奈川宿の繁栄の由来が日本武尊によって命名された「金川」という地名に依拠することを意識したものであろうか。繁栄の具体相については、第一に「風景足らすといふ事なく」というように名所旧跡・景勝地が多いこと。第二に「海陸の賑はひ」(=東海道神奈川宿と神奈川湊によって交易・往来するさまざまな人と物)と結んでいる。神奈川宿は単なる宿場ではなく、「常に賑し」い「都会の地」であったのである。

末尾の「海陸の賑はひ、登る人・くたる人、歩ニて行も有、馬・乗ものにて通るも多かりき、咸この所の風景を饗応かとおもわれける」の文言は、「神奈川駅中図会」と同文であり、喜荘にとって一定の思い入れがある表現なのであろう。

以上の本文が終了した後に、「菅習之」作による「憩金川駅」と題される「已出東都郭　稍愛塵境隔　曙鳥繞林鳴　聯翻恣羽翮　我元羇絆身　偶類幽討客　山海涌我前　遠色使我懌　宿霧次第収　房嶠翠堪摘　紅旭生其間　光彩向潮射　曲岸撃村落　云是金川駅　駅舎数百家　家家面広碣　到得且憩息　濁酒聊自適　悠然延遠眺　一笑手可拍　胸懐洗滓穢　何知身在役　離都猶未遠　已詣探勝癖　前途自茲去　佳境従所索」という漢詩一首と、「浦遠く　あまの小舟の　数々に　をのがしハさや　世を渡るらむ　泰定」「遙々と　沖の干潟に　休らひて　満くる汐に　はする釣ふね　忠順」「浦波に　たゆたふ月の　影更て　衣手寒し　秋風そ吹」「秋の夜の　月に心や　よる波の　見る目も遠き沖の友舩　義猛」という和歌四首が付されている。

前者の漢詩の作者である「菅習之」は不詳。あるいは「菅」を学問の神である天神=菅原道真から、「習之」を「論語」「学而第一」の「学而時習之」からそれぞれ採った架空のものかもしれない。内容は、公役のため「東都郭」=江戸城を出発して最初の宿泊地である神奈川宿の早朝の情景を題材とする。朝方の霧が次第に収まり、対岸の房総半島の緑の山々の間から朝日が差す。その光は前面の海に映え、「袖ヶ浦」と称される「曲岸」の村々へあたる。これが「金川駅」=神奈川宿であり、東京湾に沿って「数百家」が軒を連ねている、といったものである。

まとめ

以上、13「神奈川駅」を題材に、喜荘における神奈川宿認識を、(A)〜(F)の六つに分けて検討した。(A)は神奈川宿の概要を一行で記した部分であり、実際の内容は(B)〜(F)ということになる。

(B)は「金川」の、(C)は「神奈川」の、それぞれ地名の由来を述べる。「神奈川駅中図会」においては「神奈川」の地名は源頼朝により命名され、「金川」については明確な由来が記されなかったが、「神奈川砂子」では命名の役割を日本武尊と源頼朝に分け、「金川」は日本武尊が、「神奈川」は源頼朝が、それぞれ命名したとする。前者については、「東海道名所図会」におけるモチーフである日本武尊を登場させるとともに、三種の神器の一つである草薙剣を「金川」の地名由来に組み込むことにより、地名の権威性をより高めるとともに、その歴史性を古代まで遡及させる狙いがあったものと思われる。

こうした日本武尊・源頼朝による「金川」「神奈川」という命名をふまえて、(D)では神奈川宿の地勢について触れる。神奈川宿は四神相応の地であり、それによって海陸交通の交差点と風景の勝地としての立地性がもたらされ、「常に賑し」い「都会の地」としての神奈川宿を描き出している。繁栄ぶりを叙述する文言も、「東海道名所図会」の品川宿の項目をそのまま転用していた「神奈川駅中図会」と比較すると、記述内容を消化しより豊かな表現となっている。

(E)では、東海道沿いの神奈川宿を東→西の順序で概観するとともに、七つの範囲に区分している。

こうした記述をふまえ、最後の(F)では「金駅」＝神奈川宿が東海五十三次の中で「一、二をあらそふ」程繁栄している宿場であり、その要因として「風景足らすといふ事」が無いほどの景勝地であることと「海陸の賑はひ」（＝陸上交通の宿場である神奈川宿と、海上交通の拠点である神奈川湊の賑わい）という二点をあげている。

第五節　各論の記述内容

神奈川宿の総論ともいえる13「神奈川駅」とそれに付随する14挿絵「神奈川方角図」・15挿絵「其（神奈川方角図）二」を受ける形で、16挿絵「観福寺」〜108「三沢檀林」が各論の部分になり、宿内の各所を対象とする具体的な項目となる。第五節では、各論の部分を13「神奈川駅」のEで区分された七つの部分に、東海道筋から離れているために13「神奈川駅」のEに記されていなかった青木町・神奈川町の枝郷である三ツ沢・斉藤分を加えた八つの部分に分け、順番にその内容を紹介しておきたい。それぞれの対象項目は次の通りである。

（1）並木町の観福寺（16挿絵「観福寺」と17「護国山浦嶌院観福寿寺」）

（2）並木町・新町・荒宿町の寺社（18挿絵「並木町・新町・長延寺」〜33挿絵「東光寺・妙仙寺・仲木戸横町」）

（3）十番町・九番町と小伝馬町・猟師町（34挿絵「金蔵院・熊野社・御殿跡」〜49挿絵「小伝馬町・吉祥寺」）

（4）仲之町と二ツ谷町・飯田町（50挿絵「仲之町・御殿町」〜57「吉祥山茅草院慶運寺」）

（5）神奈川宿「中央」の周辺＝神奈川町の西之町と、青木町の瀧之町・久保町・瀧横町（58挿絵「神奈川御本陣」〜75挿絵「活ス之図」）

（6）青木町の宮之町・元町・七軒町（76挿絵「青木町・洲崎社」〜86挿絵「七斬町・本覚寺」）

（7）台町から芝生村・追分へ（87挿絵「東台下・飯綱社」〜98挿絵「けかち川・芝生村・浅間社」と102「日出稲荷大明

神」・103「学陽山勧行寺」・104「けかち川」）
（8）青木町枝郷の三ツ沢と神奈川町枝郷の斎藤分（99挿絵「三沢檀林」～101「北条五代実記四之巻大意」と105挿絵「斉当（藤カ）分・善竜寺」～108「三沢檀林」）

一　並木町の観福寺

まず、神奈川宿の東の入口に位置する並木町の観福寺を対象とする。該当する項目は、16挿絵「観福寺」と17「護国山浦嶌院観福寿寺」になる。

16挿絵「観福寺」（二二二頁上段）は、「神奈川駅中図会」の（い）「観福寺之図」に対応するもので、その構図は下部に東海道とそれに面する町並みを配置する。右＝東側の端に「新宿」という文言がみえるとともに、道の両側に宿場の入口を示す定杭が建てられ、神奈川宿の入口であることが描写されており、11挿絵「新宿村」から継続するものとして構成されている。画面中央やや左側より右上へ向かうように、東海道から観福寺への参道が伸び、その先には小高い丘陵があり、それが同寺の寺域である。下から順に「仁王門」「観音堂」があり、その右手に「仏殿」がみえる。二つに分かれた丘陵頂部の左側に「竜燈松」、右側に「浦嶌墓」が存在する。画面左上には富士山・大山の遠望が描写されている。挿絵中に「竜燈の　松に一声　ほとゝきす　汶参」の俳句が記されている。作者の「汶参」は不詳。松とホトトギスという縁起の良い題材を神奈川宿各論の冒頭に配置する意図であろう。

17「護国山浦嶌院観福寿寺」は、「神奈川駅中図会」でも（オ）「帰国山観福寺」として冒頭に配置された観福寺に関する項目である。同寺は浄土宗で京都知恩院の末、本尊の「浦嶌観世音」は「龍宮伝来」とされる。冒頭に「神奈川東入口並木町にあり、浦嶌寺といふ、瀧のはしより東の方へ十二町許あり」とあるように、神奈川宿の東側＝江戸側の入口に位置しており、江戸からの来訪者にとって神奈川宿内最初の名所となる。「神奈川砂子」において一定の分量が割かれていることは、そうした点を意識したものと思われる。

記載の順序は前後するが、まず観福寺全体に関わる説明文を史料6として掲げる。

〔史料6〕

夫当山は往昔人王二十二代雄略天皇の御宇、相州三浦の住人水江の浦嶌大夫公務によりて暫く丹後国に住す、其男太郎重長、天下無双の美童なり、二十余りの頃、澄の江の浦に舩を浮べてあそびけるが、霊亀変じて美人となり、太郎感りて相かたらひ、遂に神女に携て龍宮に到、三春歴しが父母を慕の情止ことなし、神女に暇を乞、故郷へ帰らんことをはかりけれハ、神女いたく歎、しばしのわかれも惜しかど、詮方なくさらば送り参らせんと、先観世音の像をあたひ、是ハ龍宮の守護尊にして、霊威あらたにましませば、君が故郷への土産にまいらす、又玉匣をあたひ、龍神また送りて洞裏を出にける澄の江の浦に揚りける、村里の家に尋侍るに、里人昔語にハ聞とも、今は知人もなし、夫より本国相州へ下り、父母のことを尋けるに、三百余年の昔身まかり給ひ、故有て武蔵国白幡の峯に葬奉る、太郎聞て、偖おどろき我仙宮に有こと三とせの程とおぼへしに、三百余年の星霜を歴しとおもひ、白幡の峯にありける父が墳墓を拝し、人結縁のため、観世音の御堂を造営し、玉匣を念して、御影の前にをき、其身ハ霞ヶ浦〈神奈川〉のはまべより霊亀に乗して龍宮へ至りぬ、人々仰信のあまり神體を作し、浦嶌大明神・亀化龍女神と崇め奉りぬ、爾来仄に天聴に達し、淳和天皇深く叡信ましく〱、勅願所の宣命を下し給ふ、故に浦嶌の神社、八千年の御社とも申奉りき、おりく〱霞ヶ浦に大なる霊亀浮ミ出、漁舟拝見のもの多く、是を浦嶋亀と云伝ふ、又山頂に古松の大樹有、おりにハ龍燈のかゝることあり、かゝる霊地なれハ、浄土宗の第四祖

白旗の寂恵上人中興して念仏門になし給ふ、因縁の然るへきにや、徳本上人関東飛錫の時、自坊最初の地にして、根本の道場なり

一夫此仏刹ハ神奈川一の絶景にして、いつたいの岡山なり、前ハ内海渺々として房総の山々数里に鮮也、龍燈松の下より申の方を遙に見わたせば大山の高嶺・冨士の高根ハ白妙にして、時しらぬ雪を顕し、後ロハ松樹森々として風声常に楽を奏す、左右は青田にて霞に篭、農夫たがやしをいとなみ、大平を唄ふ、春のあしたハ山頭の花に酔、夏ハ涼風長しるへに吹て暑をしらず、秋の夕へハ潤泉に虫の音を愛し、冬の雪中ハ山水をえかきたること し、四季の風景有が中に月は殊更堂前に照し、石山寺もかくあらんかとうたがはれ、二百里の行程をわたらすして近江八景を眼前に見るの勝景なるへし

史料6の前半は観福寺の由来・由縁を記述したもので、一つ書以降の後半は同寺からの眺望を記している。

前半の部分はいわゆる浦島太郎の伝説であり、雄略天皇の頃に「相州三浦の住人水江の浦嶌大夫」の子供である「太郎重長」が「澄の江の浦」に船を浮かべて遊んでいた時、「霊亀」が変化して「美人」＝神女となり、そのまま竜宮へおもむいた。三年後、故郷へ帰ろうとする太郎へ、神女は「龍宮の守護尊」である観音像と「玉匣」を与えた。「澄の江の浦」へ戻った太郎であるが、誰も知る人がなく困惑し、本国相州へ赴き父母の事を尋ねると、三〇〇年前に死去しその墓は武蔵国白幡にあるとの答えであった。「仙宮」＝「龍宮」における一年が俗世では百年に相当することを悟った太郎は、白幡にある「父が墳墓」を拝した後、観音堂を造営するとともに「玉匣」を置いて「霞ヶ浦」＝神奈川の浜辺より「霊亀」にのって龍宮へ戻ったという。人々は「仰信のあまり」に「浦嶌大明神・亀化龍女神」の「神體」を造立して信仰した。その後、こうした事柄が「天聴」に達して淳和天皇により「勅願所」とされた。現在でも「霞ヶ浦」（神奈川宿の沖合の海）にはときおり「大なる霊亀」が出現し、それを「漁舟」（猟船に乗る漁師たち）が

「拝見」することがある。この「霊亀」こそが「浦嶋亀」であると伝えられている。また、山頂には「古松の大樹」＝「龍燈松」がある。こうした「霊地」であるので、「浄土宗の第四祖白旗の寂恵上人」が中興して「念仏門」（浄土宗の寺院）とし、「徳本上人関東飛錫」における「自坊最初の地」「根本の道場」となったのである。この部分は「神奈川駅中図会」と同様に「文政本」の略縁起に依拠していると思われるが、より詳細な記述内容となっている。

後半の部分は「神奈川駅中図会」にはみられず、「神奈川砂子」において新たに付加されたものである。その内容は、「此仏刹」＝観福寺からの眺望は「神奈川一の絶景」である。東海道から後ろの丘陵まで含めて「いつたい」（一体）の岡山であり、前には「内海」＝東京湾が渺々として、数里離れた対岸には房総の山々が鮮やかにみえる。丘陵の頂部に位置する龍燈松より「申の方」＝西南西の方向を遙かに見渡せば、大山・富士の高嶺を望むことができる。後方の松樹は風によって楽を奏し、（前面の）左右には青田が霞に籠もり、農夫が耕作しながら太平を謳う。春の朝は山頭の花に酔い、夏は涼風が吹いて暑さを知らず、秋の夕べには虫の音を愛し、冬の雪中は山水画に描かれたようである。こうした四季の風景の中でも、殊更に月が堂前を照らすことは、近江八景の石山寺のごとくであり、わざわざ二百里の行程をたどらなくとも、「近江八景」を眼前に見ることができる「勝景」の地と称賛している。この内、大山・富士の遠望は先述した16挿絵「観福寺」にも描写されている。これに続くように「万葉集」からの引用と思われる「水江浦嶌児之堅奥釣鯛釣矜及七日（ミつのえか　うらしまがこの　かつおつり　たいつりかねて　なぬかまで）」という和歌一首と、小机観音霊場の浦島観音の「詠歌」である「唯たのめ　願ひもついに　神奈川の　浦嶋かけて　深きめぐみを」が記されている。

次に史料7として観福寺の寺地に存在する「龍燈松」にかんする記述を掲げる。この部分は「神奈川駅中図会」にはなく、「神奈川砂子」における追加である。

〔史料7〕

龍燈の松　寺内の山嶺に有、枝葉繁茂に及ひ、其古木なり

夫此霊松ハ株の囲二尋、高サ二丈、数千の枝葉四方へ繁りて、有ハ山頭へ靡、遠く眺は小山のことく、近く視れば蟠龍に似たり、四時蒼々として君子操を顕し、霜雪を凌て、千歳を庸とす、湖照る朝日影は松の葉こしにかゝやき、浦吹風の夕時雨に秋しらぬ色をまし、春は霞こめて朧々たるに沖の舩ちいさく、夏の月の涼しきに悠々たるさゝ波の音、初あらしあられふる夜、雪つもる曙、みな此松の勝景成べし、本朝にも住吉の松・高砂の松・曽根武隈の松・唐崎の一ッ松、霊樹の名松あり、これらにもならばんや、此松の下に年歴りたる碑有、近年土中より掘だせしといふ、座石なし、古代の躰なり、高サ三尺余、巾壱尺五寸許、表に蠁神宮、左右に以信得利、以教開運と有、裏に天平十一己卯辰祭松樹奇神とあり、予是を校しに、天平十一年ハ大化元年より八十八年のち也、今文政七年まで年歴一千九十二年になる

史料7ではまず「龍燈松」を「古木」「霊松」として、その枝葉の広がりの形状を遠景では「小山」、近景では「蟠龍」にみえると称える。その風情は、朝日や夕暮れ時、さらに春夏秋冬いずれの季節においても「勝景」であり、「本朝」=日本における「住吉の松・高砂の松・曽根武隈の松・唐崎の一ッ松」といった「霊樹の名松」に並ぶものである。また、「龍燈松」の下には近年「土中」から掘り出した「年歴りたる碑」があり、その様子は「古代の躰」であるという。

以上、並木町の観福寺を対象とする16挿絵「観福寺」と17「護国山浦嶌院観福寿寺」について検討した。神奈川宿の東の入口にあたる神奈川町の並木町に位置し、江戸からの行程で神奈川宿最初の名所旧跡となる観福寺について、一定の分量が割かれていることは、「神奈川駅中図会」と同様である。また、大山・富士の遠望が16挿絵「観福寺」

に描写されるとともに、説明文にも記述されているように、挿絵と説明文の表現が対応するように内容が設定されている。これは原則として他の項目についても同じである。また、喜荘は浦島伝説とそれをふまえた「本尊浦嶌観世音」に対する信仰面と、近江八景に匹敵する景勝地という二つの特徴を述べている。

二　並木町・新町・荒宿町

次に観福寺以外の並木町とそれに連続する新町・荒宿町の項目をみていこう。対象の項目は18挿絵「並木町・新町・長延寺」〜33挿絵「東光寺・妙仙寺・仲木戸横町」になる。この部分は、東海道沿いの神奈川町でいえば、後述する本町＝本宿を形成している西之町・仲之町・九番町・十番町という四か町の東側に位置する範囲である。

挿絵から順にみていこう。該当する挿絵は、18挿絵「並木町・新町・長延寺」、22挿絵「新町・良仙寺」、28挿絵「荒宿町・能満寺」、29挿絵「上無川・慈雲寺」、33挿絵「東光寺・妙仙寺・仲木戸横町」である。

まず、18挿絵「並木町・新町・長延寺」(二二二頁下段)は、先述した16挿絵「観福寺」に続くものであり、「神奈川駅中図会」の(く)「新町・長延寺之図」に対応する。画面の下部を右(東)から左(西)へと東海道が配置されている。右側の「並木町」の部分は、海側に人家は無く、山側のみ家並みが続く。その背後には水田が広がる。画面左側の中央寄りには一里塚状の塚＝江戸方見附が街道の両側にみられる。この江戸方見附から新町となる。一方、山側の江戸方見附の西側の隣接地には長延寺が描かれている。挿絵中には「夏の夜を　唄ふて来り　並木町」「笛の音や　今宵ハたしか　並木丁」という二首が記されている。両句とも作者名の記載は無い。内容は夏の夜の情景を詠んだもの。前者は「唄」を朗吟しつつ並木町の東海道を通るもの。後者は祭礼の準備・練習であろうか、笛の音が並木町の方角から聞こえてくるという意味であろう。「並木」にあわせて二首を並べたものか。

　これに続く挿絵が22挿絵「新町・良仙寺」(二二三頁上段)で、「神奈川駅中図会」の(け)「新町・良泉寺之図」に対応する。ここでも海側から東海道の山側における新町の街並みを描く。中央部よりやや右側に「良仙寺」があり、その背後の耕地の中に位置する「稲荷社」は23「正一位笠脱稲荷大明神」である。画面左側には東海道に面した大きな敷地を持つ町家が描かれているが、説明の文言はない。挿絵中に「草の根ハ　寺より古し　鳲鳩」という俳句が記されている。これも作者名の記載は無い。「鳲鳩」はホトトギスのことで、季は夏となる。句中の「寺」は良仙寺のことであろう。この句がここに配置されている意図は不明である。

　ついで28挿絵「荒宿町・能満寺」(二二三頁下段)が配置されている。「神奈川駅中図会」の(こ)「荒宿・神明社・能満寺之図」に対応する挿絵である。ここでも海側より山側の街並みを俯瞰する構図である。中央部右寄りに能満寺が配置され、参道左側の東海道に面した場所に「薬師堂」があり、「くろ薬」(黒薬)と思われる看板が掛けられている。その奥に「不動堂」が、境内には「本堂」がみられる。能満寺の西側の隣接地に「神明」(神明社)がある。挿絵中に「金川の　ありたけ酒も　能満寺　酔てこゝろも　虚空蔵哉」という狂歌が記されている(作者名の記載は無い)。「金川」=神奈川宿の「ありたけ」(=ありったけ)の酒を飲んでしまえば、酔って心も「虚空蔵」(満足な気持ち)にいたるというものである。「能満寺」という漢字の寺号と「のうまんじ」という読みの両者について、前者は酒量が満杯になるまでの意、後者は酒を飲むという意に、それぞれ解している。また、「虚空蔵」は能満寺の本尊である。飲酒に引っ掛けて能満寺と同寺の本尊を読み込んだ狂歌ということになる。煙管とともに酒をこよなく愛する喜荘の遊び心であろう。もっとも年中飲んでいるわけではないだろうから、「ありたけ」の「たけ」を竹と解し、後述する72挿絵「神奈川注連飾の図」にみえる大竹とすれば、正月の祝儀酒ということにはなる。

次の挿絵である29挿絵「上無川・慈雲寺」(二二四頁上段)も海側より山側を見る構図である。「神奈川駅中図会」の(さ)「荒宿土橋・上無川・慈雲寺之図」に対応する。画面右側には東海道が上無川を渡河する橋(荒宿橋)が描かれ、左側に「慈雲寺」が配置されている。同寺の境内には「鬼子母神」の文言がみえ、挿絵中には「からのうく　水に声あり　時鳥　英賀」という俳句が記されている。「から」は瓜などの蔓性植物の果実のことなので、上無川に捨てられた瓜などが流れているところへホトトギスの一声が聞こえるという内容か。あるいは「から」は祇園天王が出現して「神無」となった上無川の「空」の意を掛けたものであろうか。

本項で扱う最後の挿絵である33挿絵「東光寺・妙仙寺・仲木戸横町」(二二四頁下段)も同様に海側から山側への視線である。「神奈川駅中図会」には対応する挿絵がなく、「神奈川砂子」において追加された。画面右側に「東光寺」「妙仙寺」の順で、その境内地が描かれている。画面左側では東海道から直角に内陸方向へ伸びる横道が描かれており、その西側に「仲木戸横町」の文字がみえる。「地蔵堂」がその奥に存在する。この地蔵堂は、35「神境山金蔵院東曼陀羅寺」に「地蔵堂　中木戸にあり」とあるように金蔵院の境外堂である。

次に各項目の説明文をみていこう。19「海見山長延寺」は、浄土真宗西本願寺末で新町に位置し、瀧の橋から一一町の距離である。「神奈川駅中図会」の(カ)「海見山長延寺」と大きな違いはない。

次の20「七塚」は「神奈川砂子」で追加された項目である。全文を史料8として掲載する。

〔史料8〕

七塚　並木町の畑中、所々に七処塚有、或人いふこれハ真田家臣討死の塚と云、真田此所にて軍したる事、諸書に見へず、小田原の北条と瀧川一益、神奈川にて戦ふと云事、太閤記に見ゆ、これニ成歟、または権現山合戦の時討死のもの、塚ならん歟、又いふ房州の里見義高、小田原の北条と此所にて戦ふ、義高利無して家臣数多討死

すと云ふ、是等の塚ならん歟

史料8によれば、並木町の畑の中に七か所の塚が存在するという。「真田家臣討死の塚」という「或人」の説を紹介するが、真田家が同地で合戦した記事は「諸書」にみえず、天正一〇年（一五八二）の小田原北条氏と織田家家臣の瀧川一益の合戦か、安房国里見氏と北条氏との合戦時のものとして断定を避けている。ここでは「神奈川駅中図会」ではあまりみられなかった歴史的な考証が加えられている。

21「海岸山良泉寺」は、浄土真宗東本願寺末で、新町にあり、瀧の橋からは九町の距離である。「神奈川駅中図会」の（キ）「海岸山良泉寺」とほぼ同内容である。また、23「正一位笠脱稲荷大明神」は「新町裏の畑中に有」とあり、例祭は九月一九日である。「神奈川駅中図会」の（ク）「正一位笠脱稲荷大明神」と大きな違いはみられない。ここまでが新町の記述である。

24「海運山満願院能満寺」から荒宿町へ入る。能満寺は、真言宗鳥山村三会寺末で、瀧の橋からの距離は七町である。本尊は「能満虚空蔵菩薩」、他に東海道に面した門前に「不動尊」と「薬師仏」があり、後者では「黒薬」を販売していた。「神奈川駅中図会」の（ケ）「海運山能満寺」では説明文はなかったが、「神奈川砂子」では史料9の文章が追加されている。

〔史料9〕

夫当山ハ往昔人皇九十二代　後伏見院御宇、正安元年己亥八月、虚空蔵菩薩、此浦へあけられ給ふ、事の起は当所の農夫内海氏光善と云もの有、或時光善不意に此浦にて網をひく事あまたびなれとも、網の裡に魚なふして唯朽たる節木を得たり、是本意ニあらずとて海中へ投入る事、既七度也、しかれ共不得止して重て網を下すに、又朽木を得たり、内海氏希有のおもひをなし、則私宅に持来り、世務の棚に安置し、崇敬する事数日也、爰に奇妙の珍事有、彼内海氏の一人の女子、俄に狂乱し走り出て海上を行事、恰陸地を踏がことし、五十町斗り行て既沈没す、父母これを見て大ニ驚き怖し、里民動揺す、やゝ時刻ありて浮ミ来りて自託して曰、彼網にかゝる節木ハ是房州清澄閼伽井に住す事七百余年也、明星天子と現する時は二十五由旬の大身を虚空裏ニへましく無明長夜の暗を照し、また小身の虚空蔵と顕れ給ふ、大慈の願力を微塵刹土に催す所ゆへに、我此地に来れり、希ハ堂舎仏閣を営造し、彼霊木を安置し奉る処に、忽然と三寸九分の虚空蔵現し給ふ、これを本尊として一宇をたつ、能満寺是なり

史料9は能満寺の開基の由来を記述したもので、能満寺の縁起類ないしは寺伝に依拠する内容であろう。後伏見天皇の正安元年(一二九九)八月に虚空蔵菩薩が「此浦」に揚げられたことが同寺の由来であるという。当所の農夫である内海光善が沖合で漁猟すると、獲物である魚ではなく、「唯朽たる節木」がかかり、これを海中に投げること七度に及んだ。それでも網にこの「朽木」がかかるので、「希有のおもひ」として自宅へ持ち帰り、棚へ安置して崇敬すること数日にして、光善の娘が海上を陸地のように駆け出し海に沈むという「奇妙の珍事」が起きた。その後、その娘が浮かんで「自託」して述べるには、われは「房州清澄閼伽井に住す事七百余年」にして「大慈の願力を微塵刹土に催す」ために「此地」に来たという。これをうけて「堂舎仏閣を営造し、彼霊木を安置し」たところ、忽然として「三寸九分の虚空蔵」が出現した。これを本尊として造立した「一宇」が能満寺であるという。ここで登場する内海光善は、喜荘が「東海道名所図会」を借用した内海家の祖先という設定であろうか。

次に荒宿町の25「神明宮」となる。こちらも「神奈川駅中図会」の(コ)「神明宮」にみられない説明文が「神奈川砂子」において追加されている。史料10として全文を掲載する。

〔史料10〕

夫当社ハ　一条院御宇、寛弘二年九月十五日に御神幣幷大牙一品此地に天降ける、人々あやしみ、祭所に、いつくともしれず年七才許なる女子出来て口はしりて曰、我ハ是神風屋伊勢の二柱の神也、常陸国鹿嶋に降臨、帰路に及、我此地に跡をとどめんとおもふ、此ゆへに二種のしるしをあらハす、はやく宮居を創し祭るへし、後世此地ます〳〵繁栄ならんと告て、神ハあからせ給ひけり、神勅にまかせ祠を営て、神器を蔵め、いわい祭りける

史料10によれば、一条天皇の寛弘二年(一〇〇五)九月一五日に「御神幣幷大牙一品」が天より降ってきたという。人々は怪しみながらもこれを祭っていたところ、七歳ばかりの少女が現れて口ばしるには、われは「風屋伊勢の二柱の神」であり、鹿島へ降臨した帰路にこの地へも跡を留めようと思い、「二種のしるし」を顕した。したがって、この地に社を建てて祭れば、後世この地は繁栄するであろうというものであった。この神勅によって祠を建立したのが神明宮であるという。これも地元の口碑あるいは縁起に依拠するものであろう。

26「荒宿橋」は「土橋ナリ、長サ二間・横二間半、上無ゆへにかみなし川といふ」と記されている。おおむね「神奈川駅中図会」の(サ)「荒宿橋」と同内容である。荒宿橋より上流部分が僅かしかないために、上無川と呼ばれているという。27「上無川」には「土橋の下流をいふ、水源ハ所々の田水なり」とあり、「土橋」=26「荒宿橋」から下流の呼称であるという。水源は所々の田水の「用水」とされるが、実際には水田から排出される悪水であろう。その名称については「此川、昔ハ広かりて歩行渡り成りと云、此川より祇園天王出現座ス、夫ゆへに神無せ川と云、又人云神無川とも云、いつれか是也カ非也カ」とも記しており、かつては川幅が広く(水深が浅いため)架橋ではなく徒歩渡りであった。上無川から「祇園天王」が出現したため「神無せ川」あるいは「神無川」と呼ばれるようになったという説を紹介している。この「祇園天王」は、後述の78「祇園牛頭天王」で触れられている。なお、本文中に記された詩歌として「東路や　神名川に　満汐の　干事もみへぬ　五月雨の頃」「立匂ふ　浪の汐路も　へたゝりし　神奈瀬

川の　秋の夕暮」「水浅き　浜の真砂を　越浪も　神名瀬川に　春雨そ降」という和歌三首が記されている。

30「観行山慈雲寺」は、日蓮宗池上本門寺末で荒宿町にあり、瀧の橋からの距離は六町ばかりである。「神奈川駅中図会」の(ス)「観行山慈雲寺」と同内容である。

31「平尾山東光寺」は、真言宗駅中金蔵院末で荒宿町にあり、瀧の橋からは四町半の距離である。同寺の本尊である薬師仏については、「神奈川駅中図会」の(セ)「平尾山東光寺」にはみられなかった史料11の説明文が「神奈川砂子」において追加されている。

〔史料11〕

夫当山薬師仏ハ、太田備中守資長入道道灌守り本尊と云、太田道灌ハ武州都筑郡の地頭也、家臣平尾内膳と云者有、神奈川平尾山ニ城郭を構たり、平尾氏此寺を営建立すゆへに平尾山の名あり、昔は伽藍ぎゝたり、年歳累り頽廃仏堂も苔を封し、只寂寞たる、古名刹成べし、太田道灌ハ若冠の時より知謀武略人に勝れ、殊に和歌の達人、所々に城郭を築き、数度の合戦に一度も不覚をとらす、文武二道の弓取なり、かれかあらむ程は一戦叶ましき由を謀、文明十八年丙午七月高見原にて同月廿六日討死す、辞世　かゝる時　さとして命の　おしからめ　かねて無身と　思ひしらすハ

史料11によれば、東光寺の薬師仏は太田道灌の守り本尊であった。その家臣の平尾内膳が神奈川の平尾山に城郭を構え、本寺を建立して「平尾山」の山号になった。ここでも太田道灌を「知謀武略人に勝れ、殊に和歌の達人」「文武二道の弓取」と記すように歴史的な考証を述べる。「太田道灌之事くわしくハ北条五代記にあり」というように「北条五代記」が典拠とされている。

最後に32「長光山妙仙寺」は、日蓮宗池上本門寺末で荒宿町にあり、瀧の橋から四町余りと記されている。「神奈

川駅中図会」の(ソ)「長光山妙仙寺」と同内容である。

以上、観福寺以外の並木町とそれに連続する新町・荒宿町に該当する18挿絵「並木町・新町・長延寺」～33挿絵「東光寺・妙仙寺・仲木戸横町」について検討した。その結果、20「七塚」が新たに立項されるとともに、「或人」の説として紹介された「真田家臣討死の塚」という理解が史実的に該当しない旨を考証している。また、24「海運山満願院能満寺」・25「神明宮」・31「平尾山東光寺」では、新たに該当寺社の縁起・由来に関する説明文が追加され、より豊かな情報が記述されている。「神奈川砂子」編纂に伴う喜荘による新たな調査の成果と思われる。

三　十番町・九番町と小伝馬町・猟師町

次に東海道に沿って十番町・九番町と、両町よりも海側に位置する小伝馬町・猟師町の部分を扱う。十番町と九番町は、先述した神奈川町の本町の内、東の二か町にあたり、神奈川町の中心部に入る。対象の項目は、34挿絵「金蔵院・熊野社・御殿跡」～48挿絵「駅問屋」である。

十番町と九番町を扱う挿絵である34挿絵「金蔵院・熊野社・御殿跡」(二二五頁上段)は、先述した33挿絵「東光寺・妙仙寺・仲木戸横町」に続くもので、同様に海側から山側を鳥瞰した構図で、「神奈川駅中図会」の(し)「十番町・九番町・熊野社・金蔵院之図」に対応する。画面下部に東海道が通り、右側＝東側の「十番町」と、左側＝西側の「九番町」が表示されている。東海道に並行するように内陸側にもう一本道筋が通っている。この道筋の左端に「御殿町」の文字がみえる。画面右側の中央には金蔵院が配置され、境内に「御手折梅」の文言がみえる。金蔵院の西隣には「熊野社」の境内地が存在する。ともに東海道からの参道が伸びている。画面左側の上部には神奈川御殿の跡地である「御殿跡」があり、東海道から同所へいたる道筋には「御門石」と記される門跡の礎石が描かれている。挿絵中に「大君の　恵ミいたゝく　御手折の　梅か薫りの　袖の浦かせ　琴通舎」という狂歌が記されている。「大君」＝徳川将軍の「恵ミ」をいただく御手折の梅の香りは袖ヶ浦からの風によってほのかに匂っているという内容である。後述の35「神境山金蔵院東曼陀羅寺」にみえる芭蕉の俳句を本歌としたものであろう。

この34挿絵「金蔵院・熊野社・御殿跡」に対応する文章の項目は、35「神境山金蔵院東曼陀羅寺」と36「熊野三社大権現」、及び44「御守殿跡」である。

35「神境山金蔵院東曼陀羅寺」は、新義真言宗山城国醍醐三宝院末、九番町にあり瀧の橋から三町ばかりの距離であった。同寺には「本堂のまへ」に「御手折之梅」があり、境外堂として地蔵堂が「中木戸」に所在することは先述した。本文中には「梅みよと　引てまむかや　袖の浦　芭蕉」の俳句が紹介されている。

次に「神奈川駅中図会」の(タ)「神境山金蔵院」にはなく、「神奈川砂子」において追加された説明文を史料12として掲げる。

〔史料12〕

柳神鏡山金蔵院ハ、人皇七十三代　堀河帝之勅願所にして醍醐三宝院宮勝覚大僧正開基にして、寛治年中御草創、忝も東曼陀羅寺の号、准勅御許容有之、一派檀林の随一也、尓後鎌倉頼朝公・足利将軍、又織田信長、豊太閤も天正年中北条誅罰の後、当寺参詣あり、数代の将軍祈願所とす、中興国初将軍家数度当寺へ　御成有之、庭前の紅梅御寵愛有之、御手折らせ給ひ、其梅の枝を以て登　城可致事恒例也、誠に勅願祈願の霊場、真言の古刹に於てハ又近郷に双ぶなし

史料12によれば、金蔵院は寛治年中（一〇八七～一〇九四）に堀河天皇の「勅願」により醍醐三宝院宮勝覚大僧正の

開基により草創され、「東曼陀羅寺」の寺号も「准勅」によって許可された。これ以後「鎌倉頼朝公・足利将軍、又織田信長」、さらには「豊太閤」(豊臣秀吉)も「天正年中北条誅罰の後」に参詣している。このように当寺は「数代の将軍祈願所」である。徳川将軍家も「数度当寺へ　御成」があり、「庭前の紅梅」を「御寵愛」され、自ら「御手折」された。この例にならい住職が江戸城へ登城する際には「御手折之梅」の枝を持参するのが「恒例」である。まさに当寺は「勅願祈願の霊場」として近隣に並ぶものがない「真言の古刹」としている。ここでも金蔵院の歴史的由緒について、堀河天皇の「勅願」と歴代武家将軍の「祈願」による「霊場」と述べている。なお、徳川将軍の「御成」は神奈川御殿への来訪時のことであろう。

36「熊野三社大権現」は、金蔵院を別当とし、「神奈川総鎮守」として九番町にあり、瀧の橋からは三町ばかりの距離であった。例祭は六月一八日である。同社についても「神奈川駅中図会」の(チ)「熊野三社大権現」に記述はなく、「神奈川砂子」で追加された説明文を史料13として掲げておく。

〔史料13〕

夫当社熊野大権現ハ、右大将源頼朝公紀州熊野社ヲ御禱の為に、建久年中神奈川に勧請有、厥后多米周防守青木の城主たりし時修補し奉る、近年権現山より今の金蔵院境内に移し奉る也、例ハ六月十八日神輿駅中を渡御し、けかち川より夜に入て本社江還幸なし奉る

史料13によれば、熊野大権現社は源頼朝が紀州熊野社を祈禱するために、建久年中に神奈川へ勧請したものである。当初は後述のように権現山に立地していた。その後、小田原北条氏の時、青木城主の多米周防守により修補された。近年に権現山より「今の金蔵院境内」へ移転した。例祭は六月一八日であり、神輿が駅中を渡御し、西隣の芝生村との境界であるけかち川から夜に入って本社へ還幸するという。

この六月一八日の熊野社例祭における神輿渡御は46挿絵「同神輿渡御」に、その前夜に行われる「夜宮」は45挿絵「熊野社夜宮祭礼」に、それぞれ描写されている。この二つは「神奈川駅中図会」に対応する挿絵はない。

45挿絵「熊野社夜宮祭礼」(二二七頁下段)は、熊野神社の祭礼日である六月一八日の前夜にあたる同月一七日夜の「夜宮」の様子を描写したもので、江戸時代後期における横浜市域の夜宮の情景を描く絵画としては管見の限り唯一である。場所は熊野神社の境内地で、全体の構図は左右に広がっており、右下には「熊野」と書かれた額がかかる鳥居が配置されている。その右側には東海道より続く参道がみえる。参道を進み鳥居をくぐると、拝殿があり、その背後に本殿がある。拝殿の右側には、一番奥に「稲荷十二社」と思われる小さな祠が十ばかり置かれている。その祠と参道の間には、山車が四つ置かれている。十番町・九番町・仲之町・西之町という本町四か町の山車であろうか。上部の飾り物は、手前から朱雀・青龍・玄武・白虎のようにもみえる。拝殿の左には仮設の舞殿が設けられ、御神楽が行われている(三井文庫本では「弓矢神楽」とある)。御神楽をみる群集はざっと一〇〇人を越え、周囲には屋台や台を構えた露店が六～七つほどみえる。露店は鳥居の横やその外側の参道にも出ている。中でも左下には傘を立てておそらく飴を商っている露店があり、挿絵中にみえる「夏の夜も　賑しけりや　あめや傘　仲ノ町拾四番」という俳句はこの傘を立てた飴屋の情景を詠んだものであろう。あわせて雨天時においても賑わう情景を「あめや傘」＝雨と傘に引っ掛けているようにも思われる。「仲ノ町拾四番」は作者名であり、石井光太郎氏が「解題」で「喜荘は仲之町拾四番で句をのせている」と述べているように、当時仲之町に店舗を構えていた喜荘本人と思われる。なお、名前の末尾の「拾四番」は「拾四間」とも読めるが、ここでは石井氏の読みにしたがっておく。

46挿絵「同神輿渡御」(二二八頁上段)も、江戸時代後期の横浜市域における祭礼の様子を描く唯一の挿絵である。おそらく九番町・十番町付近の東海道を東から西へ進んでいる情景である。神輿の前には、差しかけられた日傘の下で衣服を正した神官と僧侶がみえる。熊野社の宮司と別当寺である金蔵院の住職であろう。ついで、褌一つで御輿を勇壮に担ぐ二〇～三〇人の若者たち、その後ろには正装をした氏子惣代や町役人が続く。

45と46はともに熊野社祭礼の賑わいを描いており、二枚の挿絵により夜の景と昼の景を対比させる意図と思われる。「神奈川駅中図会」跋文における「年中行事」に関わるものであろう。

44「御守殿跡」は、神奈川御殿跡の内、徳川家康・秀忠・家光といった歴代の大御所や将軍が休泊した施設である「御守殿」の跡地に関するものであり、「仲の町裏通御殿町後畑中に有、寛永年中国初両将軍家御上洛の時御旅館也、今ハ田野となり、たゞすこしの田地残れり、畑中に御門之石とて左右に礎あり」と記されている。畑中に残る「御門之石」については34挿絵「金蔵院・熊野社・御殿跡」にも描かれている。「神奈川駅中図会」では(エ)「御守殿跡」として冒頭部分に配置されていたが、「神奈川砂子」においては東→西という東海道筋の流れの中で叙述されている。

その後、記述は東海道沿いから離れて海岸沿いの37「海浦山吉祥寺」となる。「神奈川駅中図会」の(ツ)「海浦山吉祥寺」に対応する項目である。同寺は真言宗駅中金蔵院末で、小伝馬町にあり、瀧の橋からは三町ばかりであった。小伝馬町は東海道と並行する二本の道の内、海側の道の東側に存在する「町(チョウ)」であり、吉祥寺が同町に存在していた。

これに対応する挿絵が49挿絵「小伝馬町・吉祥寺」(二二九頁下段)である。ここでは西側の上空から東側の小伝馬町における海辺沿いの家並みを望む構図である。左側中央に「吉祥寺」がみえ、その入口の外側には井戸がみえる。画面左上から右上へと屈曲する海岸は子安村まで伸びているように思われる。挿絵中には「行月に　物のかゝらぬ　海辺かな」の俳句(作者名の記載は無い)と「俯仰両青空　舟行明鏡中　蓬莱定不遠　正要一飄風　大海」という漢詩が記されている。俳句の意味は一点の曇りもなく月の明かりが海を照らし出しているといったものであろう。ちなみに

『東海道名所図会 上巻』一一七頁に「都水」の句として所収されている。漢詩は、滔々たる青空を仰ぎ、舟路の海は明鏡のごとく穏やかである。理想郷である「蓬萊」の地も遠いものではなく「一颿」の風を要するのみであるという内容である。

次に38挿絵「海浜漁場」(二二五頁下段、「かいひんいさば」とルビが振られている)が所収されている。「神奈川駅中図会」には対応する挿絵がなく、「神奈川砂子」において追加されたもの。ここでは茅葺の大きな一軒の家が描かれており、軒先の広い土間には漁獲されたばかりの魚介類が台の上に並べられている。一段上がった場所には帳場で帳簿を記入する男性がみえる。店先には捕れたばかりの魚を担ぐ人や、魚を購入してこれから売り捌きに出ようとする行商人の姿がみえる。「漁場」の表題であるが、実際には魚問屋の情景である。対応する説明文が42「漁場」(「いさば」とルビが振られている)で、これも追加された項目である。ここでは「小伝馬町・猟師町辺に魚問屋有テ、江府江送ル」とあり、神奈川町の海岸に面した小伝馬町と猟師町における魚問屋の存在と、それによる「江府」＝江戸への運送が述べられている。ただし、挿絵「海浜漁場」の描写からは、取り引きされた魚介類は江戸だけでなく、神奈川宿(の旅籠や茶屋)や周辺の村々へ棒手振りの行商人によって販売されたと思われる。挿絵中には「石蕗の葉の　魚煮る烟に　しほれけり」という俳句(作者名の記載は無い)が記されている。厚く艶のある石蕗の葉が魚を煮る煙によって萎れるほど賑わっているとの意味であろう。「神奈川駅中図会」跋文における「土地の人躰・風俗」に関する内容である。

続いて39挿絵「神奈川名産之図」(二二六頁上段)が配置されている。これも「神奈川砂子」における追加項目である。「神奈川名産」という表題ではあるが、魚介類に限定された「名産」品が対象であり、38挿絵「海浜漁場」と42「漁場」に関連してここに所収されたもの。この挿絵には「神奈川名産生魚数品有といへとも、筆墨につくしかたく、たゞあいなめ・もいを・車海老ハ土地之名物にて美味なるゆへ、こゝにあらハすなり」という文言がある。見開き状の挿絵の右上に「車海老」、右下に「あいなめ」、左上に「もいお」の形状が描写されている。三井文庫本では「神奈川名産生魚数品有トイエトモ筆紙ニツクシカタク、只其一二ヲ図スルノミ」と記されている。この他、左下に「おゝの」という貝が描かれ、「此おゝのといふ、名物にして他所、其躰図」という文章が付されているが、三井文庫本の「此ヲ、ノトユウハ神奈川名物ニシテ、他所ニナシ、其形図ノコトク甚奇也」の方が理解しやすい。「神奈川駅中図会」跋文における「古物・名物」に関する内容である。

40挿絵「田畑之図」(二二六頁下段)は東海道から飯田道を通って内陸へ入った情景で、「神奈川駅中図会」の(す)「田畑之図」に対応する。図の中央に瀧の川が曲流し、内陸へ向かって左側に「二ツ谷ミち」(二ツ谷道)が、右側に「御てんみち」(御殿道)が描かれている。上部左側には「平尾坂」が丘陵を上り、その頂部には「一本松」がみえる。右やや遠方の丘陵には「新井」「三谷」の文字がある。地名または人名であろうか。左右の丘陵の間にあたる中央上部の空に数行の雁が低く飛んでいる。挿絵中には「鳫の声　おぼろ〳〵と　何百里」という俳句が記されている。14挿絵「神奈川方角図」に記された「鳴な〳〵　夫程きめて　かへる鳫　一古」をふまえた句であろう。渡り鳥である鳫の鳴き声を道中の遠い行程に掛けたものと思われる。なお、40の挿絵で描かれている範囲は次項の対象であるが、挿絵の順序から便宜的にここで説明した。

41挿絵「神奈川夜之景」(二二七頁上段)は場所が記されていないが、記述の順序からいえば九番町・十番町付近ということになる。「神奈川砂子」において追加された挿絵で、喜荘の嗜好であろうか、妓楼の夜景を描く。「駅路之遊君斑女照手末流にして今も夕陽ハ不斜」という文言が挿絵中に記されている。また、店先左側の障子二面には「きせるや」の文字がみえる。煙管亭喜荘による遊び心であろう。挿絵中には「相逢双蘭沈々　儻語人偏愧同　衾裡把袂掩

朱唇　大海」「倡女残粧紅粉頬　朱唇一点画眉顰　玉簪参差横蟬鬢　嬌態不知媚幾人　玄瑞」という妓楼の女人たちを題材にした漢詩二首が記されている。「神奈川駅中図会」跋文の「土地の人躰・風俗」に関わる内容である。

次に42「漁場」・43「駅問屋役所」・44「御守殿跡」と説明文が続く。この内、42「漁場」と44「御守殿跡」については先述した。

43「駅問屋役所」は宿場の問屋場のこと。「神奈川駅中図会」においては(イ)「両御本陣」の項目に付加された位置づけであったが、「神奈川砂子」においては独立した項目となり、なおかつ東↓西の行程の中に位置づけられている。これに対応する挿絵が48挿絵「駅問屋」(二二九頁上段)であり、「神奈川駅中図会」の(そ)「問屋役所之図」に該当する。構図は海側よりの中景図で「駅問屋」が存在する山側の街並みを描いている。右側の二軒は茅葺の二階屋、画面左側に問屋場が配置され、帳場には宿役人がみえる。左端の二軒の建物は瓦屋根の二階屋である。東海道の往来の左端では、喧嘩している人足たちがみえる。「土地の人躰・風俗」に関わる内容である。本図の右上には「東海道名所図会に曰、雲ハ山川の気也、天に垂、空に飛んて、動静ミな無心也、又道中筋に䨤䨴するハ此外にして、無心の境界に似て仕様事なしの風に従ひ、東西に来往す、これを雲助といふ」とあり、「東海道名所図会」を引用しながら「雲助」の由来を述べている。一方、画面の左上には「日本紀曰、孝徳帝の御宇大化二年に関宿を定め、駅馬・伝馬を定めらる、」と記し、「日本紀」＝日本書紀を引用している。

47挿絵「十番町の景」(二二八頁下段)では二階建の瓦屋根の商家が描かれている。「神奈川砂子」において追加された挿絵である。「あめ七之宅」とあるように同人の店であろう。店先の暖簾には「あめや」「飴屋」という屋号がみえる。店内には薦かぶりの酒樽が二段に積まれ、店先の床几には一杯引っかけている客もみえる。同家は、第一章で検討した「神奈川駅中図会」を所蔵していた矢島家であり、喜荘の後援・支援者の一人であろう。挿絵中には「文泉風流今尚存」という漢文と、「水や空　夕虹かけて　鰺の照　桂荊閑逸」という俳句が記されている。前者の漢文について、石井光太郎氏は「文泉風流今尚友」とするが、書体と文意からみて「存」の方が正しいと思われる。「文泉風流今尚存」は、同家の先代あるいは先々代が文人として名を馳せたのであろうか、その余光は今もなお十二分に存在しているといったところであろう。後者の俳句は、夕立の雨が上がった西の空には虹が懸かっており、その色は夕方に河岸から納められる夕鰺の照りのように鮮やかであるとの意。「水や空」の「水」は、「文泉」の「泉」に対応させたもの。さらに「あめ七」の「あめ」を雨に、「七」(しち)を「虹」(にじ)にかけつつ、その夕景の鮮明さで「あめ七」家の風流を称える。

以上、神奈川町の本町＝本宿の四か町に含まれる十番町・九番町と、両町よりも海側に位置する小伝馬町・猟師町の部分について検討した。まず、34挿絵「金蔵院・熊野社・御殿跡」では、朱印寺の一つである金蔵院と神奈川町の鎮守である熊野神社、さらには神奈川御殿の礎石を描いている。35「神境山金蔵院東曼陀羅寺」では堀河天皇の「勅願」と歴代武家将軍の「祈願」による「真言の古刹」「霊場」である旨の説明文(史料12)が追加されている。36「熊野三社大権現」においてもその由来に関わる説明文(史料13)が追加されるとともに、六月一八日の例祭時における神輿渡御を描く46挿絵「同神輿渡御」とその前夜の「夜宮」を描く45挿絵「熊野社夜宮祭礼」が所収されており、夜の景と昼の景を対比させせつつ熊野神社祭礼時における賑わいを描き出している。44「御守殿跡」では徳川家康・秀忠・家光という歴代の大御所や将軍が休泊した神奈川御殿の由来を記している。ここまでが十番町と九番町を対象とする部分である。

ついで、この両町より海側に位置する小伝馬町と猟師町を対象とする記述となる。ここでのポイントは38挿絵「海浜漁場」・42「漁場」・39挿絵「神奈川名産之図」であろうか。神奈川へ荷揚げされる魚介類とそれを扱う市場の賑やかさを表現している。

また、41挿絵「神奈川夜之景」・47挿絵「十番町の景」・48挿絵「駅問屋」においては、東海道に沿った十番町・九番町の情景を対象としてその賑わいを描き出している。特に47挿絵「十番町の景」は、第一章で扱った「神奈川駅中図会」の所蔵家である「あめ七」(矢島家)を題材としており、同家が煙管亭喜荘の後援者であったことになる。

このように十番町・九番町と小伝馬町・猟師町を対象とする34挿絵「金蔵院・熊野社・御殿跡」~48挿絵「駅問屋」では、35「神境山金蔵院東曼陀羅寺」と36「熊野三社大権現」においてその由来を示す記述を追加するとともに、祭礼・町並みや魚市場を描写することにより神奈川町の賑わいを表現している。

四　仲之町と二ツ谷町・飯田町

次に神奈川町の本町＝本宿の内、仲之町と、それより内陸に入った地点に所在する御殿町・二ツ谷町・飯田町について扱う。対象となる項目は50挿絵「仲之町・御殿町」~57「吉祥山茅草院慶運寺」である。

まず、50挿絵「仲之町・御殿町」(二三〇頁上段)は、34挿絵「金蔵院・熊野社・御殿跡」に続くものであり、同様に海側から山側の街並みを描写し、「神奈川駅中図会」の(た)「御殿町之図」に対応する。東海道には東から西へと参勤交代の大名行列が進んでいる。画面下部中央に「仲之町」の文字がみえる。山側には東海道と並行する道筋が一本存在する。ここには「御殿町」の文言がみえる。この道の山側には背後に竹藪を持つ広い屋敷が二軒存在する。この両家は図中右上に「此両家御殿番之旧家也、今ニ相続ス」とあるように、かつて御殿の管理を担当した御殿番の屋敷である。右側の屋敷には「森村」、その左側の屋敷には「武野」と、それぞれ御殿番の名前が記されている。画面左側には東海道から直角に入る横道がみえ、「飯田横町」と記されている。画面左橋で東海道が途切れる地点が、東海道と飯田道が交差する「四ツ角」にあたると思われる。挿絵中に「夕顔や　誰人住て　源氏垣　英賀」という俳句が記されている。挿絵に描かれた御殿番の家の立派な垣根を「源氏垣」と解し、どのような人々が住んでいるのであろうかを、「源氏物語」の「夕顔」の巻に掛けて想像したものであろうか。

50挿絵「仲之町・御殿町」を受ける形で描かれているのが、「神奈川砂子」で追加された51挿絵「仲之町の景」(二三〇頁下段)である。ここでは旅籠屋と思われる二階建の家屋の屋根が見えないほど接近した構図で、その軒先の東海道を描く。店の看板には「しらはたや」とあり、後述する白幡屋であることが明示されている。「神奈川砂子」の挿絵において、特定の商家を限定して描いているのは、47挿絵「十番町の景」の「あめ七」宅とこの「しらはたや」＝白幡屋のみであり、白幡屋も喜荘の後援者ということになる。画面の右側では客と荷を載せた馬を引く馬子が手拭らしきものを女性に渡している。一方、左側の画面では馬子あるいは人足たちが言い争いをしている様子が描かれ、荷を積んだ馬がそれを聞きながら少々呆れているかのようにそっぽを向いているのが印象的である。こうした左側の構図に対応するように、霞でぼかされた右上には「馬士の挑合ふは常にして静かなるを変態とす、傍に労する馬ハこれお聞なから眠りけるもおかし」として馬子の生態を表現している。これも「東海道名所図会」からの引用であろう。同じく霞でぼかされた挿絵の左上には「松原に　飛脚ちいさし　雪の暮」という俳句(作者名の記載は無い)が添えられているが、挿絵の描写内容とは必ずしも合致しない。あるいは「しらはたや」(白幡屋)の「白」から雪への連想であろうか。なお、この句は、『東海道名所図会　上巻』一一七頁に「一晶」の句として所収されている。

ついで、52挿絵「飯田町・浄仏寺」(二三一頁上段)へ移る。「神奈川駅中図会」の(ち)「飯田町・成仏寺の図」に対応するものである。ここでは、東海道との交差点である「四ツ角」から瀧の川に沿って内陸へと続く飯田道が画面の下部を右から左へ伸びている。右側において飯田道と直角にぶつかる道は瀧の川へと行く道であり、瀧の川へ向かう右下へは地面がやや低くなる表現がみられる。画面中央よりやや右側に成仏寺の山門があり、それより左側が境内となる。山門から真っ直ぐ進むと「本堂」があり、山門からみて本堂の左側に「寺中」の「福泉院」が、右側には同じく「見松院」と「鎮守」の「熊野社」が存在する。挿絵中には「飯田道　極楽道の　一ノ宿　浄仏願ふ　人ハ寺迄　仲ノ町拾四番」という狂歌が記されている。作者の「仲ノ町拾四番」は喜荘本人のこと。東海道から分かれて成仏寺へいたる飯田道は、極楽往生へといたる道の「一ノ宿」＝最初の宿であり、「浄仏」＝「成仏」を願う人は（浄土宗の）成仏寺へ参詣すべきであるとの内容である。「飯田道」と「浄仏寺」の文字を歌中に取り込み、「飯田道」（いいだみち）の「い」の音が「いろは」の冒頭に当ることから「一ノ宿」を引き出したものか。

これに対応する項目が55「正覚山法雨院成仏寺」である。成仏寺は飯田町にあり、浄土宗京知恩院末、瀧の橋から二町ばかりの距離である。同寺には「飯田町之産土神」である「鎮守熊野大権現」が祭られており、例祭は六月八日である。おそらく36「熊野三社大権現」を分祀したもので、祭礼の日程も意識的に一〇日間ほど時期をずらしたのであろう。「神奈川駅中図会」の（テ）「正覚山成仏寺」にはなく、「神奈川砂子」において追加された文章を史料14として掲載しておく。

〔史料14〕

夫当山ハ、法燈円明国師の開基にして、其昔ハ禅刹也、中興本誉上人浄土帰依によつて浄土宗になし給ふ、開山国師諱ハ覚心、信州神林県の人也、永仁六戊戌年十月十三日紀州由良荘鷲峯山興国寺にて示寂す、世寿九十三、時の天子法燈禅師と諡を給ひ、後醍醐天皇ハ禅師の三十三回忌ニ当リテ円明国師と加諡し給ふ、伝ハ元亨釈書にあり、当山浄土宗帰依開山本誉上人之俗生者神奈川之岩崎氏の男子也、仏門に入て、当寺之住職となり、寛永年

中将軍家御目見へ有テ、中興開山トシテ、浄土宗門に成シ、知恩院末寺ニ成給ふ、岩崎氏の子孫ハ今仲之町白幡屋也

史料14によれば、成仏寺は「法燈円明国師の開基」で、かつては禅宗の寺院であったが、「中興本誉上人」が浄土宗に帰依することにより浄土宗の寺院となった。開山の覚心は、三十三回忌にあたり後醍醐天皇より「国師」号の授与を賜った。「中興」の「当山浄土宗帰依開山」の本誉上人は、神奈川の岩崎家に生まれ、その後仏門に入り、成仏寺の住職となった。寛永年間に将軍家へお目見えして「中興開山」となり「浄土宗門」として知恩院の末寺となった。岩崎家は現在、仲之町で「白幡屋」という商家を営んでいる。51挿絵「仲之町の景」における「しらはたや」=「白旗屋」の描写と関連するものであろう。

成仏寺関係の挿絵としては53挿絵「千貫松・浪石」と54挿絵「(禁制)」がある。「千貫松・浪石」については挿絵中に「成仏寺の庭ハ諸木・名石あまたあれとも、筆墨ニ尽くしかたく、たゞ浪石・松を爰にあらハす」あるいは「成仏寺庭ニ有、又千貫石トモ云、図のことく地にうづまり、其色黒くして、浪のことく白き所有て、甚々奇也」と記されている。「古物・名物」の一つにあたる。ただし、先述した52挿絵「飯田町・浄仏寺」ではこの「千貫松・浪石」の所在場所に関する表記はみられない。

次に54挿絵「(禁制)」は52挿絵「飯田町・浄仏寺」の成仏寺山門の外側右手にみられるものであろう。「神奈川駅中図会」の(つ)「禁札」に対応するものである。「禁制」の文言は、史料15の通りである。

〔史料15〕

此制札は成仏寺門前右の方ニあり、太閤秀吉公北国巡見の時建給ふと云

禁制

一軍勢甲乙人等濫妨狼藉之事
一放火之事
一対地下人百姓等非分之義申懸事
右之条々堅令停止訖、若於違犯之輩有之者忽可被処厳科者也
　天正十八年四月

史料15によれば、天正一八年（一五九〇）四月付で豊臣秀吉が出した三か条のものである。「神奈川砂子」では「太閤秀吉公北国巡見の時」のものとするが誤りである。

また、成仏寺の「什物」として六月一三日付の豊臣家奉行衆宛の豊臣秀吉朱印状が所収されている。史料16として掲げる。

〔史料16〕

従備前宰相・花房志摩守差越候高麗之様子申越、一々被聞召届候、雖然今度如被　仰遣候代官以下任　御朱印旨可申付、就夫大明国へ先懸同備之事備前宰相跡ニ相残義、迷惑之由達而申越候条、輝元・隆景より先四国衆、次ニ可相勤旨被仰出候間、得其意各へ可申聞候、輝元・隆景ハ秀家次ニ相勤候様ニて申談ル、無御渡海以前成次第、大明へ可相勤候旨、右衆中へ尚以可申聞候、先々様子伺之可注進候也

　六月十三日　太閤御朱印

羽柴東郷侍従とのへ
石田治部少輔とのへ
増田右衛門尉とのへ

大谷刑部少輔とのへ
木村常陸介とのへ
加藤遠江守とのへ
前野但馬守とのへ

是ハ成仏寺什物の古文書也

史料16は秀吉からの朱印状であるが、その内容は朝鮮出兵に関するものであり、成仏寺と直接の関係は無い。

これより飯田道に沿って内陸へ入り、56挿絵「二ツ谷・慶運寺」(二三一頁下段)となる。「神奈川駅中図会」の(な)「二ツ谷町・慶運寺之図」に対応する挿絵である。ここでは画面下部に瀧の川の流れを配置している。川より下部の部分は青木町となる。瀧の川には数艘の小舟が描かれており、舟運として利用されていた。瀧の川に沿うように飯田道が描かれ、画面左側には「二ツ谷町」の文字がみえる。道には荷物を積んだ馬を引く馬子や天秤棒を担ぐ人々が描かれ、神奈川宿より内陸への物資運送のルートとして利用されていたことになる。慶運寺の山門は画面右手にあり、入り口には「徳本」と記された石碑がある。境内には「寺中」の「寂静院」、ついで「鎮守」の「熊野社」が存在する。熊野社は同寺の鎮守であるとともに、二ツ谷町の鎮守であった。挿絵中には「満月や　土ばしをいつか　通り越仲ノ町拾四番」という俳句が記されている。「土ばし」(土橋)は、瀧の橋のやや上流地点で瀧の川を渡河する橋のことで、東海道が通る瀧の橋を表側・公的なものとすれば、やや裏道・私的なニュアンスを想定させる。満月を見上げながら歩いていたら、いつのまにか瀧の川に架かる土橋を通り越えてしまったという文意であるが、あるいは「神奈川砂子」の内容が神奈川町から瀧の川を越えて青木町に移りつつあることを表現したものとも思われる。

これに対応する項目が57「吉祥山茅草院慶運寺」である。「神奈川駅中図会」の(ト)「吉祥山慶運寺」に該当する。

慶運寺は二ツ谷入口にあり、京知恩院末で、瀧の橋からは三町ばかりである。「神奈川砂子」において追加された文言を史料17として掲げる。

〔史料17〕

夫当山ハ、年歴久遠にして、知る事不能、往昔ハ開山音誉上人とあり、三縁山増上寺第三世を定蓮社聖観音誉上人と号す、兼て浄土念仏の宗風を学びて三心即一の窓の前にハ、五念四修の司をもてあそび、事理倶頓のはやしの中にハ実報受用の花を詠じ給ふ

史料17によれば、同寺は「年歴久遠」のため、古い事柄は不明であるとしながらも徳川将軍家の菩提寺である増上寺の第三世「定蓮社聖観音誉上人」の名をあげている。

以上、神奈川町の本町＝本宿の四か町の内、仲之町と、東海道より内陸に位置する御殿町・二ツ谷町・飯田町の部分について検討した。ここでは、50挿絵「仲之町・御殿町」、52挿絵「飯田町・浄仏寺」、56挿絵「二ツ谷・慶運寺」という三枚の挿絵によりそれぞれの町を概観している。なかでも50挿絵「仲之町・御殿町」における御殿番屋敷の所在、55「正覚山法雨院成仏寺」と57「吉祥山茅草院慶運寺」にみられる飯田町の成仏寺と二ツ谷町の慶運寺が中心的な内容であろう。成仏寺と慶運寺についてはそれぞれ寺の由来に関わる説明文（史料16・17）が追加されている。とはいえ、成仏寺についてはこの他、53挿絵「千貫松・浪石」と54挿絵「（禁制）」という挿絵と、同寺所蔵の禁制（史料15）と豊臣家奉行衆宛豊臣秀吉朱印状（史料16）も紹介するなど、他寺とは異なる力の入れようである。成仏寺の中興開山である本誉上人の出身が、51挿絵「仲之町の景」の題材とされた「しらはたや」（白幡屋）＝岩崎家の出身なので、意識的な事柄であろう。「しらはたや」（白幡屋）＝岩崎家は、「あめ七」（矢島家）同様に喜荘の後援者であったと思われる。

五　神奈川宿「中央」の周辺をめぐって

次に神奈川宿の「中央」にあたる瀧の橋と権現山を中心に検討する。「神奈川駅中図会」において冒頭に配置された部分に対応しよう。具体的には、瀧の川河口部の両岸に位置する神奈川町の西之町と青木町の瀧之町・久保町と瀧横町が対象であるが、あわせて神奈川町の猟師町についても若干の記述がみられる。項目としては58挿絵「神奈川御本陣」〜75挿絵「活ス之図」が該当する。

58挿絵「神奈川御本陣」(二三二頁上段)は、神奈川町の本陣である西之町の石井本陣の情景を描いており、「神奈川駅中図会」の(に)「西之町・御本陣・瀧之橋之図」に対応する。構図は海側から山側をのぞむが、51挿絵「仲之町の景」と同様にかなり建物に近寄った近景である。本陣には九曜紋らしき家紋の幕が張られ、玄関には同紋の提灯一対が建てられている。大名行列の駕籠や長持が本陣内に運び込まれている場面であり、あるいは50挿絵「仲之町・御殿町」で描かれた大名行列がそのまま進行して石井本陣に到着した直後の風景であろうか。本陣前の東海道には宿泊用の布団を担ぐ男性や、丁寧なお辞儀を交わす二人の武士がみえる。挿絵中には「旅人や　暁かたの　蚊の行衛」という俳句が記されている(作者名の記載は無い)。句意は、朝方早く出立する旅人の想いとして、夜中部屋にいた蚊はどこにいったのであろうかというもの。本陣に大名行列の到着を描く挿絵の内容とはややギャップがあるようにも思われるが、あるいは不寝番の武士を想定したものか。この句は『東海道名所図会　上巻』二五五頁に「沾荷」の句として所収されている。

これに対応する項目は62「両御本陣」であり、「東御本陣、石井氏、本宿に有り」と記されている。「本宿」とは

「本町」とも呼ばれ、神奈川町の中心部を構成する東から十番町・九番町(両町をあわせて「東之町」と呼ぶ場合もある)と仲之町・西之町の四か町のことである。宿場として必要な施設はこの四か町に集中している。「神奈川駅中図会」では(イ)「両御本陣」として冒頭に配置されているが、「神奈川砂子」では東海道の行程の中に置かれている。

次の挿絵である59挿絵「瀧之橋・権現山」(二三二頁下段)は、神奈川宿の中心部を描いたものであり、「神奈川駅中図会」における(せ)「仲之町・四ツ角・猟師町・諏訪社之図」に対応する。東海道の街並みを描く挿絵としては、50挿絵「仲之町・御殿町」に続くものである。ただし、他の東海道沿いの挿絵とは異なり、神奈川宿の中心部を一望のもとに描くため、おおむね御守殿跡地の上空より西方を俯瞰した構図である。左手には東京湾が広がっている。中央下段に東海道と飯田道の交差点である「四ツ角」の文字がみえる。東海道はそれより右上へと伸び、中央で瀧の川を渡る「瀧之橋」へいたる。この間が神奈川町の「西之町」である。

東海道の右側には下より「御本陣」=石井本陣と「高札」=高札場がみえる。「四ツ角」からは海へ抜ける一筋の道があり、海の手前には東海道と並行して瀧の川へいたる道がある。その両側の下部が「猟師町」であり、海側には「諏訪社」が存在する。瀧の川より下段の海辺には「漁家」の文字があり、海岸には漁猟船と干した網が描かれている。画面上部の中央やや左側から右手が青木町の情景となる。東海道は「瀧の橋」より「権現山」の山裾を回り込むように曲がり、手前より「瀧之町」「久保町」「宮之町」という「町(チョウ)」名が記されている。「久保町」の海側に面した家々には海へ突き出した構造物がみえる。一方、瀧の橋から右手には川に沿って上流へと進む道筋が一本みえる。その道より一段上がったところに「宗興寺」があり、その背後には東海道沿いの神奈川宿では最高点となる「権現山」へと登る階段が描かれている。

頂上には宗興寺の観音堂と熊野社の元宮の小祠がみえる。挿絵中には「孤峯突兀聳天涯　万里滄濱一片霞　払檻徐

風吹不尽　四時斉発満山花　釈玄瑞」「江上支笻眼界寛　夕陽影浦水雲寒　憑誰説与間鷗鷺　借我魚磯於釣竿　大海」という漢詩二首が記されている。前者は、東京湾に面して聳え立つ権現山の山容を称えるとともに、一面の霞に包まれていたその風景が風により吹き払われると、山全体が「花」(おそらくは桜花)に満ちている情景を詠んだもの。なお、「徐風」は序文の執筆者である飯田徐風に掛けた可能性もある。後者は、「江上」=東京湾上よりみれば夕陽を浴びた山容が神奈川沖の浦に寒々と掛かっている。鷗と鷺が飛び交う中、権現山下の磯において竿を借りて自分は釣りをしている意である。「仙境」のイメージであろう。

この59挿絵「瀧之橋・権現山」に対応するように、61「諏訪大明神」・62「両御本陣」・63「御高札」・64「瀧之橋」・66「開塔山宗興寺」・68「権現山」という各項目が配置されている。

61「諏訪大明神」は、西浜=猟師町にあり、「猟師町産土神」、例祭は七月二六日である。「神奈川駅中図会」の(二)「諏訪大明神」に対応する項目である。瀧の橋から東へ二町ばかりの距離で、別当は当駅中能満寺。ただし、猟師町から能満寺が所在する荒宿町までは少々距離があり、同寺の虚空蔵菩薩の由来が沖合の漁猟と関連しているように、あるいは能満寺自体が本来は猟師町に存在していたか、猟師町自体が神奈川御殿設置時の町割に伴い移転した可能性も考えられよう。

62「両御本陣」は前述した「東御本陣」=神奈川町の石井本陣と、「西御本陣」=青木町の瀧之町に位置する鈴木本陣となる。「神奈川駅中図会」における扱いについては先述した。鈴木本陣の挿絵としては71挿絵「青木御本陣」(二三四頁下段)がある。51挿絵「仲之町の景」や58挿絵「神奈川御本陣」と同様にかなり建物に近寄った近景である。構図は山側から海側をのぞむ。描写の内容は今まさに参勤交代の大名駕籠が鈴木本陣の玄関に入ろうする瞬間を描いている。さすがに行列の関係者を除けば東海道を往来する人々はみられない。挿絵中に「都出て　神も旅寝の　日数かな」という俳句が記されている。「都」を江戸とすれば、参勤交代の最初の宿泊地である神奈川宿から「神」(参勤交代の大名を想定しているのであろう)も旅寝を重ねていくとの意味であろう。あるいは「神」は「神奈川宿」の「神」との掛け合わせか。この句は『東海道名所図会 上巻』三九七頁に「はせを」=芭蕉の句として所収されている。なお、「神奈川駅中図会」では鈴木本陣を単独で描いた挿絵はない。

63「御高札」は高札場のことで「瀧の橋東詰にあり」と記されているように、瀧の橋の東詰=神奈川町寄りに存在する。「神奈川駅中図会」では(ウ)「御高札」として冒頭に置かれているが、ここでは東海道の行程に対応するように配置されている。

64「瀧之橋」は「長サ七間・横二間半、神奈川中央にアリ、青木・神奈川境に掛ル、従是諸方道法を定ル」とあり、青木町と神奈川町の境界である瀧の川に架かる橋であり、「神奈川中央」として「神奈川砂子」における諸方への「道法」=距離の起点とされている。あわせて「瀧之川」についても「橋の下流をいふ、水源ハ七ヶ所の溜池、又ハ所々の田水、瀧の橋に落入五十間、海に入る」という説明がみえる。おおむね「神奈川駅中図会」の(ア)「瀧之橋」と同内容である。

66「開塔山宗興寺」は「禅宗」(曹洞宗)で駅中本覚寺末、瀧横町にあり、後述する土橋より半町ばかりの距離である。同寺の観音堂は「山」=「権現山」の上に位置している。「神奈川駅中図会」の(ネ)「開塔山宗興寺」に対応する項目である。

60挿絵「浄瀧寺」(二三三頁上段)は青木町の瀧横町にある寺院である。浄龍寺は59挿絵「瀧之橋・権現山」に描かれていないが、瀧の川沿いに位置しているので、59挿絵「瀧之橋・権現山」の次に配置されているのであろう。60挿絵「浄瀧寺」は瀧の川沿いの青木町を宗興寺より少し上流へ上がった地点を描いている。「神奈川駅中図会」の(ね)「浄龍寺之図」に対応する挿絵である。右から中央下部へと瀧の川が流れており、中央下で瀧の川を渡る橋が先述した土橋である。土橋の右側は神奈川町であり、土橋より右下へ続く道は成仏寺へ進む。瀧の川の左側に沿うように一本の道が右上へと伸びており、その終点が画面右の中央に位置する浄瀧寺である。

これに対応する項目が65「妙湖山浄龍寺」である。浄龍寺は日蓮宗池上本門寺末で、先述した土橋より西へ二町ばかりの距離である。「神奈川駅中図会」の(ヌ)「妙潮山浄龍寺」にはなく、「神奈川砂子」に追加された文言を史料18として掲げる。

〔史料18〕

夫当山ハいにしへ権現山に瀑布あり、たきの上に庵をむすひて、浮世の塵を払行ひするける僧あり、名を妙湖といふ、或時日蓮上人経回のをりから、此庵に立寄よみ給ひし歌

滝のもと　こたし庵に　すみ妙湖　火にも水にも　おぼれざりけり

日蓮上人

妙湖ハ夫より日蓮師の従弟と成りて、一寺を建立す、妙湖山浄滝寺といふ、此瀑布、今ハ涸てなし、名残りて山下の町を滝の町といふ、橋を瀧のはしと名付て、滝の跡は山上熊野権現の旧地のほとりにて、麓の人家嶋屋何某が裏に滝坪の跡僅に残れりといふ

史料18によれば、かつては権現山に「瀑布」があり、その上に庵を結び、浮世の塵を払う妙湖という僧侶がいた。あるとき日蓮上人がこの庵に立ち寄った際、妙湖はその弟子となり寺を建立して「妙湖山浄滝寺」にしたという。この「瀑布」は涸れてしまったが、「滝の町」「瀧のはし」という町名・橋名の由来となっている。滝の跡は「山上」＝権現山の熊野権現の旧地のほとりであり、麓の人家である「嶋屋」の裏に滝壺の跡がわずかに残ると記す。浄瀧寺の

寺名の由来とともに、瀧の町・瀧の橋といった地名の由来の説明にもなっている。

68「権現山」は「宗興寺上の山」であり、「熊野権現の旧地」として同社の「元宮」である「小社」が存在している。例祭は正月一七日である。「神奈川駅中図会」の(ノ)「権現山」にはみられない史料19の文言が追加されている。

〔史料19〕

夫此山の嶺より駅中を眼下眺おろし、申の方を遠く眺わたせバ、冨士の高根・大山の高嶺雲につらなれり、午の方ハ久良岐郡の小山続、横浜洲乾弁天の出洲、本牧十二天の森、寅方生麦の松原・子安海保山、西の方ハ在々の田畑小山続也、前ハ内海の楽々波《(さざ波カ)》悠々として、海上遙房総の長嶺、漁する舩は昆虫の蠢に似たり、諸国の商舩水雲の中に鮮也、爰ハ昔永正年中上田蔵人と云もの、此山を城郭構へ、鎌倉の上杉と戦ふ、蔵人利無、防戦叶ひ難く、城を開て落ると也、此事北条五代記に署、是を権現山合戦と云て、此近辺の大戦也と云伝へしも宜成らん、今ハ大平を凱聖代なれば、干戈の音永く絶て礼楽と変し、四海の浪風穏也、星霜累り時世ハ変れ共、山古今変ず、参勤の諸侯ハ弓を袋にして威風凛々たり

史料19によれば、「此山」＝権現山の頂上よりは「駅中」＝神奈川宿一帯を眼下に見下ろすことができ、「申の方」＝西南西の方角を遠望すれば富士・大山が連なる。「午の方」＝南方には久良岐郡の小山が続き、さらに横浜洲乾弁天の砂州や本牧十二天の森がみえる。「寅方」＝東北東には生麦の松原や子安の海保山、西方には在々の田畑・小山が続く。前面の海の波は悠々として、海上遙かに房総の山嶺を望む。沖合で漁する小舟は昆虫が蠢くに似ており、諸国の商船が帆を張っている姿は水雲の中に鮮やかである。ここまでの文言は、台町からの眺望として記された「神奈川駅中図会」の「神奈川」の③に似ている。また、権現山の地はかつて「永正年中」に上田蔵人が城郭を構えて鎌倉の上杉氏と戦った古戦場でもある。蔵人に利はなく防戦できずに城を開いて落ちたという。このことは「権現山合戦」として

「北条五代記」に記されている。今は太平の聖代であるので、「干戈の音」は絶えて久しく「礼楽」と変じて「四海の浪風」は穏やかである。星霜を経て世は変わるが、「山」＝権現山の姿は古今変わることなく、参勤の諸侯は弓を袋に入れ「威風凛々」として道中を行くと記す。ここでは眺望の良さと太平の御代を謳歌する状況を述べている。この古戦場としての権現山については「神奈川駅中図会」にみられない内容であり、「神奈川砂子」において追加されたものである。

ここに記された「北条五代記」の内容が70「北条五代実記二ノ巻之中　武州神奈川権現山合戦ノ事」＝史料20である。

〔史料20〕

北条五代実記二ノ巻之中

武州神奈川権現山合戦ノ事

去程ニ上田蔵人入道ハ、武蔵国神奈川へ打テ出、権現山ニ城郭ヲ構へ、早雲ト合躰ス、早雲小田原ニハ子息氏綱ヲ置、我身ハ松田・大道寺以下ノ軍勢ヲ引卒シ、高麗山幷住吉ノ古城ニ楯籠ル、管領上杉憲房ハ平井ノ城ニ御座ケルカ、伊玄入道ニ被向ケル、又神奈川ノ城ヲ責落サハ、其外ハ自ラ可落、但大敵ニ国々ノ催シ勢ニテハ不可叶、上田カ主人治部少輔入道建芳ヲ為大将、神奈川へ被向、従管領為加勢、成田下総守・渋江孫治郎・藤田虎寿丸・大石源左衛門・矢野安芸入道・成田中務丞其外武州南一揆ヲ駆催シ、都合其勢二万余騎、永正七庚午七月十一日神奈川権現山ノ城郭ヲ稲麻竹葦ノ如クニ取巻、一度ニ噇ト鬨ヲ作レハ、城中ニモ鬨ヲ合セ敵味方ノ鯨波ノ声、山海震動シテ大山モ崩テ海ニ入、天地モ覆カト少時ハ止ス、抑此権現山ハ四方嶮岨ニテ岸高ク峙、南ハ海上漫々トシテ無涯、北ハ深田ニテ人馬ノ通路絶、西ニハ小山続シカ其間ヲ堀切テ山ニ続タル本覚寺ノ地蔵堂ヲ根城トシテ、越後小田原ノ加勢ヲ籠置、敵ヲ眼下ニ見下シ、究竟ノ射手矢尻ヲ揃、鼻油引テ待掛タリ、屏裏ニハ大石大木ヲ積重ネ、所々ニ偕楯ヲカキ、其陰ニ数万ノ軍勢甲ノ星ヲ耀シ、鎧ノ袖ヲ連、其外ノ兵時ニ取テ弱カラン方へ向ハント控タリ、東ノ大手ニハ大将上田蔵人カ軍勢甲ノ緒ヲシメ、矢束トヒテ押疎ケ敵遅シト待居タリ、殊ニ要害堅固ノ地ニテ縦幾万騎ノ勢ヲ以テ攻タリトモ易ク可落トハ見ヘサリケル、寄手ノ先陣成田下総守カ五百余騎逆茂木ヲ引破リ呼号テ攻入タリ、城中ヨリ神奈川ノ住人間宮彦四郎ト名乗、金銀一枚交ノ紫ノ糸ニテ威タル鎧ニ鍬形打タル兜ヲ着シ、栗毛ノ太ク逞キ駒ニ紅ノ厚房カケ黒鞍ニ銀覆輪カケタルヲ置テ打ノリ、四目結ノ笠験ヲ浜風ニ吹ナビカシ、木戸ヲ開テ切テ出ル、寄手是ヲ討取ント成田カ先陣五百余騎カ中ニ取籠テ我討取ント争フ、間宮是ヲ事トモセス、射向ノ袖ヲカサミ四尺余ノ大太刀ヲ持テ切結ビ、人馬当ルヲ幸薙伏切倒ス、其勢獅子ノ怒レル如ク也、城中ヨリ二百余人突テ出、間宮討スナト声々ニ叫デ追ツ捲ツ半時許戦ヒケルカ、成田カ五百余騎被掛立シドロニ成テ引退、寄手二陣ノ新手三百余騎息ヲモ続セス攻駆レハ、間宮是ヲ事トモセス、敵ヲ八方へ切散シ勇々然ト城中ヘコソ引入タリ、爰ニ武州稲毛ノ住人田嶌新五郎ト云者木戸釣屏ノ縄ヲ切ホドク、従城中是ヲ見テ大石十許続打ニ投出ス、田島ハ甲ノ鉢ヲ打被砕倒落ル、後ニ続兵一同ニ引退、後陣ニ控タル武州南一揆ノ者共五百余騎入替テ押掛ル、従山上敵ヲ見下シ引詰々射ケレハ廿八騎被射倒、下略

史料20によれば、永正七年(一五一〇)七月に権現山の合戦が起きている。この記述をふまえて想像して描いた挿絵が67挿絵「権現山合戦」と69挿絵「神奈川之住人　間宮彦四郎勇戦」である。

67挿絵「権現山合戦」(一二三頁下段)では石垣や三層の矢倉を持つ権現山の城が描かれている。いままさに城門が開かれ、長槍を持った城兵の集団が突撃しようとしている。攻城軍も同様に長槍の集団が城門の階段を駆け上がろうとする瞬間である。この時期の東国の城は石垣を用いていないので、江戸時代の城と戦闘のイメージにもとづいた描写

である。挿絵中には「この山の　なくなる迄ハ　はなし種　仲ノ町拾四番」という俳句と「往昔軍城地　忠臣不弁銘　郊原余古骨　野寺留精霊　松下陰雲暗　山頭鬼火青　幽魂何処在　秋月独冷々　右懐古」「北条征戦地　觳角自関東　鉄馬断青海　剣華削彩虹　千軍離乱後　百戦未曾終　烽火連山上　満城成膾風　釈玄瑞」という漢詩二首が記されている。前者の句は、「この山」＝権現山が消えて無くなるまで、権現山の合戦における間宮彦四郎の活躍は「はなしの種」＝人々の話題として語り継がれることになるというものであり、権現山が消滅することは想定しえないので、まさに未来永劫に語り継がれるという意味になろう。史料19の「星霜累り時世ハ変れ共、山古今変ず」をふまえた句である。漢詩は二首とも玄瑞の作であり、古戦場を懐古する内容である。

69挿絵「神奈川之住人　間宮彦四郎勇戦」（二三四頁上段）は、70「北条五代実記二ノ巻之中　武州神奈川権現山合戦ノ事」中の「城中ヨリ神奈川ノ住人間宮彦四郎ト名乗、金銀一枚交ノ紫ノ糸ニテ威タル鎧ニ鍬形打タル兜ヲ着シ、栗毛ノ太ク逞キ駒ニ紅ノ厚房カケ黒鞍ニ銀覆輪カケタルヲ置テ打ノリ、四目結ノ笠験ヲ浜風ニ吹ナビカシ、木戸ヲ開テ切テ出ル、寄手是ヲ討取ント成田カ先陣五百余騎カ中ニ取籠テ我討取ント争フ、間宮是ヲ事トモセス、射向ノ袖ヲカサミ四尺余ノ大太刀ヲ持テ切結ビ、人馬当ルヲ幸薙伏切倒ス、其勢獅子ノ怒レル如ク也」に依拠するもの。挿絵中に「莫勇の　けむりの跡や　草の露　仲ノ町十四番」という俳句と「鉄馬先鋒士　姓名謂間宮　関門第一勇　城外百千功　薙剣合軍卒　佩刀破虜戎　甲兵時奏凱　戦勝尽君忠　釈玄瑞」という漢詩が記されている。俳句の意味は、間宮彦四郎の勇戦の名残も煙の跡と消え、いまは草に露がかかるのみというもの。「けむり」は作者である「仲ノ町十四番」＝煙管亭喜荘の商売である煙管に掛けたものであろう。玄瑞の漢詩は間宮彦四郎の勇戦を懐古したものである。

神奈川宿において最も高い権現山を右にみながら西に向けて回り込みように東海道を進むと、青木町の瀧之町と久保町へと進む。

72挿絵「神奈川注連飾の図」(二三五頁上段)は、町並みに注連縄が飾られた神奈川宿の正月の風景を描写したもの。「神奈川駅中図会」にはみられない内容の挿絵であり、年中行事の描写・記述により神奈川宿の賑わいを具体的に表現しようとする「神奈川砂子」の編纂意図が表現された部分の一つである。対象となっている場所の記載はないが、記述の順序からみて、青木町の久保町あたりであろうか。山側の東海道の街並みを海側から俯瞰したものである。八軒ほどみえる町屋はいずれも二階建てで、その内の三軒は瓦屋根である。左端の家では客にそそぎ水を出しているので旅籠屋であろう。二階家をはるかに越える大竹の根元には門松があり、家々の軒先には注連縄が張られている。こうした正月の風景は東海道に沿った神奈川宿全体で行われたものと思われる。挿絵中に「蓬莱に　きかばや伊勢の初便り」の俳句と、冒頭に「東遊」とある「門まつは　はるの気色の　道具たて　かすみに注連を　引そめにけり　東都白妙連花雪庵」の狂歌が記されている。前者の俳句は、仙郷である蓬莱山から伊勢の初便りを聞くというもので、正月の情景を寿ぐもの。作者名は無いが、芭蕉の句である。後者の川柳は、門松は春の景色を意識させる道具であり、霞が注連(縄)を引き染めているとの内容である。「はる」は春＝正月であるとともに、新年の行事の中で人々の気が「張る」、「道具たて」の「たて」は門松を立てるとの掛け合わせであろう。作者の「東都白妙連花雪庵」は、「東都」＝江戸の狂歌連である「白妙連」のメンバーと思われる。

73挿絵「青木町裏座敷ノ図」(二三五頁下段)は、海上より青木町の海側を望んだもの。「神奈川駅中図会」における(の)「海沖漁之図」と青木町の遠望を組み合わせた内容である。海側の家々はいずれも旅籠屋あるいは茶屋と思われ、海に面してよく手入れされた庭がみえる。文字通りの「裏座敷」である。海に面した土台には石垣が組まれており、海を埋め立て整地されたことが窺われる。ほとんどの家が小舟の船着場を設けており、海の眺望を求めた宿泊客により賑わっていたことが想像される。右端の瀧の川の河口に位置する家は、74挿絵「其(青木町裏座敷ノ図)二」で近景として描かれている「羽沢屋」であろう。背後にみえる山は権現山から西へと続く丘陵である。また、沖合ではさまざまな漁猟が描写されている。画面右側には三艘の小舟がみえるが、一番右側の投網を投げる船は猟船の可能性もあるが、左側の二艘は釣り竿を垂らしており、猟師というよりは釣りを楽しむ旅籠屋・茶屋の宿泊客か神奈川宿の住民と思われる。挿絵中に「山下白雲縹緲　水遠紅樹依稀　信有桃源郷処　漁人今亦忘帰　大海」という漢詩が記されている。その風景は理想郷である「桃源」に擬すことができる素晴らしさであり、沖合で漁をする「漁人」もそれをみて陸に帰ることを忘れるほどであると称賛している。

74挿絵「其（青木町裏座敷ノ図）二」（二三六頁上段）は、73挿絵「青木町裏座敷ノ図」の右端の家を近景で表現したもの。「青木町裏座敷」の代表として描かれたのであろう。画中には「神奈川に　とひかふつるの　はねさハや　さしてそ来ぬる　松のひともと　蜀山人」と「丼りを　たゝくくゐなの　音すなり　弁当箸の　みしか夜の月」という狂歌二首が付されている。前者の狂歌は大田蜀山人の作で「はねさハや」とあることから「羽沢屋」であることがわかる。おそらく羽沢屋も喜荘と近い関係にあるのであろう。狂歌の意味は、渡り鳥である鶴が飛び交い来るように青木町の旅籠や茶屋が賑わっている情景を詠む。あわせて鶴と松を詠み込み、太平の世を寿ぐ意である。あるいは「つる」が「釣る」、「はねさハ」は釣った魚が跳ねまわる、「松」は魚がかかるまで「待つ」に、それぞれ掛けており、羽沢屋の裏座敷か沖合で興じた釣りをイメージしているのかもしれない。庭には丹念に手入れされた植栽や石灯籠、さらには鳥居を持つ小さな祠もみえる。おそらくは稲荷社であろう。座敷では海を眺めながら芸者衆を相手に遊興する客がみえる。後者の狂歌はその情景を詠んだもので、丼を弁当箸でたたいて拍子をとる音は水鶏のようであり、外には短い夜の月がみえるという文意である。石垣の上は海へ張り出すように造られており、興が進むと座敷から降りて海と月を相手に遊ぶのであろう。このように対象に接近する近景表現の挿絵は、「神奈川駅中図会」にはなく、「神奈川砂子」の特徴の一つである。

75挿絵「活ス之図」(二三六頁下段)は、15挿絵「其(神奈川方角図)二」にも描かれている青木町の沖合に設置された生簀を描いたもの。「神奈川駅中図会」では対象とされていない。73挿絵「青木町裏座敷ノ図」と74挿絵「其(青木町裏座敷ノ図)二」が、青木町沖合の海上からの視点で描かれていることに関連して、ここに配置されているのであろう。左上に「活ス之図　横六尺五寸、幅四尺寸《ママ》、深サ四尺五寸、御用ニ付、往古より青木町の海中に竹にて図のごとく□(簀カ)をこしらへ、あまた鯛を活おき、江府へ送るなり」、右上に「文政八乙酉年再び公聴し、旧例之ごとく活鯛置場之定杭建之」という文言が記されている。前者は生簀の用途を記したもので、鯛を「江府」＝江戸へ納入する「御用」に対応するため、いつでも新鮮なものが提供できるように「往古」より青木町の沖合に生簀が設置されていたとする。後者は文政七年(一八二四)の「神奈川砂子」成立後における追記と思われ、文政八年に「再び公聴」(再度、幕府へ願い出ての意味であろう)して、「旧例」のように「活鯛置場之定杭」を建てたとしている。こうした追記は他の箇所では確認できないが、喜荘が「神奈川砂子」編纂後も必要に応じて追記を加えようとしていることが窺われる。

以上、「神奈川中央」に位置する瀧の橋とその両岸に位置する神奈川町の西之町と青木町の瀧横町を中心に検討した。ここでは神奈川宿の中心部を描く59挿絵「瀧之橋・権現山」がメインの項目である。神奈川町と青木町の境界である瀧の川が、同時に繁栄する神奈川宿の中心軸であるというのが喜荘の認識であった。この範囲には、62「両御本陣」＝神奈川町西之町の石井本陣と青木町瀧之町の鈴木本陣、63「御高札」(高札場)、「神奈川中央にアリ、青木・神奈川境に掛ル、従是諸方道法を定ル」とされる64「瀧之橋」が存在している。なお、本陣についてはそれぞれ58挿絵「神奈川御本陣」と71挿絵「青木御本陣」が配置されている。

あわせて61「諏訪大明神」・65「妙湖山浄龍寺」・66「開塔山宗興寺」といった寺社の説明もある。この内、浄龍寺については同寺の由来が追加されている（史料18）。ここでは「瀧之町」「瀧横町」の町名の由来である権現山下の瀧についての記述がみられる。

特筆すべきは68「権現山」に関わる記述である。同地は「熊野権現の旧地」であり、同社の「元宮」が存在していた。「神奈川砂子」において追加された同所の説明文である史料19では、高所である地勢による景勝地であるとともに、権現山合戦の故地である旨が記されている。合戦の様子については70「北条五代実記二ノ巻之中　武州神奈川権現山合戦ノ事」（史料20）に引用されており、それにもとづき67挿絵「権現山合戦」と69挿絵「神奈川之住人　間宮彦四郎勇戦」という二枚の挿絵が所収されている。「神奈川砂子」における歴史的な考証としては最も詳細な内容となっている。

海側から旅籠街を眺めた73挿絵「青木町裏座敷ノ図」と74挿絵「其（青木町裏座敷ノ図）二」はその特徴を巧みに表現しており、海への眺望や釣りを希望する宿泊客は神奈川宿の中でも青木町の旅籠や茶屋を選んだことであろう。なお、青木町の旅籠を代表するように、74挿絵「其（青木町裏座敷ノ図）二」で夜の宴会の情景が描かれた羽沢屋は、喜荘に近い関係を想定することができよう。また、神奈川宿の正月の風景を描写した72挿絵「神奈川注連飾の図」は、同宿の賑わいを具体的に表現しようとしたものである。

六　青木町の宮之町・元町・七軒町

ここでは、青木町の宮之町・元町・七軒町を対象とする。該当する項目は76挿絵「青木町・洲崎社」～86挿絵「七軒町・本覚寺」である。

76挿絵「青木町・洲崎社」(二三七頁上段)は、青木町の「宮之町」「元町」と「洲崎社」を描く挿絵で、「神奈川駅中図会」の(は)「青木町・洲崎社之図」に対応するもの。東海道を描く挿絵としては59挿絵「瀧之橋・権現山」に続くもの。洲崎社沖合の上空から先述した二か町周辺をのぞむ構図である。中央上部右寄りに権現山が配置されており、東海道はその山裾を回り込むように進んでいる。権現山の右下の一帯が「宮之町」である。画面左側中央には東海道に面した鳥居より参道が伸びる「洲崎社」がみえる。鳥居の反対側にあたる場所には人家がなく、そのまま海に面している。数艘の小舟が着船していることから渡船場あるいは船着場であることがわかる。

この76挿絵「青木町・洲崎社」に対応する項目が77「洲崎大明神」と78「祇園牛頭天王」である。

77「洲崎大明神」は青木町にあると記されているが、厳密には青木町の宮之町に存在する。神主は吉田氏であり、別当寺の普門寺に居住しているという。同社は青木町の「産土神」であり、瀧の橋より東へ三町ばかりの距離である。例祭は六月二七日で「神輿渡御」があるという。「神奈川駅中図会」の(ハ)「洲崎大明神」にはなく、「神奈川砂子」で追加された説明文を史料21として掲げる。

〔史料21〕

夫当社鎮座の年歴旧記に所見なし、社頭神奈川一の境地也、前ハ海道にしてゆき丶の貴賤引もきらず、神徳ハ日々に新にして、詣人は陰晴を嫌ず間断なし、実神国の中の神国たるべし

史料21によれば、鎮座の年歴は「旧記」=縁起類にも記述がない。社頭は高所ではないものの、東海道を挟んで目前に内海が広がっており、「神奈川一の境地」としている。前面には東海道が通り、往来する人々は貴賤を問わず途切れることがない。同社の「神徳」は日々に新たであり、参詣する人は晴雨にかかわらず絶えることがなく、まさに「神国の中の神国」であるとしている。「神国」の「神」は「神奈川」の地名にかけたものか。

続いて78「祇園牛頭天王」は、洲崎社に相殿されており、「神奈川東の方祭神」と記されている。神主は洲崎社と同じ吉田氏である。例祭は六月一四日で「神輿渡御」がある。「神奈川駅中図会」の(ヒ)「祇園牛頭天王」においても記されているが、「神奈川砂子」における説明文を史料22として示す。

〔史料22〕

夫此神ハ荒宿上無川より出現座ス、子安村萩原氏これを勧請ス、其例として今中の町内海氏前にて、例年六月十四日船の形を作り、下より吉田氏奉幣を出し、船の上にて萩原氏是ヲ請取り、祝詞を奏し、神酒を供御し奉る、これ昔よりの先例成と云、祭は六月七日神輿六ヶ町を渡御し、九番町御旅所に十二日迄座ス、十三日ハあら宿神無川土橋の際に一日、その夜神事あり、詣人くんじゆなし、十四日又六ヶ町を渡御し、本社へ巡幸なし奉る、都て夏の末の月に素盞嗚尊を祭る事は、京都祇園会拠て委は公事根源にみえたり、素盞嗚尊ハ祇園の社、又祇園神社ト云、牛頭天王トいへるハ仏書より出たる名也、鹿島志といふ書にみへたり

史料22によれば、祭神の素盞嗚尊は、荒宿町の上無川から出現したもので、子安村の萩原氏がこれを勧請した。その例をふまえて、「中の町」＝仲之町の内海家前において、毎年六月一四日に船の形を作り、下より洲崎社の神主である吉田氏が奉幣を出し、船の上で萩原氏がこれを受け取って祝詞を奏し神酒を供御する。これが昔からの先例であるという。祭礼は六月七日に御輿が青木町の六か町（瀧之町・久保町・宮之町・元町・七軒町・下台町）を渡御した後、神奈川町の九番町の御旅所に一二日まで滞在する。一三日には御輿を出現した上無川土橋の側に一日置き、その夜に神事が執行され、参詣する人々が「ぐんじゅ」＝群集するという。一四日にまた六か町を渡御して本社へ巡幸すると記されている。「神奈川駅中図会」の記述に比べて、より詳しい内容である。

79挿絵「元町・普門寺・甚行寺」（二三七頁下段）は、76挿絵「青木町・洲崎社」に続く挿絵であり、海側より山側を

望む構図である。右側に青木町の「元町」、左側に同じく「七軒町」の文字がみえる。山側には「元町」の「普門寺」と「七軒町」の「甚行寺」「西向寺」が配置されている。この部分については「神奈川駅中図会」では独立した挿絵がみられない。

この挿絵に対応する項目が80「洲崎山普門寺」・81「真色山甚行寺」・82「青木山西向寺」になる。「神奈川駅中図会」の(フ)「洲崎山普門寺」、(ヘ)「真色山甚行寺」、(ホ)「青木山西向寺」に対応するものであり、おおむね同様な記述内容である。80「洲崎山普門寺」は真言宗で駅中金蔵院末、元町にあり、瀧の橋からは四町半ばかりの距離である。81「真色山甚行寺」は、浄土真宗で伊勢一身田専修寺末、同じく元町にあり瀧の橋より五町ばかりである。82「青木山西向寺」は、禅宗で下総国小金一月寺末、いわゆる「虚無僧寺」である。東海道から内陸へ入る「三ツ沢通」にあり、その所在地は「青木七軒町横丁三ツ沢通」と記されている。瀧の橋から六町半ばかりであった。

86挿絵「七軒町・本覚寺」(二三八頁上段)は、79挿絵「元町・普門寺・甚行寺」に続く挿絵であり、海側より山側を望む構図である。「七軒町」は「七軒町」の誤記であろう。「神奈川駅中図会」の(ひ)「本覚寺之図」に対応する挿絵である。下段に東海道が配置され、上部には権現山から西へと続く丘陵がみえる。東海道の右端には内陸へと入る「三沢道」があり、入口には石造物があるが、文字は読めない。右手中央の丘陵に「本覚寺」があり、東海道に面した山門からやや右上へと参道が上っていく。画面左端の山側には東海道に面して「陽光院」が所在している。

86挿絵「七軒町・本覚寺」に対応する項目が、83「青木山延命院本覚禅寺」と84「円明山陽光院」である。83「青木山延命院本覚禅寺」は、禅宗(曹洞宗)で小机村雲松院末、七軒町にあり、瀧の橋からの距離は六町半ばかりである。境内地にある観音堂は「小机札所」と記されている。「小机札所」は小机領三十三観音霊場のことであるが、神奈川宿内には本覚寺以外にも同霊場の札所になっている寺院(観福寺・宗興寺等)があるものの、「小机札所」の記載がみられるのは同寺のみである。また東海道に面した山門の外側には地蔵堂があり、「御夢相黒薬」を販売していたとする。「神奈川駅中図会」の(マ)「青木山本覚寺」になく、「神奈川砂子」で追加された文言を史料23として掲げる。

〔史料23〕

夫此禅刹は金駅に名高く、前にハ江海渺々として、清月禅心を照し、後ハ山嶺巍々として、啼鳥鐘声に和し、堂前の諸木は四時の花を結、此門前は即東海道にして賑わしく、駿河の清見寺もかくあらんかと疑われけり

史料23によれば、本覚寺は「金駅」＝神奈川宿に名高い景勝の地であり、前面には「江海」が渺々としてみえ、海に映える「清月」が「禅心」を照らす。背後には「山嶺」が巍々としてあり、「啼鳥」の鳴く声が鐘の音と唱和する。本堂の前にある諸木は「四時」＝春夏秋冬の花を咲かせる。門前は往来の絶えない東海道であり、この景勝を見る人々の賑わいは名所として知られる駿河国の清見寺のごとくであるとしている。

84「円明山陽光院」は、禅宗(曹洞宗)で越前国永平寺末、七軒町にあり、瀧の橋よりは九町ばかりの距離である。同寺本堂の後ろの山下には「鳩石」と呼ばれる奇岩があり、「其躰満丸にして栗色なり、黒くぶち〳〵ありて甚奇なり」と記されている。ちなみに「神奈川駅中図会」の(ム)「円明山陽光院」ではこの「鳩石」の記述はない。

以上、青木町の宮之町・元町・七軒町を検討してきた。この三か町の地形は、背後に権現山から本覚寺へ続く丘陵を控え、前面には東京湾が広がるというものであった。青木町の「産土神」である77「洲崎大明神」については追加の説明文(史料21)が、洲崎社に相殿され「神奈川東の方祭神」である78「祇園牛頭天王」についてはより詳しい説明文(史料22)が、それぞれ記されている。79挿絵「元町・普門寺・甚行寺」は、76挿絵「青木町・洲崎社」に続く挿絵であり、海側より山側を望む構図である。右側に青木町の「元町」、左側に同じく「七軒町」の文字がみえる。山側には「元町」の「普門寺」と「七軒町」の「甚行寺」「西向寺」が配置されている。この部分については「神奈川駅

中図会」では独立した挿絵がみられない。この他の社寺では83「青木山延命院本覚禅寺」の説明文（史料23）がより詳細なものとなっており、その眺望を駿河国清見寺と比較している。

七　台町から芝生村・追分へ

青木町をさらに西へと向かうと、下台町から崖上の景勝地である台町（上台町）へといたる。台町の西坂を下ると青木町の枝郷である軽井沢であり、隣村の芝生村は間近となる。対象の項目は、87挿絵「東台下・飯綱社」～98挿絵「けかち川・芝生村・浅間社」と、102「日出稲荷大明神」・103「学陽山勧行寺」・104「けかち川」である。なお、99挿絵「三沢檀林」～101「北条五代実記四ノ巻大意」は次項で検討する。

87挿絵「東台下・飯綱社」（二三八頁下段）は、86挿絵「七斬町・本覚寺」に続く挿絵である。「神奈川駅中図会」の（ふ）「一里塚・三宝寺・飯綱社之図」と（へ）「東台之図」を合わせた内容で、これも海側より山側をのぞむ構図である。権現山の下から平坦であった東海道は画面左側で台の坂を登っていく。台坂の東側にあたるこの辺りは東台下と呼ばれていた。画面右端の山側には「三宝寺」がある。ついで東海道の左右にみえる塚が「一里塚」である。その山側には東海道からの参道を持つ「金毘羅」（社）が背後の山を削平して所在する。同社の拝殿の左側をさらに登った場所に「飯綱社」が存在する。画面左下の海岸に面した場所には、海に対して直角方向に細長い六棟の瓦屋根の蔵がみえる。青木町の廻船問屋の蔵であろう。海岸には荷揚場と思われる階段状の石垣が一か所ある。挿絵中に「金川駅舎有高台　本牧晴嵐次第開　望断風煙山色外　房嶠十里破波来　右玄瑞稿」が記されている。「金川駅舎」＝神奈川宿には高名な「高台」＝台町があり、そこからは本牧の晴嵐が次第に晴れ開き、東京湾を挟んだ十里の対岸に位置する房総の山々から波が寄せ来るようだという内容である。

87挿絵「東台下・飯綱社」に対応する項目が、85「瑠璃光山三宝寺」・88「一里塚」・89「隠橋」・90「飯綱大権現」となる。85「瑠璃光山三宝寺」は浄土宗で駅中慶運寺末、東下台町にあり瀧の橋より九町半ばかりの距離である。東海道に面した山門の外側に地蔵堂と薬師堂があり、薬師堂では「黒薬」を販売していた。「神奈川駅中図会」の(メ)「瑠璃光山三宝寺」と同内容である。88「一里塚」については「東台下に有」と記されるのみで、これも「神奈川駅中図会」の(モ)「一里塚」と内容はかわらない。89「隠橋」は「神奈川砂子」で追加された項目で、「台下飯綱社門前にあり、此橋神奈川ニ名たかしといふ」とあるが、先述した挿絵に該当する描写はみられない。90「飯綱大権現」は、「神奈川駅中図会」の(ヤ)「飯綱山」に対応する項目で、東台下にあり瀧の橋からの距離は一〇町ばかり、別当は普門寺である。「金毘羅大権現」についてはこの項目で触れられており、同社の別当寺も普門寺であった。

次に92「台町」をみてみよう。「神奈川駅中図会」では(ヨ)「台」として立項されているが、内容的には短いものであった。「神奈川砂子」では内容がより詳細になっている。まず、その全文を史料24として掲げる。

〔史料24〕

台町　海岸ハ茶屋町にして、神奈川に名高き絶景也

夫此台にて遠望すれば、山水清暉を含、百里に目を極む、先東南の間にハ安房上総の峯々遙ニ眺わたし、南の方を近くみれば久良岐郡の小山続、金沢・鎌倉山に続て、遠近の連山錦々たり、前ハ戸部村・横浜・本牧十二天の森、洲乾弁天の社は出洲にして、洲浜の長サ八町斗り、小松をひ茂り、三保の松原もかくやと疑われけり、西の方にハ冨士の高根を山越に見わたし、北ハ山嶺森々たり、東は海面遙に晴て、帆かけ舟ハ浪を走り、雲に連れば、田面の雁の渡るに似たり、猟する舟は沖にちいさく長閑し、春の浪間に漁夫の業くれ、夏ハ磯辺の蛍飛、秋は初

雁の渡る影雲と水との中ニ消、冬ハ波にむれいる小夜千鳥の声すごく、嵐烈し折々は浪爰元に立ちかゝり、まろねの夢を破りけり、潮にひたす月の影は曇ぬ鏡を洗ふがごとく、海より出て海に入、誠に風景の勝地なり、公卿諸侯多く此所に駕を停、又ハ貴となく賤となく、足を躊躇して、此風色を賞し、詩を賦し、歌を詠するもあり

史料24によれば、台町は、青木町の西側にあり、海側はその名の通り断崖であった。そのため、「山水清暉を含、百里に目を極む」というほど眺望が利き、多くの茶店が並び、「茶屋町」を形成していた。その眺望は、東南に安房・上総の山々、南には久良岐郡の小山が続き金沢・鎌倉山へと続く。前面には戸部・横浜・本牧十二天・洲乾弁天がみえる。特に洲乾弁天の「出洲」については三保の松原と比較される程であるとしている。西は富士の高根を(丹沢・箱根の)山越に見、北は山嶺が続いている。東には海が広がり、晴れている時は「帆かけ舟」が浪を走り、雲は水田を雁が渡るのに似ている。また、季節ごとの景観についても、春は波間の「漁夫の業くれ」、夏は「磯辺の蛍」が飛び交い、秋には「雁の渡る影」、冬は「千鳥の声」というように四季折々の風景があり、いずれの季節においても景勝の地である。また、「潮にひたす月の影は曇ぬ鏡を洗ふがごとく」という夜の景色も格別であるとしているのは、台町の「茶屋町」が夜も多くの人々で賑わったことを窺わせる記述である。まさに「神奈川に名高き絶景」であり「風景の勝地」であった。なお、ここでの表現は「神奈川駅中図会」の「神奈川」における台町からの眺望を記した部分とほぼ同文である。

93挿絵「台町茶屋之景」(二三九頁上段)は、台町の茶屋街の内、「さくらや」を描いている。特定の茶屋を近景で描く挿絵は「神奈川駅中図会」にはなく、これも「神奈川砂子」で追加されたもの。対象とされた「さくらや」は当時、台町の茶屋街で最も有名であった茶屋であるか、喜荘との間で親しい関係が存在していたのであろう。構図はきわめて近寄った近景である。軒先の看板に「さくらや」、暖簾に「桜屋」の文字がみえる。右側には沖合で捕れた生魚を

出す小店がみえる。左側の店先には同所で休泊する富士講・大山講などの講中を示すまねき看板が上下四段、合計一七枚(最上段のみ五枚)が掛けられている。

ここには喜荘の遊びが表現されており、「煙管屋」「喜世□や」といった喜荘の商売である煙管屋や、「庄仲之町」というように喜荘の名前である庄二郎の「庄」と居住地である「仲之町」を組み合わせたものがみられる。「さくらや」と喜荘の近しい関係が想定される。店の前には左から、おそらく目的地の「さくらや」まで客を乗せてきた駕籠を地面に降ろして一息つく駕籠かきが二人、着飾った芸者衆二人、三味線を入れた箱を持って店の中へ入ろうとする女性一人、天秤棒を担ぐ行商人一人、道中差をさし右へ進みながら店の中を気にする旅人一人が描かれている。ちなみに駕籠かきの一人が煙管をくわえているのも意図的なものであろう。

94挿絵「西台之図」(二三九頁下段)は、台町の西側の坂を描き、「神奈川駅中図会」の(ほ)「西台之図」に対応する挿絵である。江戸からの進行方向では坂を下ることになる。東海道を描く挿絵としては87挿絵「東台下・飯綱社」に続くものであり、同様に海側から山側を俯瞰する構図である。右側が台町の坂の頂点であり、ここには東海道から少し上がった場所に「大日堂」がある。坂を下りきった左端に「日出稲荷」が所在する。この構図を切り返して「日出稲荷」の上空から海側と西坂を眺望しているのが95挿絵「袖ヶ浦之景」(二四〇頁上段)である。この二枚の挿絵はセットとして理解した方がよいと思われる。台町の坂の右側の海には帆を下した廻船が五艘、さらに今しがた到着したのであろうか帆を張ったままの廻船が一艘みえる。この場所は神奈川湊における廻船の停泊地である。坂を降りきって平坦となった東海道の海側には、夏季だけであろうが、海風に涼みながら憩う仮設の茶屋が設けられている。

なお、95挿絵「袖ヶ浦之景」には挿絵中に「秋望」と題される「汀煙転去尽　浦外乱斜暉　黄葉随風散　丹霞映水飛　遙天秋霧薄　古峯晩潮肥　何処語舟妓　絃声到竹扉　金水漁　掬月子」という漢詩と、「懐に　入来る帆あり

夕涼　蓼太」という俳句、冒頭に「東遊」とある「舩ならて　帆に風かけし　梅かえの　薫のつくは　誰が袖が浦三河檮衣連向柳亭」という狂歌が記されている。最初の漢詩は、塩焼きの煙と思われる「汀煙」が風により散り尽くし、夕陽は海面へ斜めに反射している。黄葉は風にしたがって散り、丹霞が海面に映る。遙かな秋天の月のもと秋霧は薄くかすみ、海岸に夜の波が寄せる。どこからか船上で妓女が弾く絃声が聞こえるという内容で、夕景から夜へ入る袖ヶ浦の景を詠んだもの。俳句は、台町下の停泊地へと一杯に帆をふくらませて廻船が入ってくる情景を詠んだもの。廻船の停泊地はまさに袖ヶ浦の袖の懐にあたり、廻船を運ぶ風が自分の懐に入ってくる夕方の涼しさを表現している。最後の狂歌は、台町下の停泊地へ入りくる船とともに、風が運んだ梅の香りは誰の袖に付くのであろうか、という内容である。名所である袖ヶ浦に掛けた句である。「東遊」とあるので、作者の「三河檮衣連向柳亭」は、江戸三河町の狂歌連である「檮衣連」のメンバーであろう。

この94挿絵「西台之図」と95挿絵「袖ヶ浦之景」という二枚の挿絵に対応する項目は、91「清水山大日堂」・97「袖ヶ浦」・102「日出稲荷大明神」である。

91「清水山大日堂」は修験の寺院で、「江府」＝江戸に居住する「梅の院」が管理している。台町にあり瀧の橋からは一二町ばかりの距離である。「神奈川駅中図会」の(ユ)「大日堂」と同内容である。

97「袖ヶ浦」についてはその全文を史料25として掲げる。

〔史料25〕

袖ヶ浦　袖が浦とも袖の浦ともいふ、海浜袖のことし、故に名とす

袖の浦ハ鎌倉にも有、又出羽国ニモ有、歌によりて是を分ツ、神奈川をいつたいに袖ヶ浦といふ、又ある人曰、台の辺斗を袖が浦といふ、いづれが是なる哉非なるや

史料25によれば、その地名の由来は海岸が服の袖のごとく屈曲していることによる。ただし、神奈川全体の呼び名か台町周辺の地名であるのかは、人によって異なるとして判断を保留する。史料25に続く本文には、①「御集　袖が浦の　花の波にも　しらざりき　いか成秋の　色に恋つゝ　順徳院」、②「家集　袖の浦に　たまらす玉の　くだけつゝ　よりても遠く　帰る波かな　定家」、③「山家　しき波に　ひとりやねなん　袖か浦　さわく湊に　よる船もなし　西行」、④「ふたたび袖が浦にとまりてよめる　おもひきや　袖か浦浪　立帰　爰に旅寝を　かさぬべしとは　烏丸亜相光広　右烏丸殿短冊、台町大江戸や某か家に有といふ、今ハいかに成しにや」、⑤「あまのきる　塩たき衣遙々と　見る目にかゝる　袖の浦波　興常」、⑥「きてみれハ　袖か浦波　沖遠く　玉より貝を　拾ふ蟹の子　延體」、⑦「夕されハ　浦ハの波の　霧ふかミ　漕行舟の　音のミそする　応富」、⑧「はてしなや　向ふ浦ハの　朝ほらけ　嶋山かけて　おくるしら浪」、⑨「詠ゆる　夕浪遠き　袖が浦　霞にきゆる　沖の釣ふね　寛吉」、⑩「浪の玉　拾はばつゝめ　袖か浦　さらひて汐の　跡を尋ねて　満房」という一〇首の和歌が記されている。

この内、①〜③の三首は「東海道名所図会」から転用され、「神奈川駅中図会」にも所収されている。④〜⑩の七首は「神奈川砂子」における追加である。この内、④の和歌は烏丸光広が神奈川宿で詠んだとされ、その短冊が台町の茶屋である大江戸屋に現存すると記すが、「今はいかに成しにや」とあるように喜荘は短冊の現物を確認できなかった。全体として、「神奈川駅中図会」の(ミ)「袖の浦」とほぼ同内容となっている。

102「日出稲荷大明神」は同所に居住する神主大久保氏によって管理され、西台下にあり、瀧の橋より一二町ばかりの地点になる。社名の由来は西台下より日の出を望めることによるのであろう。「神奈川駅中図会」の(ラ)「日出稲荷大明神」の内容と大きな違いはない。

96挿絵「軽井沢・勧行寺」(二四〇頁下段)は94挿絵「西台之図」と95挿絵「袖ヶ浦之景」に続くもので、海側より山側を望む構図であるが、94・95と比較すると対象に近寄っている。「神奈川駅中図会」では(ま)「軽井沢勤行寺之図」となっている。下部に位置する東海道の右側の端は霞によって切れている。画面中央よりやや左下に青木町の枝郷である「軽井沢」の文字がみえる。手前の海側は町並みが続くが、山側は松並木となっている。右側中央部に勤行寺が配置され、東海道から入る参道は松並木の左側にあり、画面左側より右上へと伸びる。

96挿絵「軽井沢・勤行寺」に対応する項目が103「学陽山勧行寺」である。103「学陽山勧行寺」は法華宗(日蓮宗)で越後国本成寺末、軽井沢にあり瀧の橋から一四町ばかりの距離である。「神奈川駅中図会」の(リ)「学陽山勧行寺」と同内容である。

98挿絵「けかち川・芝生村・浅間社」(二四一頁上段)は96挿絵「軽井沢・勤行寺」に続く挿絵であるが、96よりはやや遠景の表現である。画面右手には「軽井沢」の地名と勤行寺への参道が描かれており、94挿絵「西台之図」と95挿絵「袖ヶ浦之景」に続くものとも考えられる。あるいは98挿絵「けかち川・芝生村・浅間社」の構図に入れ込むのが難しいため、96挿絵「軽井沢・勤行寺」が追加されたのかもしれない。東海道筋を描く他の挿絵と同様に、海側から山側を見る視点である。青木町＝神奈川宿と芝生村との境界である「けかち川」の手前で、東海道が右へ急激に屈曲しているのは地形の関係であろう。「けかち川」を渡ると「芝生村」に入る。左側上部には「浅間社」と「人穴」が記されている。山側を望む構図であるが、94・95と比較すると対象に近寄った挿絵である。

98挿絵「けかち川・芝生村・浅間社」に対応する項目が104「けかち川」である。「けかち川」については「神奈川の駅西入口、芝生村さかいに石橋有、下流をいふ、此川神奈川の境にして、是より芝生村也、浅間社有、山腹に窟有、土人訛て冨士の人穴といふ」と記されており、同地が神奈川宿の「西入口」として芝生村との境であること、芝生村浅間社の山腹に「冨士の人穴」と呼ばれる洞窟があるとしている。この記述は「神奈川駅中図会」の(ル)「けかち川」

（レ）「冨士浅間社」（ロ）「芝生窟」をまとめた内容である。

以上、青木町の下台町・上台町・軽井沢を対象として概観した。ここでのポイントは「茶屋町にして、神奈川に名高き絶景」と記述される92「台町」であろう。その説明（史料24）は、「神奈川駅中図会」に比べて詳細なものとなっている。東西南北の方位や春夏秋冬の季節、さらには昼夜や晴雨といった時刻や天候ごとの眺望・景観を記し、「神奈川に名高き絶景」「風景の勝地」とする。93挿絵「台町茶屋之景」では、台町の茶屋街の内、「さくらや」を描いている。「さくらや」は台町の茶屋街で最も有名な茶屋であるとともに喜荘と近しい関係であったのだろう。軒先に掲げられているまねき看板には「煙管屋」「喜世□や」といった喜荘の商売である煙管屋や、「庄仲之町」というように喜荘の名前である庄二郎の「庄」と居住地である「仲之町」を組み合わせたものなどがみられる。

八　枝郷の三ツ沢・斉藤分の記載

「神奈川砂子」の記述は、一旦、東海道筋から離れて、青木町の枝郷である三ツ沢と神奈川町の枝郷である斉藤分に移る。これ以降の99挿絵「三沢檀林」～101「北条五代実記四之巻大意」と105挿絵「斉当（藤カ）分・善竜寺」～108「三沢檀林」については、「神奈川駅中図会」にはなく、「凡例」第四条に明記されているように「神奈川砂子」で追加された部分である。

99挿絵「三沢檀林」・100挿絵「其（三沢檀林）二・八幡宮」として、青木町の枝郷である三ツ沢に所在する「三沢檀林」＝豊顕寺が記述されている。99挿絵「三沢檀林」（二四一頁下段）は下部の道より中央下段に位置する「豊顕寺」への参道が伸びる。左側の下段には「赤門」と記された山門があり、門をくぐって直角に曲がったその先の中央やや右寄りに檀林の「講堂」が配置されている。左上の高台には「談合所」と「鐘楼」がみえる。「講堂」への参道の両側などには多くの家屋が建ち並んでいる。檀林の諸寮であろう。挿絵中の右下に「拾遺」と付された「世中に　嬉しき物ハ　思ふとち　花見てすくす　心なりける」の和歌と、同じく左上に「山さくら　思ふ色添ふ　霞かな」の俳句が記されている。前者の和歌は「拾遺和歌集」巻十六春雑に所収された平兼盛の作で、花見して過ごすほどこの世の嬉しいことはないとの文意である。後者の俳句は、『東海道名所図会　下巻』七〇頁に「宗長」の句として所収されており、山桜の花見を愛でた内容である。

100挿絵「其(三沢檀林)二・八幡宮」(二四二頁上段)は後述する108「三沢檀林」の中に「鎮守八幡宮　赤門の正面坂上ニ有、弁財天女　赤門の坂中程にあり」と記された、鎮守の「八幡宮」と「弁財天」の場所を描写したものである。

99挿絵「三沢檀林」・100挿絵「其(三沢檀林)二・八幡宮」に対応する項目が101「北条五代実記四之巻大意」・107「法照山豊顕寺」・108「三沢檀林」となる。101「北条五代実記四之巻大意」は、「北条五代実記四之巻」の「大意」を述べたものであり、史料26として全文を掲げる。

〔史料26〕

北条五代実記四之巻大意

扨モ武田信玄ハ駿河口へ切々出張セラル、故、小田原ニハ人数ヲ分テ駿河国ノ城々へ各加勢ニ被遣ケル故、小田原ニハ勢少ナケレハ、信玄其隙ヲ伺ヒ、今度ハ小田原勢ノ思ヒヨラザル碓氷峠ヲ越テ武州江戸ニ懸リ、人数ヲ二手ニ分テ小田原へ寄セタリ、一手ハ八王子口ヨリ町田ニカ、リ、ツク井・瀧川ノ城ヲ攻ル体ニテ道筋ヲ追捕ス、一手ハ江戸近辺テ放火スル体ニテ、品川・稲毛・縄(綱カ)嶋アタリノ民屋ヲ追捕ス、其比江戸ノ城ニハ冨永神四郎在城シケルカ、若輩ニシテ小勢也、葛西ニ遠山、本郷ニ太田、篠原山角、寺尾諏訪右馬助等在シカドモ、人数ハ駿州へ加勢シテ軍兵少ナケレハ、各在所ヲ不焼ヲ肝要トシテ、甲州勢ヲ押留テ合戦スベキヤウナシ、中畧、此時小机ノ城ニハ笠原能登守在城シケレハ、此次手ニ我城へモ寄スルカト待懸タレトモ、小机へハ不懸、片倉・神大寺ト云山ヲ直違ニカタビラト云所ニ出勢ス、此近辺蒔田ト云処ニ吉良左衛佐居住セリ、左兵衛佐ハ氏康ノ妹婿也、其比大橋山城守・北見・関加賀守ナド相具メ、小田原エ籠城シケル、御台所ハ蒔田ニ御座ス、人数モ無レハトテ、多米周防守宗長ハ其比青木ト云所ニ居住シケルカ、蒔田殿ヲ焼セテハ命生テ詮ナシトテ、栗田・藤巻ナト云同心トモヲ召連テ、蒔田ヲ守護ス、軽部豊前守折節蒔田ニ在シカハ、屋敷ノ前ナル山ニ登リ、鉄砲ヲ仕懸待ケレトモ、敵是へモ寄来ラス、下略

史料26が所収されている趣旨は「多米周防守宗長ハ其比青木ト云所ニ居住シケルカ」という一節であり、多米周防守宗長が「青木」に居住している記述を引き出すためであろう。

[107]「法照山豊顕寺」は法華宗（日蓮宗）で越後国本成寺末、「三ツ沢村」にあり瀧の橋からは西へ一五町ばかりの距離である。[108]「三沢檀林」については説明文の全文を史料27として掲げる。

〔史料27〕

抑当山ハ相州小田原の城主北条氏直臣多米周防守宗長といふ者、始は三州多米村ニ居して一宇を造営す、本顕寺と号す也、其後多米周防守青木の城主と成し時、当寺を此地へ移し、豊顕寺と改め、厥后享保年中当寺の境内を開て檀林所とす也云々、夫此仏刹は山中諸木森々たり、前にハ諸寮連綿として、常に経名の声絶ず、松の風静に香煙梅に争ひ、幽鳥雲を帯て仏堂を巡る、誠に典麗真眇にして、諺に云、建長寺の庭を鳥掃木にて掃とハ清潔たるの譬、此あたりの事成べし、春の末ハ桜繁茂し、弥生の花盛にハ春色に乗し、貴となく賤となく爰宴し、江府の飛鳥山・上野・御殿山にも異ならす、雲と見れば雪と散、花の香四方に薫りて、酒を進めたり

史料27によれば、豊顕寺は小田原北条氏の家臣である多米周防守宗長が青木城主となった際に故郷の三河国多米村の本顕寺を三ツ沢へ移転して寺号を豊顕寺と改めた。その後、享保年中に境内に「檀林所」が設置されたとする。春の末には桜が繁茂し、花見の名所として江戸の飛鳥山・上野・(品川の)御殿山にも匹敵するとしている。

105挿絵「斉当(藤カ)分・善竜寺」(二四二頁下段)は、神奈川町の枝郷である斉藤分の善龍寺を描いたもの。下部の「溜池」のほとりに位置する「善竜寺」が描かれている。この挿絵に対応する項目が106「宿遠山善竜寺」である。「宿遠山善竜寺」は浄土真宗で京西本願寺末、神奈川町枝郷の「斉当分村」(斉藤分)にあり、瀧の橋からは「亥の方」＝北西北の方角へ八町ばかりの距離である。

以上、99挿絵「三沢檀林」～101「北条五代実記四之巻大意」と105挿絵「斉当(藤カ)分・善竜寺」～108「三沢檀林」においては、青木町枝郷の三ツ沢と神奈川町枝郷の斉藤分を対象としている。三ツ沢には108「三沢檀林」＝107「法照山豊顕寺」があり、説明文(史料27)によれば「江府の飛鳥山・上野・御殿山」に匹敵する桜の名所とされている。また、101「北条五代実記四之巻大意」により歴史的考証を加えている。一方、斉藤分には、106「宿遠山善竜寺」が存在している。この三ツ沢・斉藤分の記述を加えることにより、神奈川宿を構成する神奈川町・青木町の全域とそこに所在する全ての寺社を所収したことになる。

まとめ

以上、「神奈川砂子」における項目の内、本文にあたる16挿絵「観福寺」～108「三沢檀林」について、八つに区分して概観した。

第一の部分では、並木町の観福寺を対象とする16挿絵「観福寺」と17「護国山浦嶌院観福寿寺」について検討した。神奈川宿の東の入口にあたる神奈川町の並木町に位置し、江戸からの行程で神奈川宿最初の名所旧跡となる観福寺について、一定の分量が割かれていることは、「神奈川駅中図会」と同様である。大山・富士の遠望が16挿絵「観福寺」に描写され、説明文にも記述されているように、挿絵と説明文の表現が対応するように内容が設定されている。これは原則として他の項目についても同じである。また、喜荘は浦島伝説とそれをふまえた「本尊浦嶌観世音」に対する信仰面と、近江八景に匹敵する景勝地という二つの特徴を述べている。

第二の部分では、観福寺以外の並木町とそれに連続する新町・荒宿町に該当する18挿絵「並木町・新町・長延寺」～33挿絵「東光寺・妙仙寺・仲木戸横町」について検討した。20「七塚」が新たに立項されるとともに、「或人」の説として紹介された「真田家臣討死の塚」という理解が史実的に該当しない旨を考証している。また、24「海運山満願院能満寺」・25「神明宮」・31「平尾山東光寺」では、新たに該当寺社の縁起・由来に関する説明文が追加され、より豊かな情報が記述されている。「神奈川砂子」編纂に伴う喜荘による新たな調査の成果と思われる。

第三の部分では、神奈川町の本町の四か町に含まれる十番町・九番町と、両町よりも海側に位置する小伝馬町・猟師町の部分について検討した。34挿絵「金蔵院・熊野社・御殿跡」では、金蔵院と神奈川町の鎮守である熊野神社、さらには神奈川御殿の礎石を描いている。35「神境山金蔵院東曼陀羅寺」では堀河天皇の「勅願」と歴代武家将軍の「祈願」による「真言の古刹」「霊場」である旨の説明文(史料12)が追加されている。36「熊野三社大権現」においてもその由来に関わる説明文(史料13)が追加されるとともに、六月一八日の例祭時における神輿渡御を描く46挿絵「同神輿渡御」とその前夜の「夜宮」を描く45挿絵「熊野社夜宮祭礼」が所収されており、夜の景と昼の景を対比させつつ熊野神社祭礼時における賑わいを描いている。44「御守殿跡」では徳川家康・秀忠・家光という歴代の大御所や将軍が休泊した神奈川御殿の由来を記している。ここまでが十番町と九番町を対象とする部分である。

ついで、この両町より海側に位置する小伝馬町と猟師町を対象とする記述となる。ここでのポイントは38挿絵「海浜漁場」・42「漁場」・39挿絵「神奈川名産之図」であり、神奈川へ荷揚げされる魚介類とそれを扱う市場の賑やかさを表現している。また、41挿絵「神奈川夜之景」・47挿絵「十番町の景」・48挿絵「駅問屋」では、東海道に沿った十番町・九番町の賑わいを描き出している。特に47挿絵「十番町の景」は、第一章で扱った「神奈川駅中図会」の所蔵家である「あめ七」(矢島家)を題材としており、同家が煙管亭喜荘の後援者であったことが想定される。このように十番町・九番町と小伝馬町・猟師町を対象とする34挿絵「金蔵院・熊野社・御殿跡」〜48挿絵「駅問屋」では、35「神境山金蔵院東曼陀羅寺」と36「熊野三社大権現」においてその由来を示す記述を追加し、祭礼・町並みや魚市場を挿絵で描写して神奈川町の賑わいを表現している。

第四の部分では、神奈川町の本町の四か町の内、仲之町と、東海道より内陸に位置する御殿町・二ツ谷町・飯田町について検討した。ここでは、50挿絵「仲之町・御殿町」、52挿絵「飯田町・成仏寺」、56挿絵「二ツ谷・慶運寺」という三枚の挿絵によりそれぞれの町を概観している。なかでも50挿絵「仲之町・御殿町」における御殿番屋敷の所在、55「正覚山法雨院成仏寺」と57「吉祥山茅草院慶運寺」にみられる飯田町の成仏寺と二ツ谷町の慶運寺が中心的な内容である。成仏寺と慶運寺については由来に関わる説明文(史料16・17)が追加されている。成仏寺については、この他に53挿絵「千貫松・浪石」と54挿絵「(禁制)」の挿絵と、同寺所蔵の禁制(史料15)と豊臣家奉行衆宛豊臣秀吉朱印状(史料16)も紹介するなど、他寺とは異なる力の入れようである。成仏寺の中興開山である本誉上人の出身が、51挿絵「仲之町の景」の題材とされた「しらはたや」(白幡屋)＝岩崎家の出身であるので意図的な事柄であろう。「しらはたや」(白幡屋)＝岩崎家も、先述した「あめ七」(矢島家)同様に喜荘の後援者であったと思われる。

第五の部分では、「神奈川中央」に位置する瀧の橋とその両岸に位置する神奈川町の西之町と青木町の瀧横町・瀧之町・久保町を中心に検討した。ここでは神奈川宿の中心部を描く59挿絵「瀧之橋・権現山」がメインの項目である。神奈川町と青木町の境界である瀧の川が、同時に繁栄する神奈川宿の中心軸であるというのが喜荘の認識であった。この範囲には、62「両御本陣」＝神奈川町西之町の石井本陣と青木町瀧之町の鈴木本陣、63「御高札」(高札場)、「神奈川中央にアリ、青木・神奈川境に掛ル、従是諸方道法を定ル」とされる64「瀧之橋」が存在している。本陣については58挿絵「神奈川御本陣」と71挿絵「青木御本陣」が配置されている。あわせて61「諏訪大明神」・65「妙湖山浄龍寺」・66「開塔山宗興寺」といった寺社の説明もある。この内、浄龍寺については由来が追加されている(史料18)。ここでは「瀧之町」「瀧横町」の町名の由来である権現山下の瀧についての記述もみられる。

特筆すべきは68「権現山」に関わる記述である。同地は「熊野権現の旧地」であり、同社の「元宮」が存在していた。「神奈川砂子」で追加された説明文である史料19では、高所である地勢による景勝地であるとともに、権現山合戦の故地である旨が記されている。合戦の様子について70「北条五代実記二ノ巻之中　武州神奈川権現山合戦ノ事」(史料20)に引用されており、それにもとづき67挿絵「権現山合戦」と69挿絵「神奈川之住人　間宮彦四郎勇戦」の挿絵が所収されている。「神奈川砂子」における歴史的な考証としては最も詳細な内容である。海側から旅籠街を眺めた73挿絵「青木町裏座敷ノ図」と74挿絵「其(青木町裏座敷ノ図)二」からは、海への眺望や釣りを希望する宿泊客が青木町の旅籠・茶屋を選択したことが想定される。青木町の旅籠を代表するように74挿絵「其(青木町裏座敷ノ図)二」で夜の宴会の情景が描かれた羽沢屋は、喜荘に近い関係を想定することができよう。神奈川宿の正月の風景を描写した72挿絵「神奈川注連飾の図」は、同宿の賑わいを具体的に表現したものである。

第六の部分では、青木町の宮之町・元町・七軒町を検討した。この三か町の地形は、背後に権現山から本覚寺へ続く丘陵を控え、前面には東京湾が広がっている。青木町の「産土神」である77「洲崎大明神」については追加の説明文（史料21）が、洲崎社に相殿され「神奈川東の方祭神」である78「祇園牛頭天王」についてはより詳しい説明文（史料22）が記されている。79挿絵「元町・普門寺・甚行寺」は、76挿絵「青木町・洲崎社」に続く挿絵であり、海側より山側を望む構図である。右側に青木町の「元町」、左側に同じく「七軒町」の文字がみえる。山側には「元町」の「普門寺」と「七軒町」の「甚行寺」「西向寺」が配置されている。この部分については「神奈川駅中図会」では独立した挿絵がみられない。この他の社寺では83「青木山延命院本覚禅寺」の説明文（史料23）がより詳細なものとなっており、その眺望は駿河国清見寺と比較されている。

第七の部分では、青木町の下台町・上台町・軽井沢を対象として検討した。ここでのポイントは「茶屋町にして神奈川に名高き絶景」と記述される92「台町」である。その説明文（史料24）は、「神奈川駅中図会」に比べて詳細なものとなっている。東西南北の方位や春夏秋冬の季節、昼夜や晴雨といった時刻や天候ごとの眺望・景観を記し、「神奈川に名高き絶景」「風景の勝地」とする。93挿絵「台町茶屋之景」では、台町の茶屋街の内、「さくらや」を描く。当時、茶屋街の中で最も知られていたか、喜荘との間で近しい関係であったのであろう。軒先に掲げられているまねき看板には「煙管屋」「喜世□や」といった喜荘の商売である煙管屋や、「庄仲之町」というように喜荘の名前である庄二郎の「庄」と居住地である「仲之町」を組み合わせたものなどがみられる。

第八の部分では、99挿絵「三沢檀林」〜101「北条五代実記四之巻大意」と105挿絵「斉当（藤カ）分・善竜寺」〜108「三沢檀林」においては、青木町・神奈川町の枝郷である三ツ沢と斉藤分を対象としている。三ツ沢には108「三沢檀林」＝107「法照山豊顕寺」があり、説明文（史料27）によれば「江府の飛鳥山・上野・御殿山」に匹敵する桜の名所とされている。また、101「北条五代実記四之巻大意」により歴史的考証を加えている。一方、斉藤分には、106「宿遠山善竜寺」が存在している。この三ツ沢・斉藤分の記述を加えることにより、神奈川宿を構成する神奈川町・青木町の全域とそこに所在する全ての寺社が所収されたことになる。

以上、第一の部分から第八の部分の検討から、いくつかの事柄が指摘できる。まず、確認したいのは、神奈川宿内の項目である16挿絵「観福寺」〜108「三沢檀林」においても、挿絵と説明文が一体的に構成されており、「東海道名所図会」と同様に通常の名所図会の形式・体裁となっている。ついで、対象とする項目についても第八の部分に三ツ沢・斉藤分を所収することにより、行政体としての神奈川町と青木町の全域を記述対象としている。これをふまえる形で、挿絵のみであるとはいえ隣村の子安村や芝生村・保土ヶ谷宿を、記述対象とする空間的広がりを持たせることが可能となった。また、記述の内容面でも、「神奈川駅中図会」と比較して、項目自体の増加と説明文の増補・追加が行われ充実化が図られている。特に注目したいのは、神奈川宿の日常生活や祭礼・正月といった年中行事を対象とした挿絵を入れ込むことによって、文字情報だけでは表現しづらい賑わいのありようを意識的に描写しようとする喜荘の意図が垣間見えることである。この点については挿絵の内容を検討する第七節であらためて触れることにしたい。

第六節　本文の付論と後付

第五節では、「神奈川砂子」本文の内、各論ともいうべき16挿絵「観福寺」〜108「三沢檀林」について検討した。これを受けて、第六節では、本文の付論と後付について検討する。検討にあたっては、付論である109挿絵「芝生村追分・程谷入口」と110「神奈川名産」〜112「四水の名泉」、後付である113「東都の淮南堂先生、予か一筆の細図を見て」と114「乍憚口上を以奉中上候」・115「跋」の、四つに分けて分析する。あわせて、本文全体の成立時期についても考えてみたい。

一　付論(一)—挿絵「芝生村追分・程谷入口」—

「神奈川砂子」の付論の内、まず、109挿絵「芝生村追分・程谷入口」(二四三頁上段)からみていく。

東海道筋から離れた豊顕寺と善竜寺を記した後、「神奈川砂子」の記述は東海道筋へと戻り、最後の挿絵である109挿絵「芝生村追分・程谷入口」が配置されている。「凡例」第四条の「左右の隣村子安村・入川・新宿・芝生村追分ハ、駅中に連隣村なれば図斗りあらハす」の一節に対応する挿絵であり、「図斗りあらハす」とあるように説明文はない。東海道筋の挿絵としては98挿絵「けかち川・芝生村・浅間社」に続くものであるが、この間における芝生村の東海道の描写は描かれておらず、東海道沿いの描写としては連続していない。構図は海側から山側の視点であり、下部を左右に伸びる東海道の右端近くには、東海道と帷子川に沿って伸びる相州道との分岐点である「追分」がみえる。左端には保土ヶ谷宿の江戸方見附の塚がみえ「程谷入口」と記されている。この「追分」と「程谷入口」の間の東海道は松並木となっている。

画中には「神奈川の　駅ろの鈴の　音さえて　行うま路も　追分の里　琴通舎」という琴通舎英賀の狂歌が添えられている。神奈川の駅路の鈴の音が冴えて、東海道を西へと赴く旅も気がつけば、はや神奈川宿を過ぎ、芝生村の西の外れである「追分」に到着して、保土ヶ谷宿の江戸方見附も近づいているとの文意である。「追分」(おいわけ)は、分岐点であると同時に、「終わり」に掛けた文言。「神奈川の　駅ろの鈴」は「神奈川砂子」のことであり、「うま路」は同書の内容を指す。その「鈴の音」が冴えるとは「神奈川砂子」の内容を褒めているのであろう。興味深く読み進めているうちに、いつのまにか同書の終わりである「追分の里」に差し掛かってしまったという意味合いである。

なお、この狂歌の末尾は「追分の里」となっており、「神奈川砂子」最初の挿絵である7挿絵「生麦松原・子安一里塚」に所収されている「旅かこの　さか手もいまた　にえきらて　えましのたらぬ　生麦の里」の末尾の「生麦の里」と対応関係にある。7挿絵「生麦松原・子安一里塚」にはその表題にもあるように、生麦村西側の東海道に位置する「生麦松原」が存在する。一方、109挿絵「芝生村追分・程谷入口」では、「追分」から保土ヶ谷宿の江戸方見附である「程谷入口」までの東海道は松並木の情景である。両者の間にあたる子安村・神奈川宿・芝生村の東海道は、それに描く挿絵からも分かるようにおおむね家並みが連なる街村を形成しており、「生麦の里」「追分の里」と詠んだ英賀の狂歌二首はともに街村が途切れている箇所になり、英賀は街村が途切れた情景を「里」として表現したと考えられる。二つの「里」の間には、「神奈川砂子」の主題である神奈川宿が存在する。プロローグとしての「生麦の里」、エピローグとしての「追分の里」という意識が英賀にあったことになろう。

このように東から西への方角で神奈川宿と隣接地域を記述する「神奈川砂子」の構成とその内容を、一つの道中になぞらえれば、その旅の始まりと終わりにあたる本文の冒頭と最後の挿絵に琴通舎英賀の狂歌が対応関係で配置されているのは、「旅かご」＝旅駕籠と「うま路」＝馬路という文言の対比を含めて、意識的な事柄であると考えられる。おそらくこの二つを含め、「神奈川砂子」所収の挿絵に詩歌類を挿入したい喜荘からの依頼を受けて、琴通舎英賀が実際に「神奈川砂子」の本文と挿絵を通覧した上で詠んだ狂歌を喜荘が「神奈川砂子」の挿絵に所収したのであろう。なかでも最初と最後に挿絵に英賀の句を対応的に配置していることは、喜荘と英賀の近い関係を示すものと思われる。

二　付論(二)―神奈川宿の名産品・名所の補足―

東海道の道筋に沿うように、神奈川宿の内容を挿絵と説明文で説明してきた喜荘であるが、「神奈川砂子」の本文はさらに110「神奈川名産」・111「黒薬」・112「四水の名泉」と続く。神奈川宿の名産品・名所を補足する内容である。110「神奈川名産」は、「神奈川名産　数品有といへども有増を爰に記す」として、「生魚　鯛　鮃　鮹　車海老　烏賊　鰺　蟹　生海鼠　鰒　鯒　鮗　鰯」といった魚介類を列挙する。この部分は、39挿絵「神奈川名産之図」の「神奈川名産生魚数品有といへとも、筆墨につくしかたく」に対応する内容である。ついで111「黒薬」では「黒薬　本覚寺　宗興寺　能満寺　三宝寺　此四ヶ寺より出す」と記している。「黒薬」については、各寺の項目中に記載されているが、本覚寺のみが地蔵堂における販売であり、残りの三か寺は薬師如来をまつる薬師堂における販売である。いずれも寺の境内ではなく、東海道に面した場所に所在する諸堂での販売であり、道中往来の人々を目当てにしたものか。

ちなみに三井文庫本では[110]「神奈川名産」と[111]「黒薬」に対応する記述は史料28のようになっている。

〔史料28〕

神奈川名産　数品有といへとも先有増を爰に記す

黒薬　本覚寺　能満寺　此四ヶ寺ヨリ出ル
宗興寺　三宝寺

生魚　車海老　鮃　鰒　鯒　鯆　生海鼠　鯵
蟹　鮹　水魚　烏賊　石斑魚　藻魚　鰯

中興名品　亀甲煎餅　元祖　青木町　若菜屋

史料28によれば、三井文庫本では「神奈川名産」として「生魚」「黒薬」と「中興名品」＝「亀甲煎餅」の三項目をあげており、「黒薬」と「生魚」の順序が異なるものの、こちらの方が文意が通る。亀甲煎餅については武相叢書本・三井文庫本のいずれにおいても本文中に記載は無く、後に追加された文言とも思える。あるいは「中興名品」とあるように、文政七年ないし同八年の頃に一時期、生産・販売が途絶えていたものを青木町の若菜屋が復興したのであろうか。

[112]「四水の名泉」については史料29として掲げる。

〔史料29〕

四水の名泉　宗興寺の井戸　成仏寺の井戸　久保町の井戸

台の清水井　台の清水ハ此ほとりの名水にして、炎暑の時ハ旅行の舌を潤なり、四時浮□として湧出し、清冷

甘味なり

あわせて三井文庫本の記載を史料30として掲げておく。

〔史料30〕

四ツ之名泉　宗興寺ノ井戸　成仏寺ノ井戸　久保町井戸

台ノ清水井　台の清水ハ此ほとりの名水にして、炎暑の時ハ旅行の舌を潤なり、四時浮□として湧出し、清冷甘味なり、京師賀茂川ノ名泉ニ外ニ四度ノ相違といふ、御上洛之節御上りの水ト云伝ふ

史料29と史料30によれば、神奈川宿における四か所の「名泉」は、宗興寺の井戸、成仏寺の井戸、久保町の井戸、台の清水井の四か所とされる。特に台の清水井については説明が加えられており、「炎暑」の時には旅人の舌を潤すと記されている。また、史料30では徳川将軍の上洛の節に飲まれたという口承を伝えている。

ここまでが「神奈川砂子」の本文である。3「凡例」〜112「四水の名泉」という本文の構成を叙述し終えた後に、文政七年(一八二四)夏の日付を持つ煙管亭喜荘の2「序」が執筆されたことになろう。

三　「東都の淮南堂先生、予か一筆の細図を見て」をめぐって

次に「神奈川砂子」の後付の内、113「東都の淮南堂先生、予か一筆の細図を見て」を検討する。

前項末尾で確認したように、文政七年(一八二四)夏までには2「序」〜112「四水の名泉」という「神奈川砂子」本文は成立しており、これをふまえて煙管亭喜荘は飯田徐風への序文執筆を依頼したものと思われる。徐風による1「金川砂子序」は文政七年八月二五日の日付となっているので、遅くとも同年八月には執筆が依頼されていたことに

なろう。

113「東都の淮南堂先生、予か一筆の細図を見て」は、「神奈川砂子」を作成した喜荘が「東都の淮南堂先生」へ同書を贈った経緯と、「淮南堂先生」の返事である「きせるより　筆をとりては　慰に　かくかな川の　里の名所　松月」という狂歌を所収したもの。おそらくは徐風への序文依頼と同時期における往返であろう。ここからは喜荘が「東都」＝江戸の「淮南堂先生」「松月」の弟子筋にあたり、喜荘が「予か一筆の細図」＝「神奈川砂子」を「淮南堂先生」「松月」に贈ったところ、前述の狂歌を返事として与えられたことになる。この「淮南堂先生」について、石井氏は「淮南堂松月は喜荘の画の師匠でであったものか」と述べ、喜荘の絵画の師匠であろうとしている。先述の狂歌における「筆をとりては」の「筆」を挿絵・絵画と解したのであろう。しかし、これは誤りと思われ、「筆」とは挿絵と文章をあわせた「神奈川砂子」全体として理解すべきである。

「淮南堂」とは、大田蜀山人とともに江戸狂歌の作者として著名な朱楽菅江の号の一つであり、同時に朱楽菅江を中心として結成された狂歌の結社＝狂歌連を意味する。「神奈川砂子」の編纂に対して「淮南堂先生」＝「松月」よりの返事として狂歌一首が与えられ、なおかつ喜荘がその狂歌を「神奈川砂子」中に所収していることは、煙管亭喜荘が狂歌連である「淮南堂」の弟子筋として江戸狂歌の流れを組む人物であるということになる。煙管亭喜荘という名称も狂歌を読む際の雅号であろう。しかし、朱楽菅江は寛政一二年（一八〇〇）に没しているので、喜荘が文政七年（一八二四）編纂の「神奈川砂子」を献呈した「淮南堂先生」は、菅江ではなく、その後継者である。しかし、「松月」という号を持つ狂歌作者は管見の限り見出すことはできず、「松月」という号を前提とする限り、これ以上の検討はできない。

ここで注目したいのは、株式会社思文閣のホームページ上で公開されている「美術人名辞典」において立項されている「松風台停々」という人物である。このホームページでは「松風台停々」について「鶴立。訓和亭。姓大塚氏。菅江側判者として文々舎の兄、師菅江より淮南堂の号を預かり、後眉住に譲る。文化頃（一八〇四～一八一八）の人」と記されている。すなわち、師である朱楽菅江の死後、「松風台停々」が「淮南堂」の号を預かり、後にその号を二世となる（桂）眉住に譲ったという内容である。また、斎藤月岑著・金子光晴校訂『増補武江年表2』（東洋文庫、平凡社）の「文化年間記事」には「此の時代名家」として「儒家」「詩」「書」と並んで「狂歌」の項目があり、「真顔、蜀山人、六樹園（飯盛）、文々舎（蟹子丸）、三陀羅法師、千首楼堅丸、鈍々亭和樽、琴通舎英賀」の名があげられている。さらにこれをふまえた喜多村筠庭の増補文では「筠庭云く、文々舎は松風台停々が弟なり、月次会を立てたるは松風台なり。其の時文々舎は補助なるのみ、且つこれらは数ふるに足らぬ類なり」と記している。

　こうした記述からは朱楽菅江の死後、淮南堂の「月次会」の運営が松風台停々によって行われていたということになろう。問題は「神奈川砂子」においては「きせるより　筆をとりては　慰に　かくかな川の　里の名所」という狂歌の作者が「松月」とされていることであるが、「月」と「風」の草書体は酷似しているので、平田家本と三井文庫本が伝写される過程で「風」が「月」に誤写された可能性も想定はできる。この推定が正しければ、前述の狂歌の作者は「松月」ではなく、「淮南堂」を実質的に預かっていた「松風」＝「松風台停々」ということになる。

「松月」と「松風」に関する推論の是非はともかく、「神奈川砂子」の編纂者である喜荘は煙管亭喜荘という号を持ち、朱楽菅江によって創始された「淮南堂」という江戸の狂歌連の流れに属し、狂歌の読詠と解釈を行う一定度の教養と人脈・ネットワークを持つ人物であることは確認できよう。武相叢書本「神奈川砂子」の挿絵中に多数の狂歌が掲載されているのはある意味当然ということになろうか。

　返書としての狂歌「きせるより　筆をとりては　慰に　かくかな川の　里の名所」の内容は、煙管商として商売をするよりも「筆」の慰みとして神奈川宿の「名所」図会＝「神奈川砂子」を執筆している方が〔喜荘の〕性に合っているという意味である。ここではこの狂歌の内、「かな川」という地名表記と「かな川の里」という文言の二つに着目してみたい。

まず、「かな川」という地名表記は、「神奈川砂子」において「神奈川」「金川」と漢字で表記されている地名を、意識的に「かな」の部分を平仮名で表したもの。「かながわ」の「かな」に「仮名」という意味合いを込めて詠んだのであろう。狂歌冒頭の「きせるより」を漢字の「煙管」ではなく平仮名の「きせる」で表示していることも、「かな」川＝「仮名」川をふまえた表記と思われる。「淮南堂先生」（松風あるいは松月）がこの「かな川」の表記を選択したのは、「神奈川砂子」中の13「神奈川」の項目におけるBとCの内容をふまえたものと思われる。すなわちBによれば日本武尊により「金川」という地名が、Cでは源頼朝により「神奈川」の地名が、それぞれ命名されている。ともに漢字による表記地名であるため、「淮南堂先生」はあえて漢字表記の地名を避け、「かな」を「仮名」と解して「かな川」と表記したと思われる。

次に「かな川の里」という文言であるが、これは「神奈川砂子」本文最初の挿絵である7「生麦松原・子安一里塚」に記された「旅かこの　さか手もいまた　にえきらて　えましのたらぬ　生麦の里」という琴通舎英賀の狂歌の末尾＝「生麦の里」と、同じく本文最後の挿絵である109「芝生村追分・程谷入口」の「神奈川の　駅ろの鈴の　音さえて　行うま路も　追分の里」という同人の狂歌の末尾＝「追分の里」とに対応させたものと思われる。とはいえ英賀の狂歌二首は神奈川宿を中心とする東海道の家並みが途切れている地点を「里」と詠んだのであり、「神奈川砂子」の主題で町場として繁栄する神奈川宿を同様な基準で「里」と表現するのではやや芸がないように感じられる。「淮南堂先生」が居住する都市江戸との比較で神奈川宿を「里」と表現したとも考えられるが、それでは「神奈川砂子」

の編纂自体を低く評価することになり、返歌としての意味がない。おそらくは吉原を「北里」と呼ぶことをふまえた「里」文言の使用であろうか。英賀が用いた「里」＝田舎の意味ではなく、「北里」＝都会としての「里」を用いることで趣向を凝らしたのであろう。あるいは返歌中の「きせる」「筆」「慰」等の語にも隠語的な内容が含まれているのかもしれない。

以上、113「東都の淮南堂先生、予か一筆の細図を見て」の検討からは、煙管亭喜荘が江戸の狂歌連である「淮南堂」の流れを組む狂歌師であり、師匠筋にあたる「淮南堂先生」（松風あるいは松月）へ「予か一筆の細図」＝「神奈川砂子」を贈ったことと、「淮南堂先生」が同書を一定度読んだ上で返歌をしていることが確認できる。この間に関する経緯は記されていないので明確にしえないが、「淮南堂先生」へ贈られた「神奈川砂子」は2「序」〜112「四水の名泉」が完成した段階のものと思われる。喜荘の意向としては「淮南堂先生」による序文か跋文の執筆を期待したのかもしれない。また、「里」文言をめぐる英賀と「淮南堂先生」の狂歌からは、英賀の狂歌をふまえて「淮南堂先生」の狂歌が作成されたと推定される。挿絵中に挿入された詩歌類は「淮南堂先生」へ送られる段階ですでに記述されていたことになろう。

四　喜荘の挨拶文―「乍憚口上を以奉申上候」―

次に114「乍憚口上を以奉申上候」を取り上げる。

114「乍憚口上を以奉申上候」は、「神奈川砂子」末尾における喜荘の挨拶文である。全文を史料31として掲載する。

〔史料31〕

乍憚口上を以奉申上候

皆々様益御機嫌克被遊御座、奉恐悦候、随而私義於御当所ニきせる商売仕候処、以御贔屓日増繁昌仕難有仕合奉存候、猶又煙管一色沢山仕入大安売仕候間、多少ニ不限御用向被仰附候様偏奉願上候、以上

神奈川仲之町　煙管屋庄次郎

一見してわかるように、史料31の「乍憚口上を以奉申上候」は煙管亭喜荘による煙管商売の広告文である。ここでは「皆々様益御機嫌克く御座遊ばされ恐悦奉り候」と冒頭に挨拶をした後、「私義」＝喜荘が「御当所」＝神奈川宿において「きせる商売」をしていると述べる。ご贔屓によって日増しに繁昌していることは有りがたいことであり、なおまた煙管一色をたくさん仕入れて大安売りをするので、多少に限らず「御用向」＝注文を頂けるようお願いしている。下部には正装してお辞儀の挨拶をする喜荘の人物画が描かれている。面を下げているため顔は見えないが、頭髪は黒く、少なくとも老年ではないことが想像される。

五　桂荊閑逸による「跋」

115「跋」は桂荊閑逸による跋文であり、これも史料32として全文を掲載する。

なお、桂荊閑逸は、「神奈川砂子」の47挿絵「十番町の景」の挿絵中に「水や空　夕虹かけて　鯵の照　桂荊閑逸」という俳句を寄せている人物であり、喜荘と交友関係を持つ神奈川宿の文人と思われる。石野瑛氏の「金川砂子に就て」では「跋を書いて居る桂荊閑逸と云ふのは雅名であらう。今のところ此の人のことも明かでない」と述べている。石井光太郎氏の「解題」では、「閑逸は俳人で「かな川集」（弘化元年刊）に古人としてあげられているから神奈川連中

の先輩であったものか」と述べており、神奈川宿在住の文人であったことがわかる。

〔史料32〕

跋

煙管亭喜荘のぬし、とし頃此駅に行かふいとまなみに、大路のさまはいふもさらなり、神社仏閣名所地名商家旅店のさま迄もいと念頃に尋ね求て、自ら図会をあらハし、神祀釈会の故実迄こまやかに挙て一冊子とハなしぬ、居なからに此駅を細見するも、喜荘あるしの筆まめによりて、四時の寂莫を忘るゝ、二道にハ風流の導はかたるに似たり、序文に委しく求挙て聞ゆれハ、爰に筆数も労セす白紙のはしも明置んも、諺にいふ仏作りて魂なきに似たれはとて、煙管ぬしか求にまかセ、跋を乞、いなめともゆるさす、なんぞハ古るき手におはにしもあれハ、辞ますして作者の望にまかせて、桂荊散人とみに筆も添る故有之しかり

文政八乙酉睦月即述

桂荊閑逸書

史料32によれば、煙管亭喜荘が年来神奈川駅を往来する間に、「大路」＝東海道だけでなく、神奈川宿の神社・仏閣・名所・商家・旅店の様子をねんごろに尋ね、「図会」＝「神奈川砂子」を編纂した。「神祀釈会」＝神社・仏閣の故実まで細やかにあげて一冊としている。その結果、いながらにして「此駅」＝神奈川宿を「細見」することができるのも、喜荘の「筆まめ」によるものであり、そのおかげで「四時の寂莫」を忘れることもできる。跋文の執筆を依頼されたものの、記すべき事柄は飯田徐風の「序文」に尽くされており、むしろ「白紙のはし」は明け置いた方が良いと述べたところ、諺にいう「仏作りて魂なき」に似ているという喜荘の要請に任せて跋文を記すとしている。

桂荊閑逸の跋文において、「神奈川砂子」編纂に関する新たな情報の記述はないが、「序文に委しく求挙て聞ゆれ

ハ」として必要な事柄は飯田徐風の序文によって語り尽くされており、あえて別に跋文を記述する必要はないであろうとする桂荊閑逸の意見に対して、「仏作りて魂なきに似た」りという諺を引きながら、喜荘が跋文の作成を要請していることが知られる。「神奈川砂子」を完成させるためには跋文が必要であるという喜荘の考えがわかる。あわせて「神社仏閣名所地名商家旅店のさま」や「神祀釈会の故実」を細やかに叙述している等、神奈川宿に居住する文人たちにおける「神奈川砂子」の評価の高さを窺うことができる。

　跋文執筆の日付は「文政八乙酉睦月即述」となっており、文政八年（一八二五）の「睦月」＝正月である。また、「序文」＝徐風による1「金川砂子序」を参考にしていることは明らかであるので、桂荊閑逸への跋文執筆の依頼は1「金川砂子序」が書かれた文政七年八月二五日以降ということになる。おそらくは「神奈川砂子」の1「金川砂子序」～114「乍憚口上を以奉申上候」の成立をふまえて執筆されたものと思われる。

まとめ

　以上、本節では「神奈川砂子」の付論である109挿絵「芝生村追分・程谷入口」～112「四水の名泉」と、後付である113「東都の淮南堂先生、予か一筆の細図を見て」・114「乍憚口上を以奉申上候」・115「跋」を検討した。

　付論では、次の二点が指摘できよう。第一に「神奈川砂子」本文最後の挿絵である109挿絵「芝生村追分・程谷入口」は、「左右の隣村子安村・入川・新宿・芝生村追分ハ、駅中に連隣村なれば図斗りあらハす」という「凡例」第四条に対応することが指摘できる。第二に110「神奈川名産」・111「黒薬」・112「四水の名泉」は、神奈川宿の名産品・名所を補足する内容であり、魚介類・黒薬・亀甲煎餅をあげている。あわせて、以上のような本文の成立をふまえて、文政七年（一八二四)夏の日付を持つ煙管亭喜荘の2「序」が執筆されたことを推測した。

一方、後付については、まず113「東都の淮南堂先生、予か一筆の細図を見て」が、「神奈川砂子」を作成した喜荘が「東都の淮南堂先生」へ同書を贈った経緯と、返事の狂歌である「きせるより　筆をとりては　慰に　かくかな川の　里の名所　松月」を所収したものであることを確認した。ここからは、文政七年(一八二四)夏までには2「序」～112「四水の名泉」という「神奈川砂子」本文が成立しており、その内容で喜荘が「神奈川砂子」を「淮南堂先生」へ贈ったことがわかる。おそらく同時期に同内容の「神奈川砂子」を飯田徐風に提示して序文執筆を依頼したものと思われる。徐風による1「金川砂子序」は文政七年八月二五日の日付となっているので、遅くとも同年八月には執筆が依頼されていたことになろう。また、「淮南堂先生」による返歌は、「神奈川砂子」本文の最初と最後の挿絵に記された琴通舎英賀の狂歌に対応しており、琴通舎英賀の狂歌(さらにいえば「神奈川砂子」の挿絵中に記された詩歌類全体)を前提にして「淮南堂先生」の狂歌が作成されたように思われる。

こうして、1「金川砂子序」と113「東都の淮南堂先生、予か一筆の細図を見て」が成立した後に、喜荘の挨拶文である114「乍憚口上を以奉申上候」が「神奈川砂子」に付加され、最後に桂荊閑逸による跋文である115「跋」が文政八年(一八二五)正月に執筆されることにより、「神奈川砂子」は「東海道名所図会」と同様に名所図会の形式を満たすことになるのである。

第七節　挿絵の内容と構成

「神奈川砂子」所収の挿絵は本書二一九頁以降に一括して掲げた。各図の概要については、本章の第三節～第六節において説明を加えた。第七節では、「神奈川駅中図会」における挿絵の内容を整理・分類した第一章第四節と同様に、「神奈川砂子」本文である7挿絵「生麦松原・子安一里塚」～109挿絵「芝生村追分・程谷入口」に所収されている挿絵を対象として、全体図・部分図・テーマ図の三つに分類するとともに、その特徴を概観しておきたい。なお、本節において対象とする項目名は大部分が挿絵であるので、項目の表記については以下「挿絵」の文言を省略する。

一　全体図と部分図

まず全体図としては、13「神奈川駅」の項目に対応する神奈川町と青木町全体の地理を絵地図風にまとめた14「神奈川方角図」と15「其（神奈川方角図）二」をあげることができる。「神奈川方角図」という表題が示すように「神奈川」＝神奈川宿を題材とした全体図として、主に神奈川町を対象とする14と青木町を主要な範囲とする15が、神奈川宿を記述する冒頭に配置されている。

次に神奈川宿やそれに隣接する子安村・芝生村の情景を部分的に描いた部分図をあげることができる。これには、東海道沿いの神奈川宿と隣村の情景を東から西への方向で描写するものと、東海道から分岐したあるいは離れた範囲を対象とするものの二つに分かれる。

まず、東海道沿いの神奈川宿を描いたものは、16「観福寺」・22「新町・良仙寺」・28「荒宿町・能満寺」・29「上無川・慈雲寺」・33「東光寺・妙仙寺・仲木戸横町」・34「金蔵院・熊野社・御殿跡」・50「仲之町・御殿町」・59「瀧之橋・権現山」・76「青木町・洲崎社」・79「元町・普門寺・甚行寺」・86「七軒町・本覚寺」・87「東台下・飯綱社」・94「西台之図」・95「袖ヶ浦之景」・96「軽井沢・勤行寺」・98「けかち川・芝生村・浅間社」の一六件である。

これに神奈川宿の東隣における子安村の東海道沿いを描く挿絵である7「生麦松原・子安一里塚」・8「子安村」・9「其(子安村)二」・10「入江川橋・一之宮」・11「新宿村」と、神奈川宿の西隣にあたる芝生村・保土ヶ谷宿を対象とする109「芝生村追分・程谷入口」を加えると、合計二二件となる。これらの挿絵は若干の例外はあるが、原則として海側より山側を俯瞰する構図である。なおかつ東→西の順序でこれらの挿絵をつなげば、東海道沿いの景観が連続するように構図が設定されている(98「けかち川・芝生村・浅間社」→109「芝生村追分・程谷入口」のみ例外)。いわば神奈川宿とその隣接地域における東海道の分割図ということになる。

同様に東海道から分岐するあるいは若干離れた地点の情景を俯瞰した挿絵については、40「田畑之図」・49「小伝馬町・吉祥寺」・52「飯田町・成仏寺」・56「二ツ谷・慶運寺」・60「浄瀧寺」・99「三沢檀林」・100「其(三沢檀林)二・八幡宮」・105「斉(藤カ)当分・善竜寺」の八件が該当する。いずれも東海道から離れた場所に所在するが、挿絵の描写は東海道沿いのものと同様に斜め上方からの俯瞰図である。東海道に対する枝道といった意味づけになろうか。

第一章第四節で指摘したように、前著である「神奈川駅中図会」の挿絵の描写は、挿絵の中心の対象物である寺社にやや近寄る構図であり、結果的にその周辺範囲も挿絵の描写対象に含まれるというものであった。これに対して、

「神奈川砂子」における部分図の構図は、14「神奈川方角図」と15「其(神奈川方角図)二」の全体図に対応するものとして、近隣を描く他の挿絵との連続性を意識した構図となっている。神奈川宿の全体像を把握した上で、個々の挿絵が位置づけられていることが指摘できる。

二　テーマ図

「神奈川砂子」における挿絵の分類としては、この他、対象により接近した構図やあるいは特別な題材に対応した挿絵であるテーマ図が存在する。12「西連寺・浦嶋塚」・38「海浜漁場」・39「神奈川名産之図」・41「神奈川夜之景」・45「熊野社夜宮祭礼」・46「同神輿渡御」・47「十番町の景」・48「駅問屋」・51「仲之町の景」・53「千貫松・浪石」・54「(禁制)」・58「神奈川御本陣」・67「権現山合戦」・69「神奈川之住人　間宮彦四郎勇戦」・71「青木御本陣」・72「神奈川注連飾の図」・73「青木町裏座敷ノ図」・74「其(青木町裏座敷ノ図)二」・75「活ス之図」・93「台町茶屋之景」の二〇件が該当する。これは部分図の内容や説明文との関係において特別な記述項目であり、挿絵の題材の中に神奈川宿の特徴を盛り込もうとする喜荘の意向が特徴的に選択されたものと考えられる。

12「西連寺・浦嶋塚」は「東海道名所図会」における「浦嶋足留の所もあり、今西連寺といふ」という記述に対応させたもの。38「海浜漁場」・39「神奈川名産之図」・75「活ス之図」は、神奈川宿の名産品である魚介類に関するもので、特徴的な魚や貝を描くとともに、そうした魚介類を扱う「海浜漁場」＝魚市場と商人の賑わいを描いている。あわせて御用鯛の上納を行っていることもわかる。神奈川宿が東海道の宿場としてのみ繁栄しているのではなく、魚介類の水揚場としても賑わっていることとの表現であろう。

41「神奈川夜之景」は旅籠・茶屋における夜の賑わいを描くもの。表立った説明文はないが、江戸の吉原のように芸妓が存在する場所の描写であり、神奈川宿にもそうした場所が存在していたのであろう。45「熊野社夜宮祭礼」と46「同神輿渡御」は神奈川宿の惣鎮守とされる熊野神社の祭礼を対象とし、夜の夜宮と昼の神輿渡御を対比的に描写したもの。町場＝都市としての神奈川宿の賑わいの表現である。

47「十番町の景」は、十番町に存在した「あめ七」宅を近景で表現したもの。瓦屋根の豪奢な建物で、これも町場の賑わいを表現するものであろう。「あめ七」は「神奈川駅中図会」の旧蔵者である矢島家であり、喜荘の後援者・支援者の一人であったと思われる。48「駅問屋」は宿場の最重要施設である問屋場を描いたもの。両本陣の挿絵とともに宿駅といった公的な側面における宿場の繁栄という意味合いであろう。

51「仲之町の景」は仲之町に所在する「しらはたや」＝白幡屋の店先を描くもの。仲之町の風景を描くというよりは白幡屋を題材にすることを目的にしたものか。「成仏寺」における記述とともに喜荘と白幡屋の密接な関係が想定される。十番町の「あめ七」と同じく喜荘の後援者・支援者であったと思われる。53「千貫松・浪石」と54「（禁制）」は成仏寺関連のもの。宿内の寺社の取り扱い方としては異例ともいえるスペースをとっており、先述した白幡屋の取り扱いと同様な意図があろうか。

58「神奈川御本陣」と71「青木御本陣」は、神奈川宿の本陣の挿絵である。ともに題材は参勤交代の大名行列であり、13「神奈川駅」の「亦卿相雲客、万国の諸侯ハ多く此駅を御旅館と定給ふ」という記述に対応する内容である。67「権現山合戦」と69「神奈川之住人　間宮彦四郎勇戦」は同じく「神奈川駅」の「宗興寺上の山を権現山と云、古戦場也」に対応するもの。

72「神奈川注連飾の図」は神奈川宿における正月の風景を描いたもので、町場の賑わいを対象としている。73「青木町裏座敷ノ図」・74「其（青木町裏座敷ノ図）二」は青木町の海に面した旅籠屋の賑わいを対象としたもの。74「其（青木町裏座敷ノ図）二」が羽沢屋を対象としているのは、喜荘と特別な親近関係があったのであろう。93「台町茶屋之景」は台町の茶屋の賑わいを「さくらや」＝「桜屋」に代表させたもの。こちらも喜荘との関係が想定される。

以上のようにテーマ図については、神奈川宿の繁栄・賑わいをより具体的な内容で表現することが狙いであったと思われる。具体的には、①宿場として日常的に盛んな道中の旅人や参勤交代の往来を表現した48「駅問屋」・51「仲之町の景」・58「神奈川御本陣」・71「青木御本陣」、②町場としての商家や人々の営みの繁昌を描く47「十番町の景」、③江戸近隣の宿場であるとともに景勝地であることをふまえた夜の賑わいを描写した41「神奈川夜之景」・73「青木町裏座敷ノ図」・74「其（青木町裏座敷ノ図）二」・93「台町茶屋之景」、④鎮守祭礼や正月という年中行事における神奈川宿の賑わいを描く45「熊野社夜宮祭礼」・46「同神輿渡御」・72「神奈川注連飾の図」、⑤歴史性を窺わせる故地・旧地であることを題材とした12「西連寺・浦嶋塚」・53（成仏寺）「千貫松・浪石」・54（成仏寺）「（禁制）」・67「権現山合戦」・69「神奈川之住人　間宮彦四郎勇戦」、⑥東京湾に面した地域性にもとづく猟師町（神奈川猟師町）の所在地として魚介類の揚場と魚市場の存在を明示する38「海浜漁場」・39「神奈川名産之図」・75「活ス之図」等々に分けることができよう。

また、描写対象の選択が可能なテーマについては、47「十番町の景」における「あめ七」宅＝矢島家、51「仲之町の景」における「しらはたや」（白幡屋）、74「其（青木町裏座敷ノ図）二」における「羽沢屋」、93「台町茶屋之景」における「さくらや」（桜屋）、というように自らに近しい家や商家を選択しているように思われる。こうした挿絵に描かれている家々が喜荘の編纂作業を支えた後援者や支援者なのであろう。

まとめ

以上のように、「神奈川砂子」の挿絵は、⑴神奈川町と青木町から構成される神奈川宿全体を対象とする全体図、⑵全体図の存在を前提として宿内各地を分割して描く部分図、⑶対象により接近した構図やあるいは特別な題材に対応した挿絵であるテーマ図の三つに分類される。⑵部分図については、さらに東海道沿いの神奈川宿と隣村の情景を東から西への方向で描写するものと、東海道から分岐あるいは離れた範囲を対象とするものに二分される。前者については東↓西の方角で分割された挿絵をつなぐと、東海道沿いの神奈川宿が連続するように意識的に構図が設定されており、⑴全体図との対比が前提とされている。同様に後者の部分図も連続性を意識したものということができる。「神奈川砂子」においては⑴全体図と⑵部分図がセットで構想されているといえよう。さらに⑶テーマ図については挿絵の題材に神奈川宿の特徴を盛り込もうとする喜荘の意向が特徴的に選択されたものと思われ、具体的には①宿場として日常的に盛んな道中の旅人や参勤交代の往来を表現したもの、②町場としての商家や人々の営みの繁昌を描くもの、③江戸近隣の宿場であるとともに景勝地であることをふまえた夜の賑わいを描写したもの、④鎮守祭礼や正月という年中行事における神奈川宿の賑わいを描くもの、⑤歴史性を窺わせる故地・旧地であることを題材としたもの、⑥東京湾に面した地域性にもとづく猟師町（神奈川猟師町）の所在地として魚介類の揚場と魚市場の存在を明示するもの、の六つに細分化される。また挿絵の題材として自らに近しい家や商家を選択している傾向が想定される。

前著の「神奈川駅中図会」と比較して、神奈川宿の全体像を把握・イメージした上で個々の挿絵が位置づけられているように、「神奈川砂子」における喜荘の意図的な構成が一定度成功していることが指摘できる。

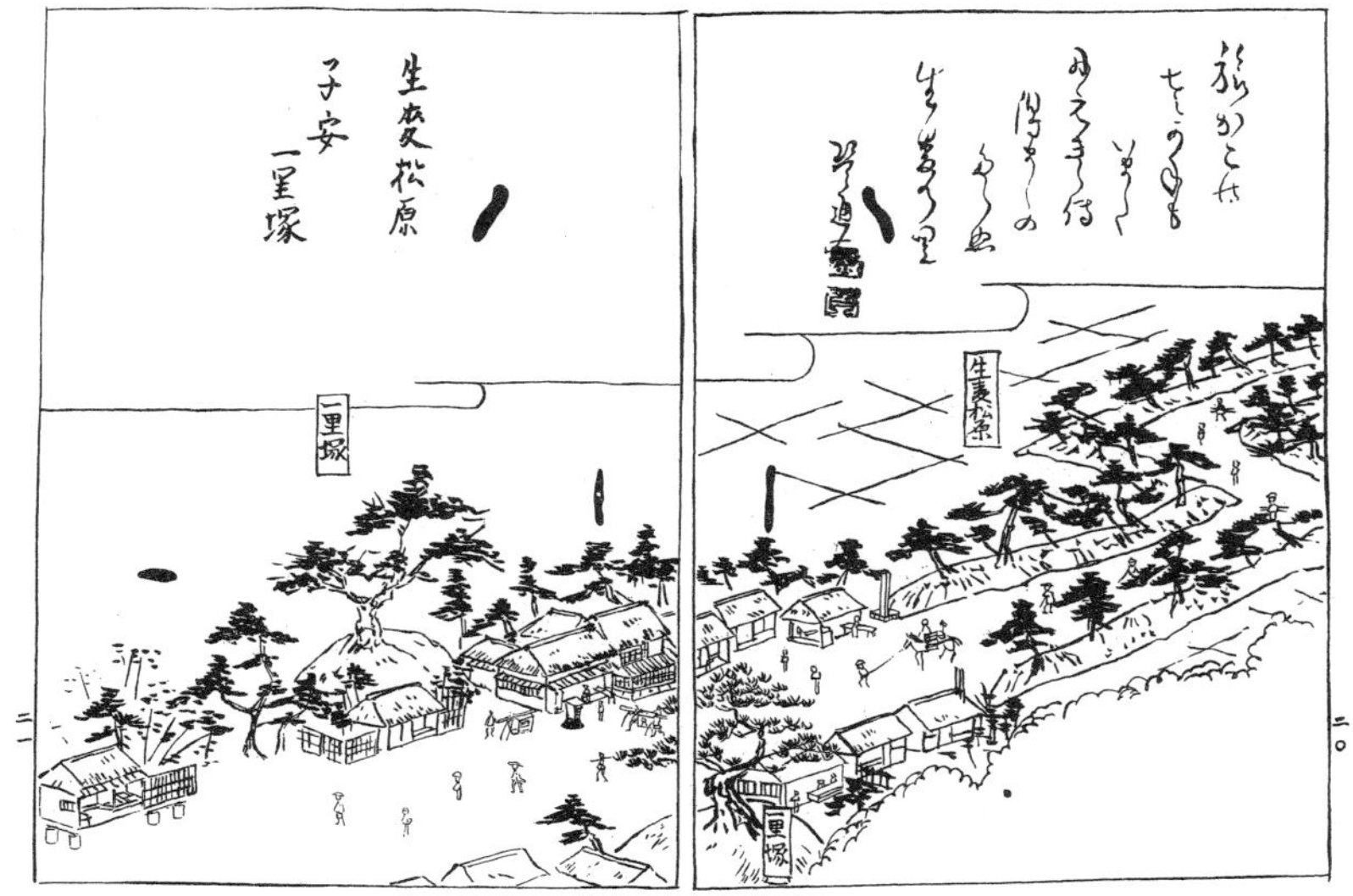

7 挿絵「生麦松原・子安一里塚」

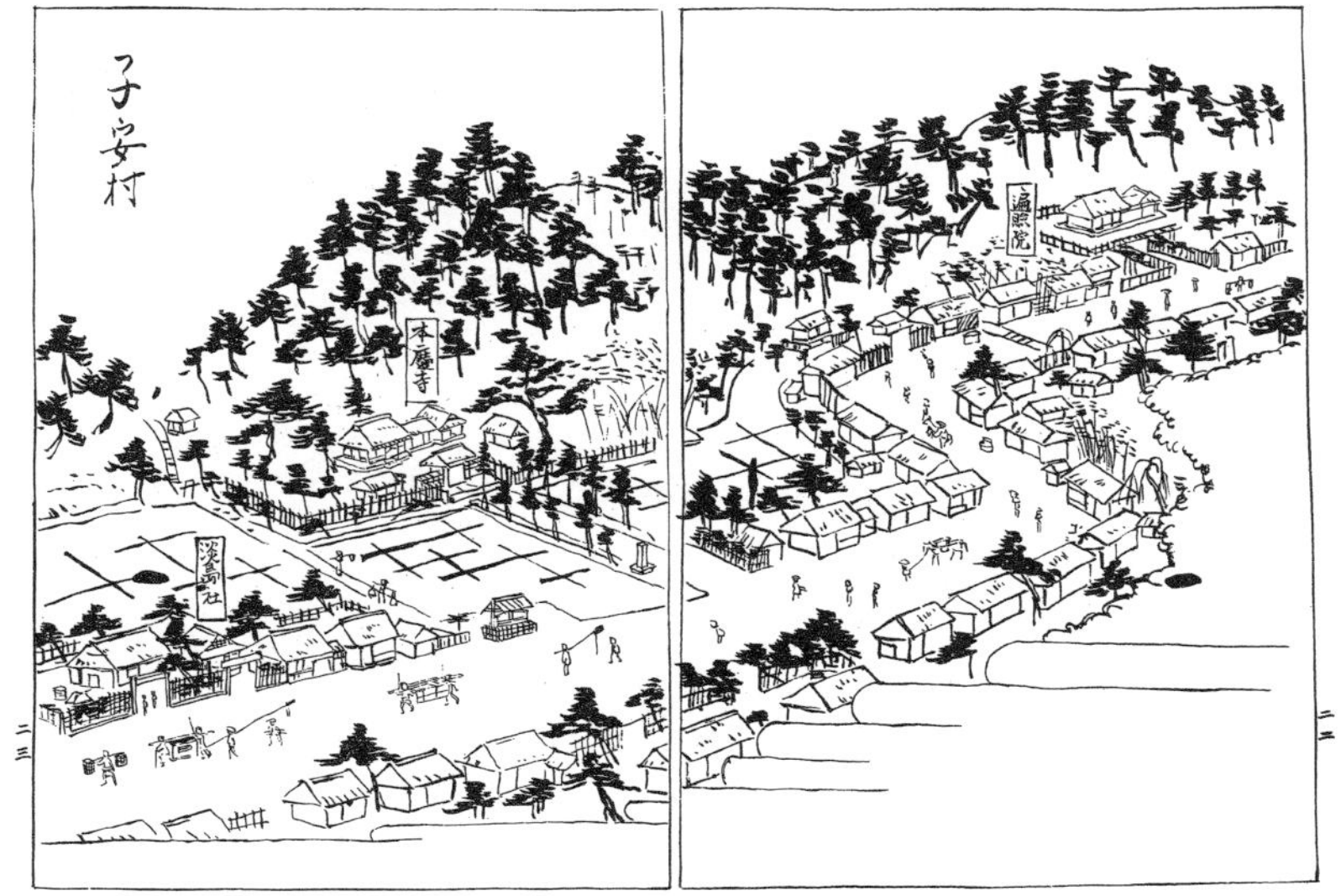

8 挿絵「子安村」

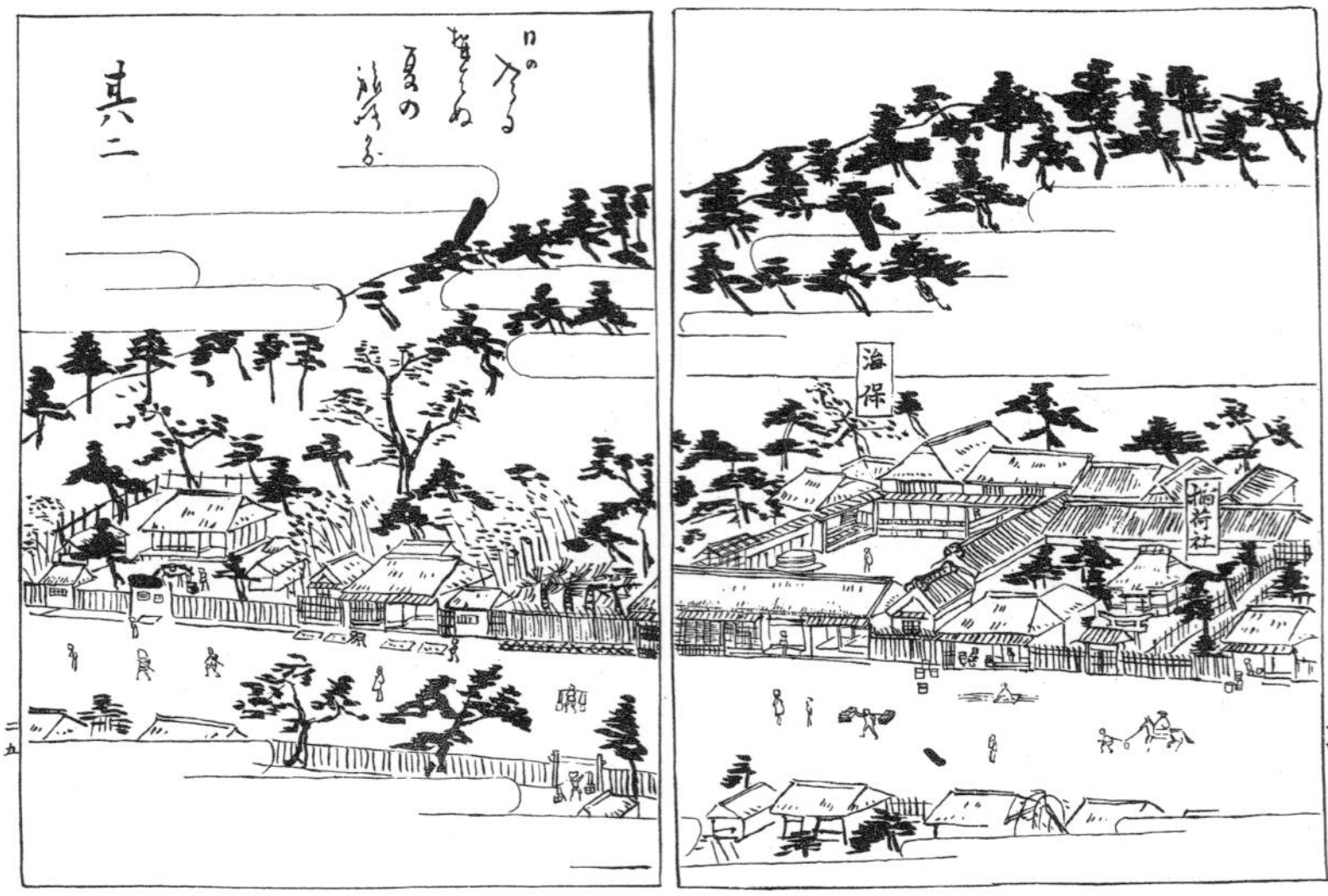

9 挿絵「其(子安村)二」

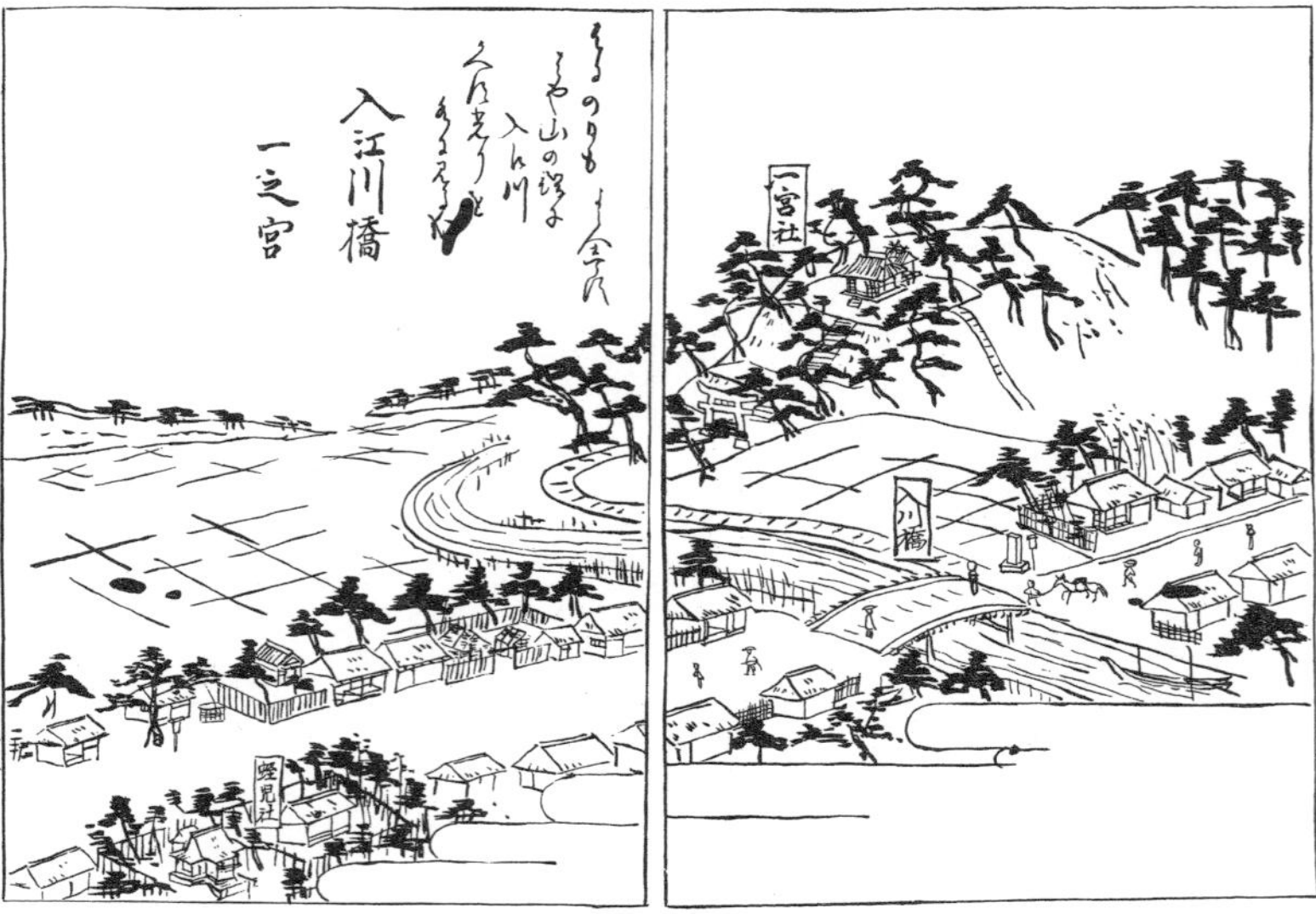

10挿絵「入江川橋・一之宮」

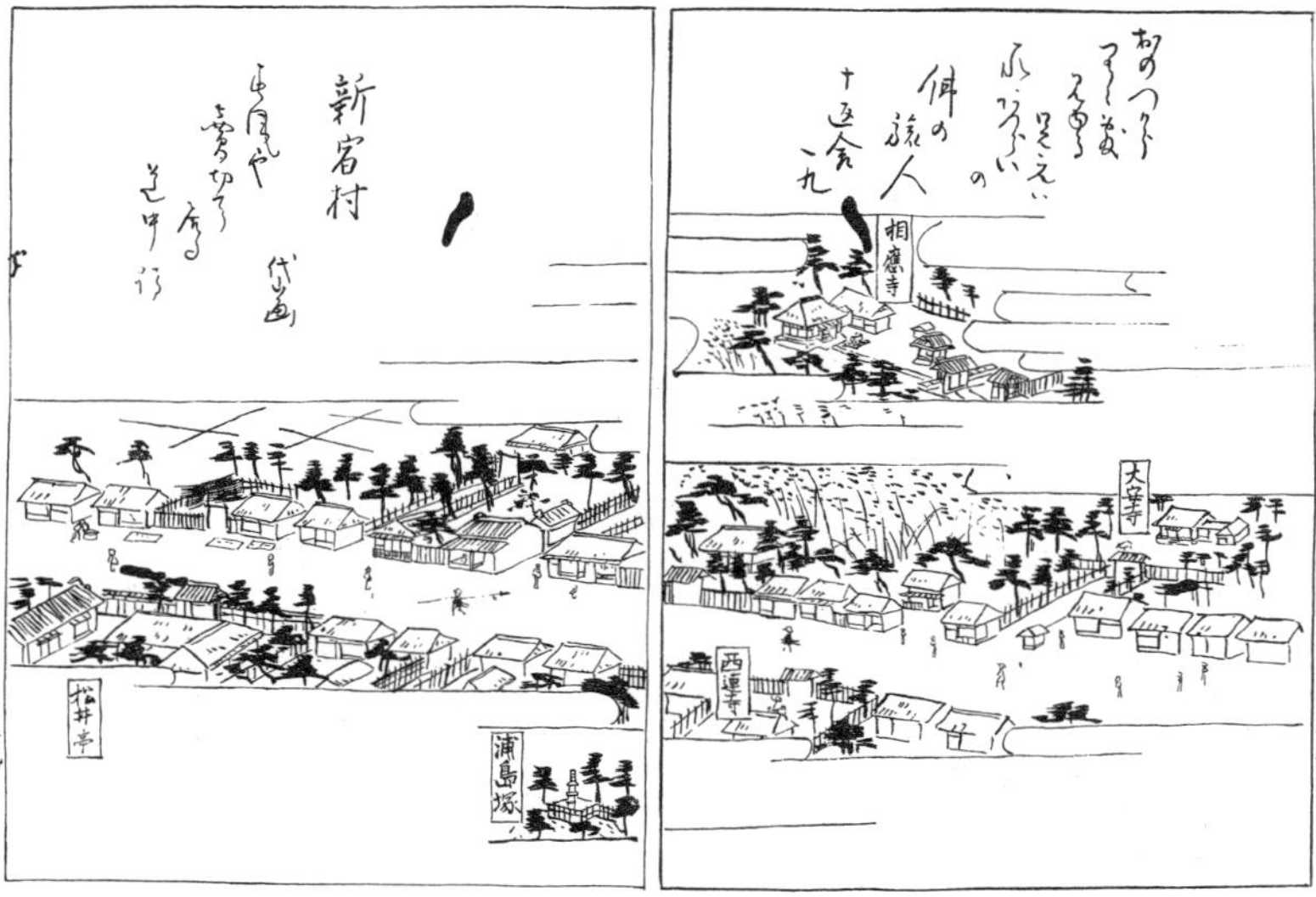

11挿絵「新宿村」

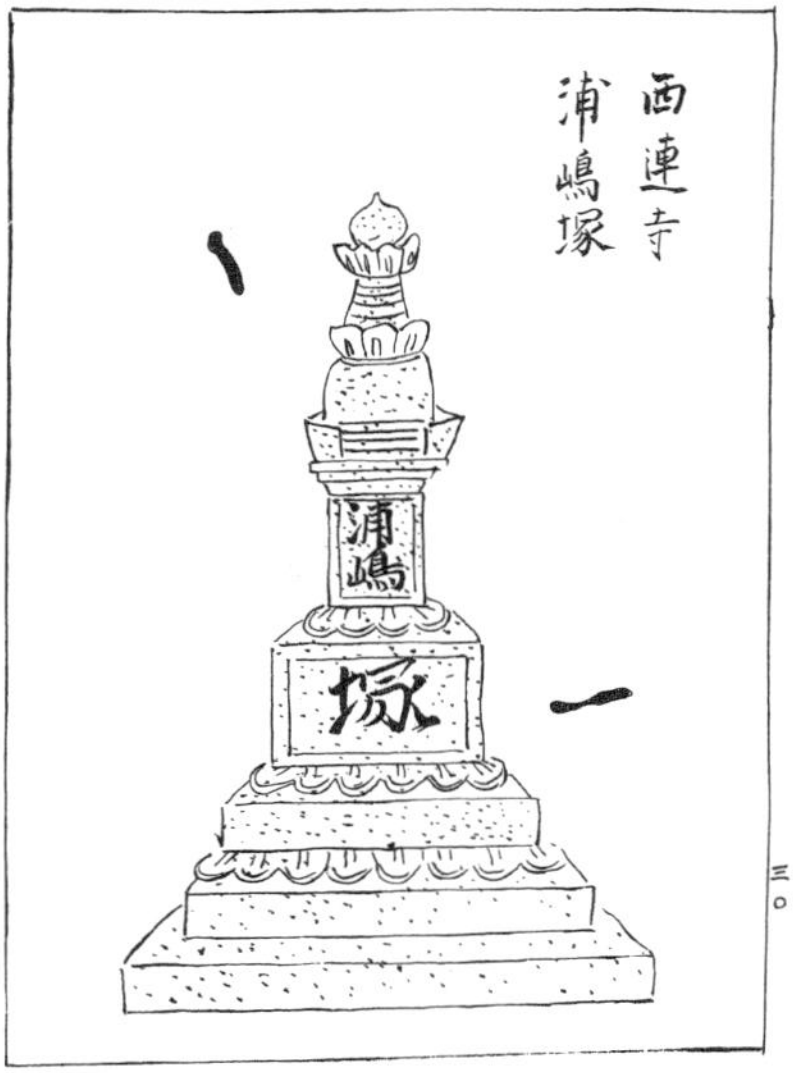

12挿絵「西連寺・浦嶋塚」

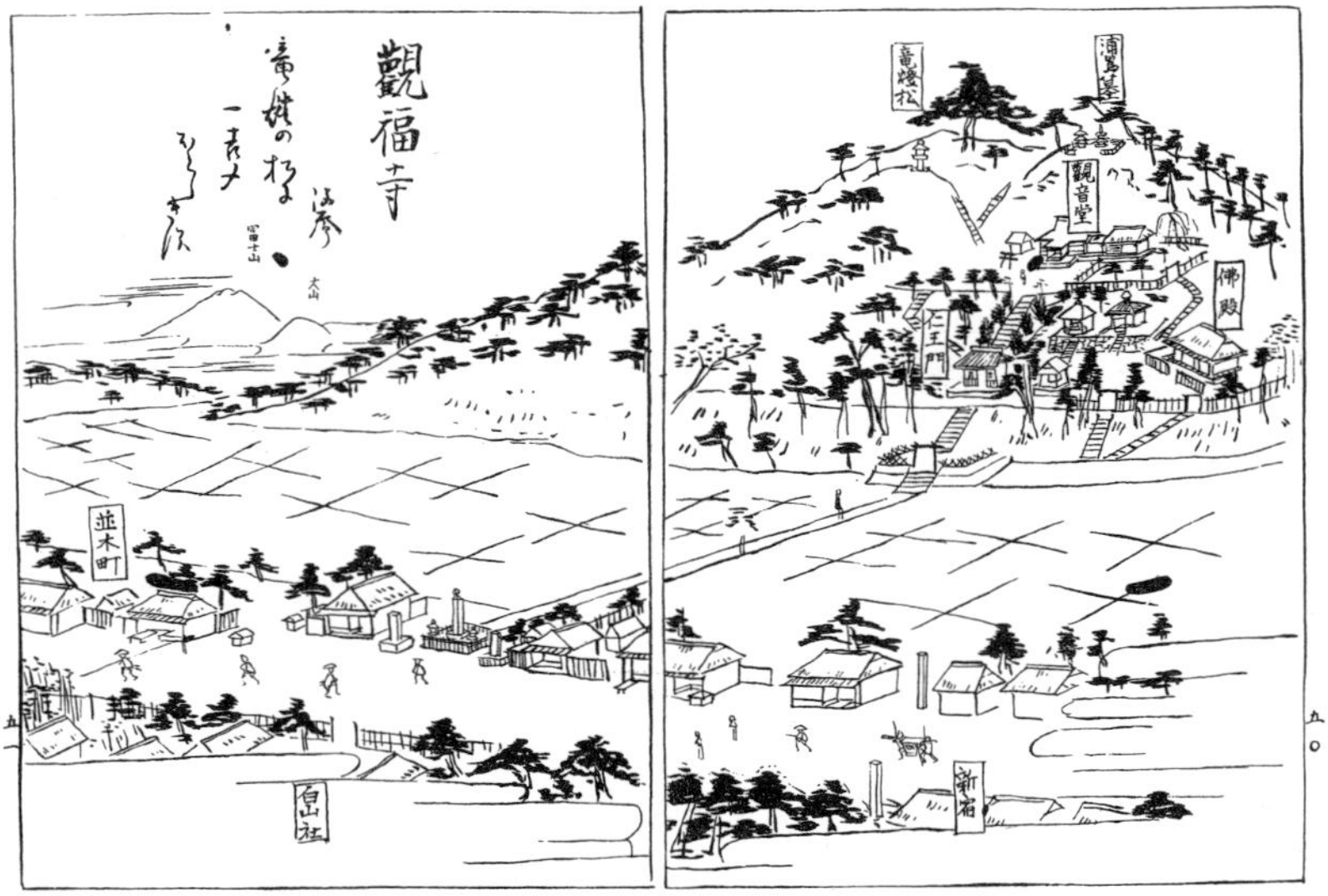

16挿絵「観福寺」

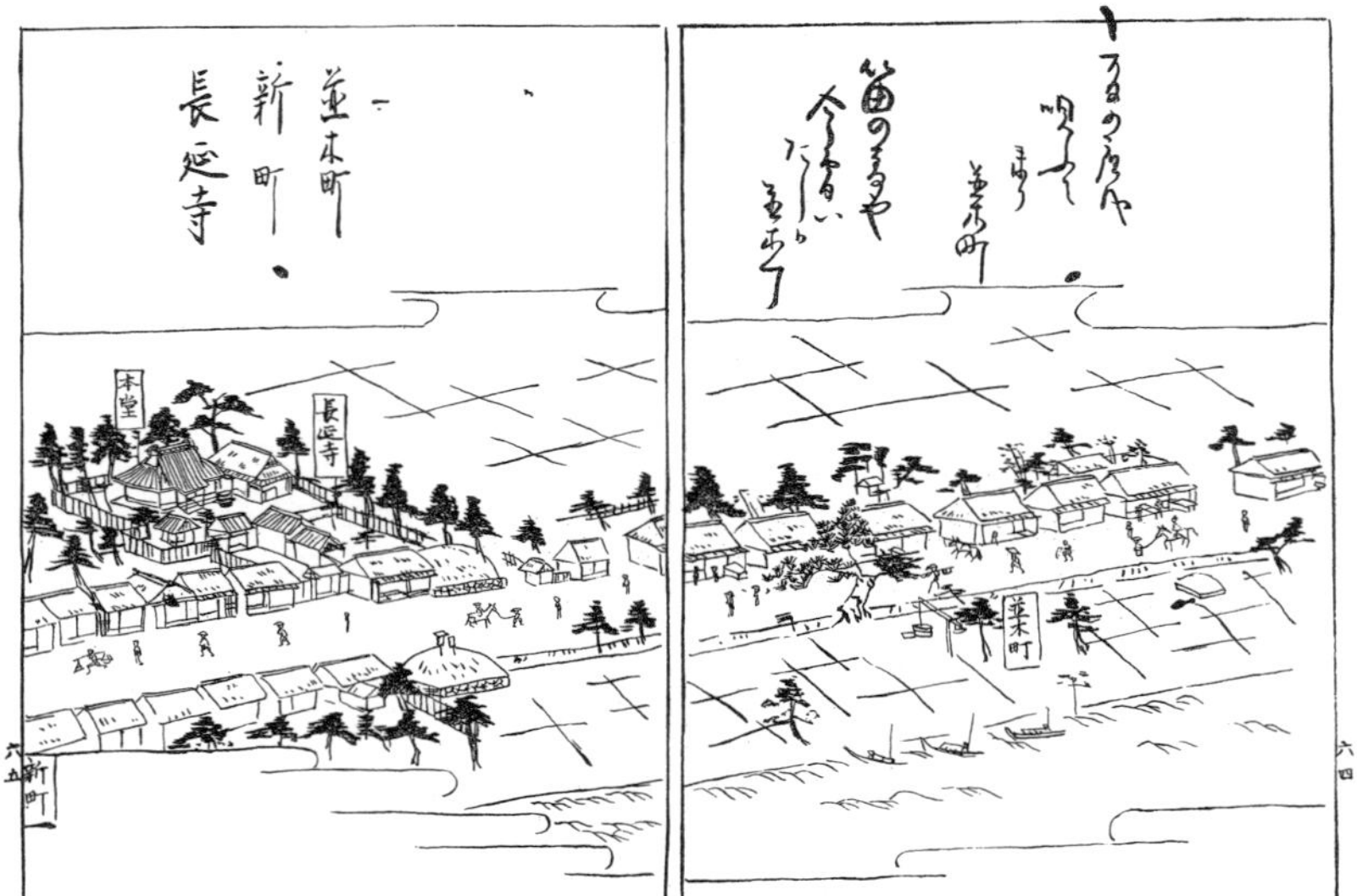

18挿絵「並木町・新町・長延寺」

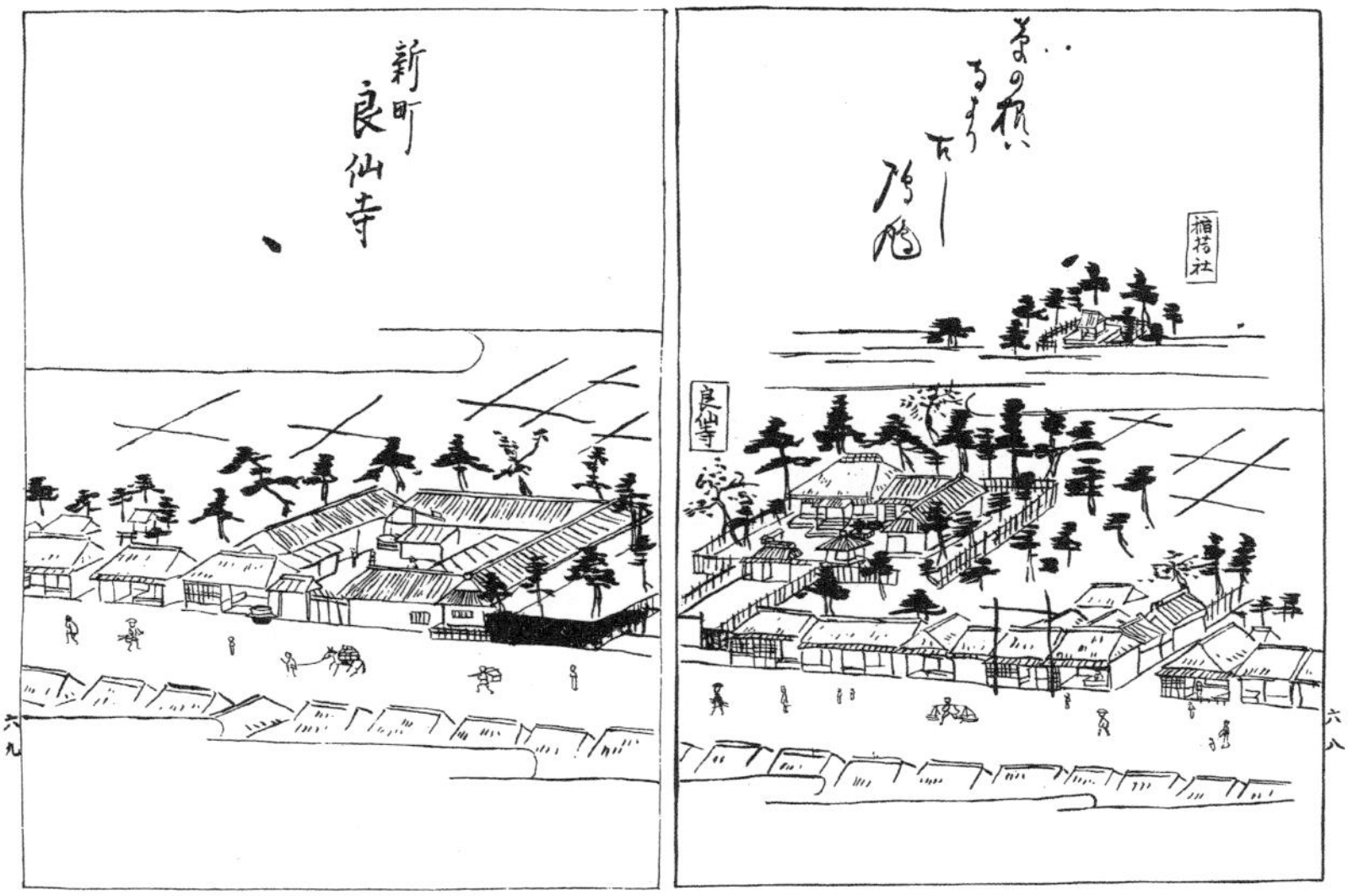

22挿絵「新町・良仙寺」

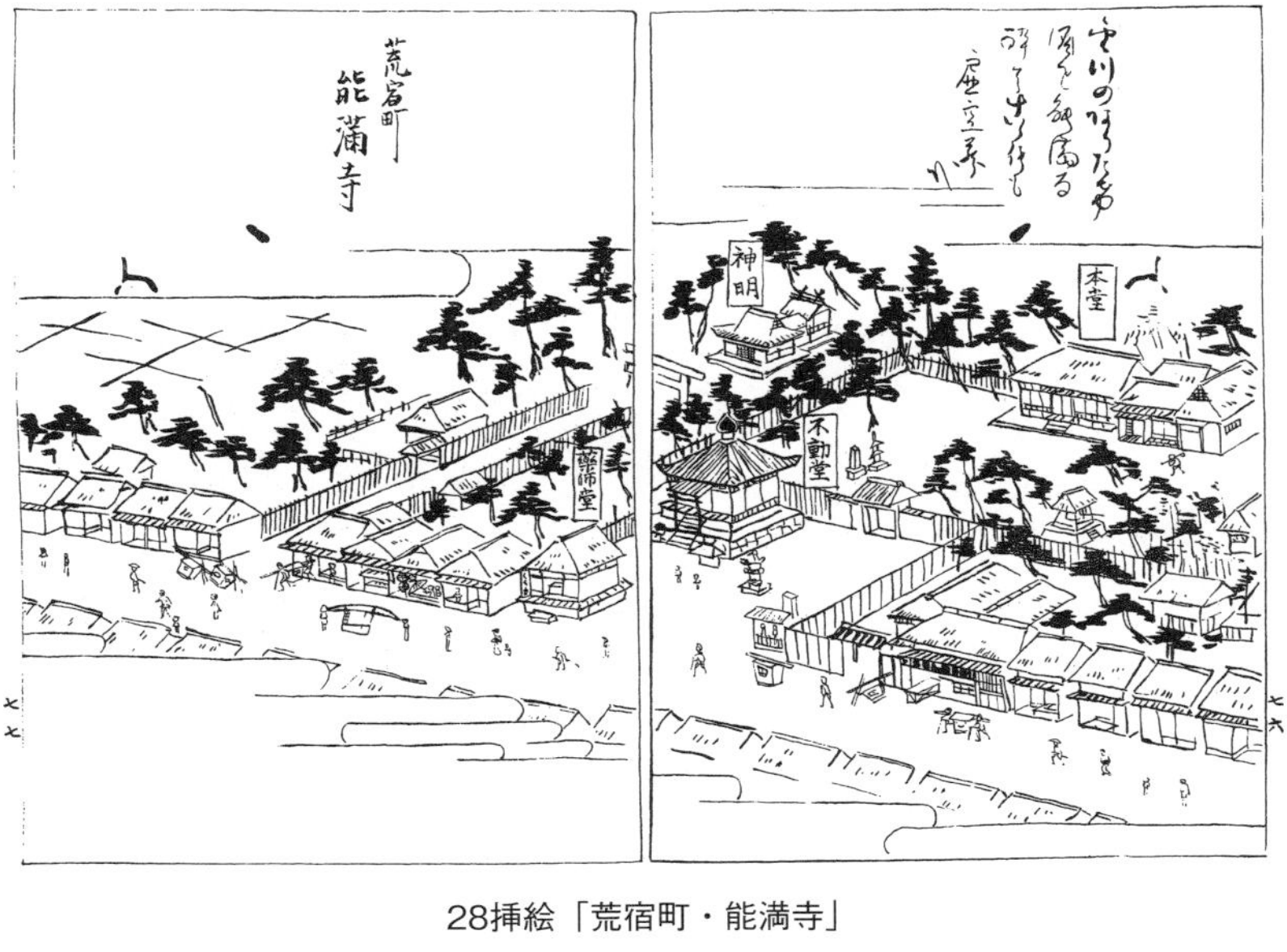

28挿絵「荒宿町・能満寺」

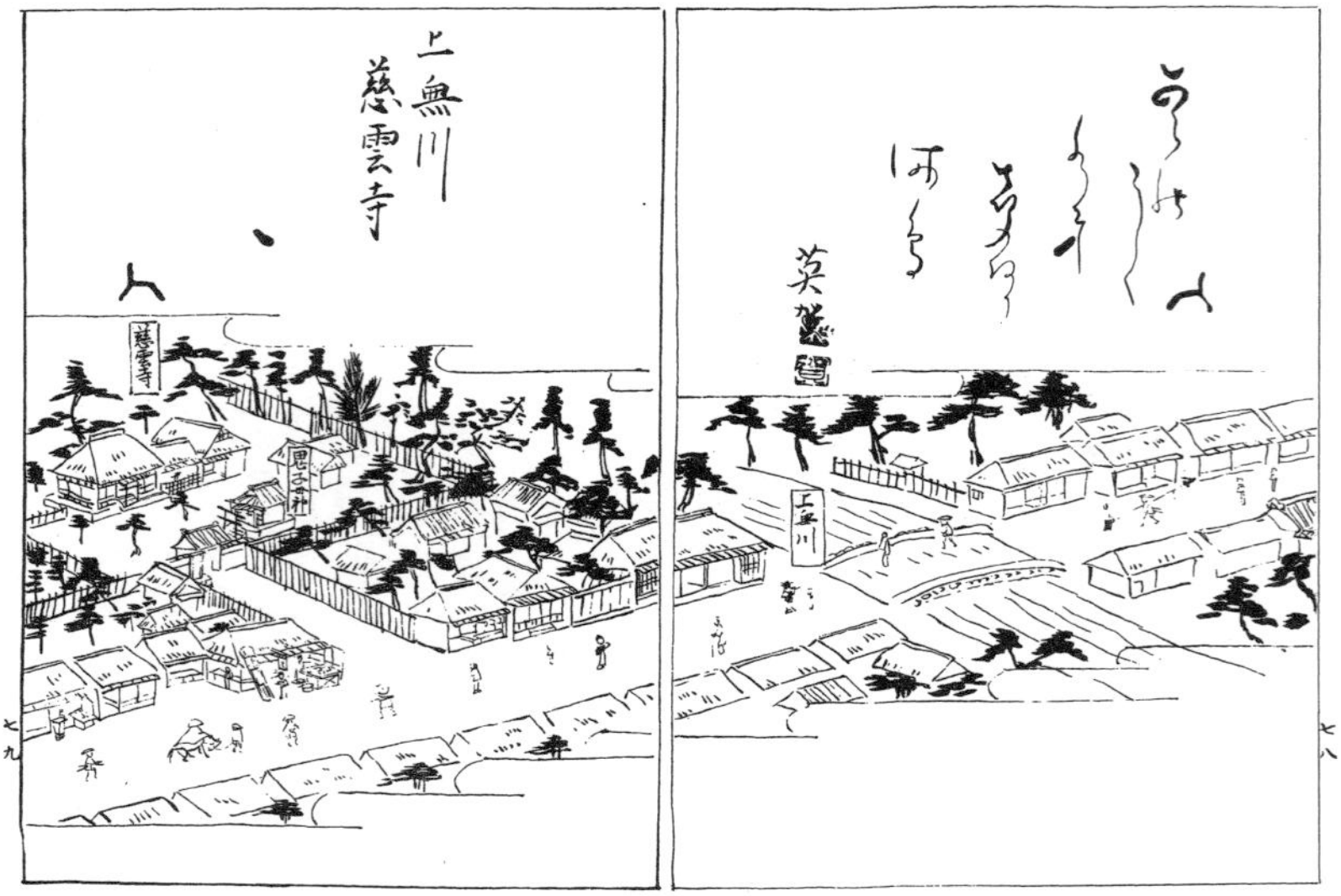

29挿絵「上無川・慈雲寺」

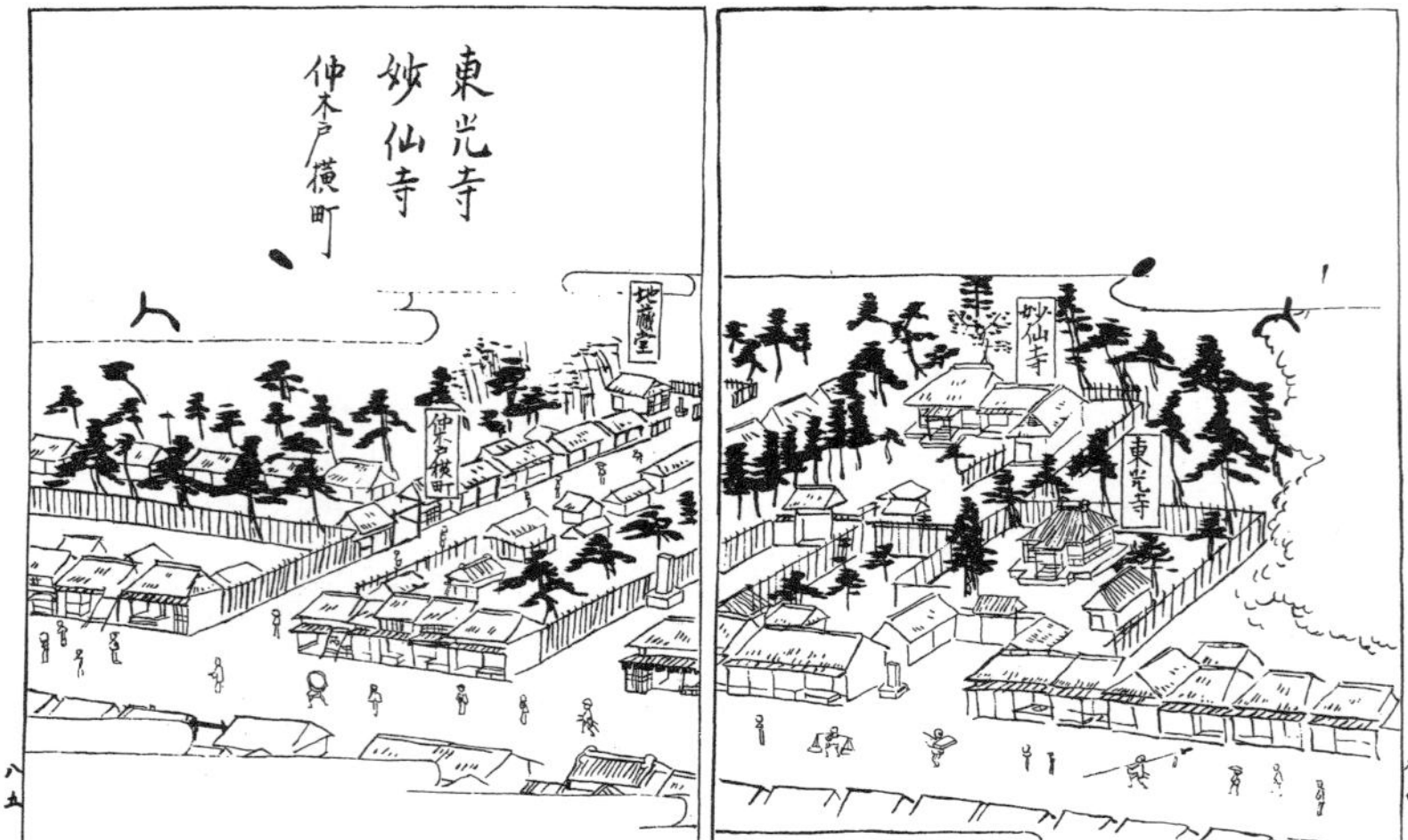

33挿絵「東光寺・妙仙寺・仲木戸横町」

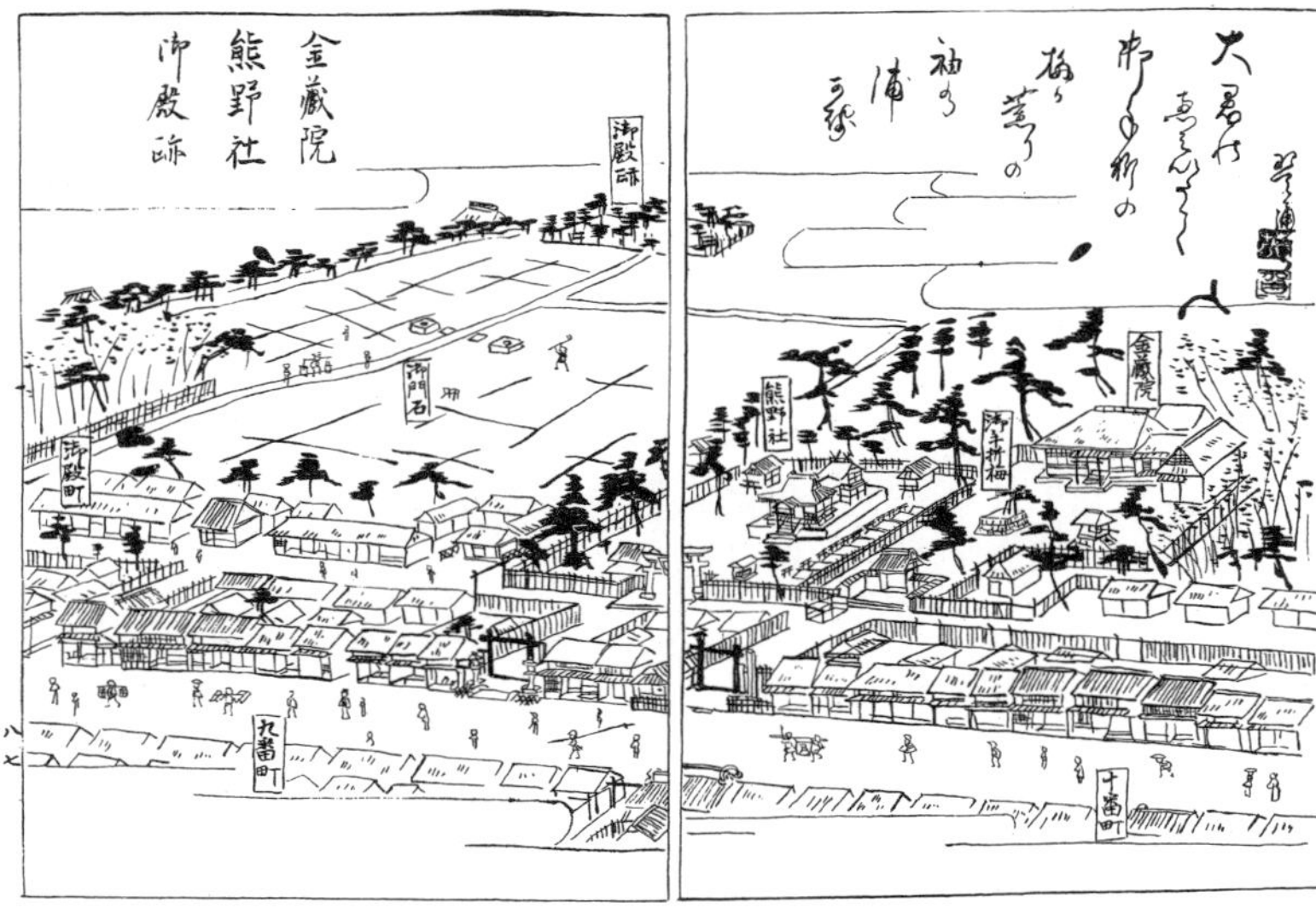

34挿絵「金蔵院・熊野社・御殿跡」

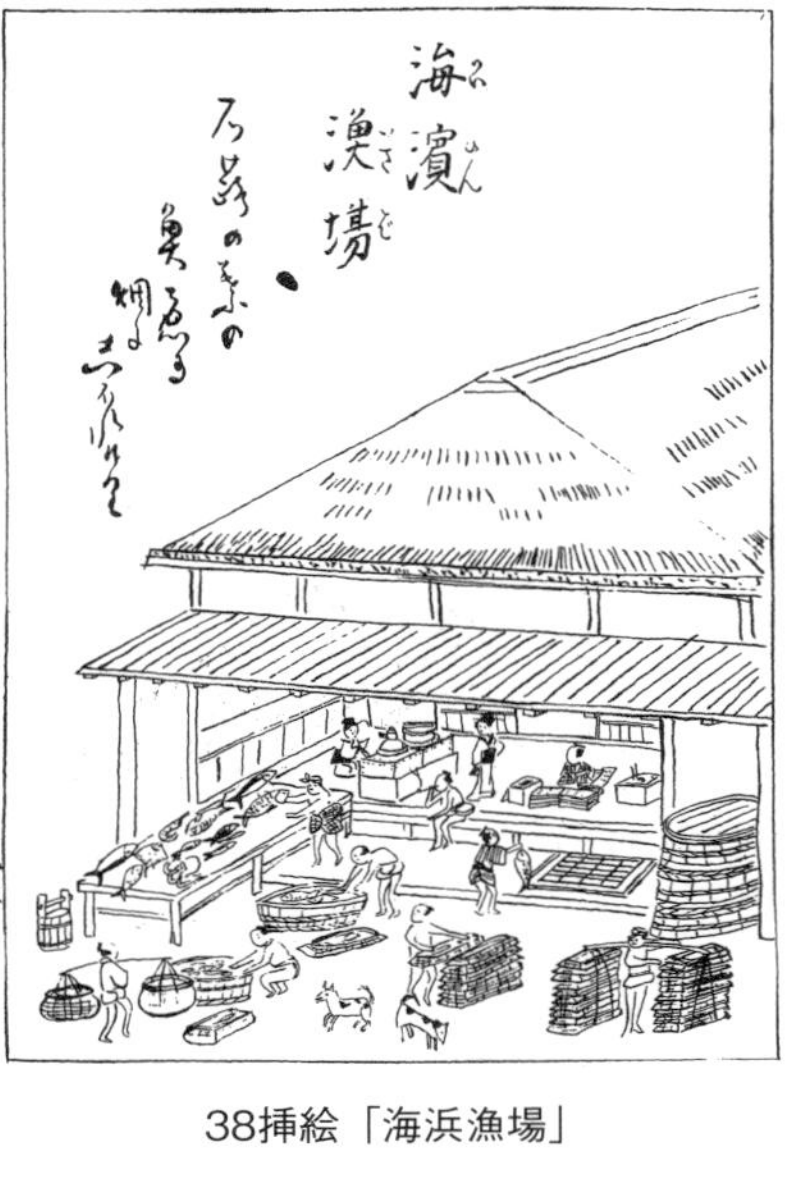

38挿絵「海浜漁場」

39挿絵「神奈川名産之図」

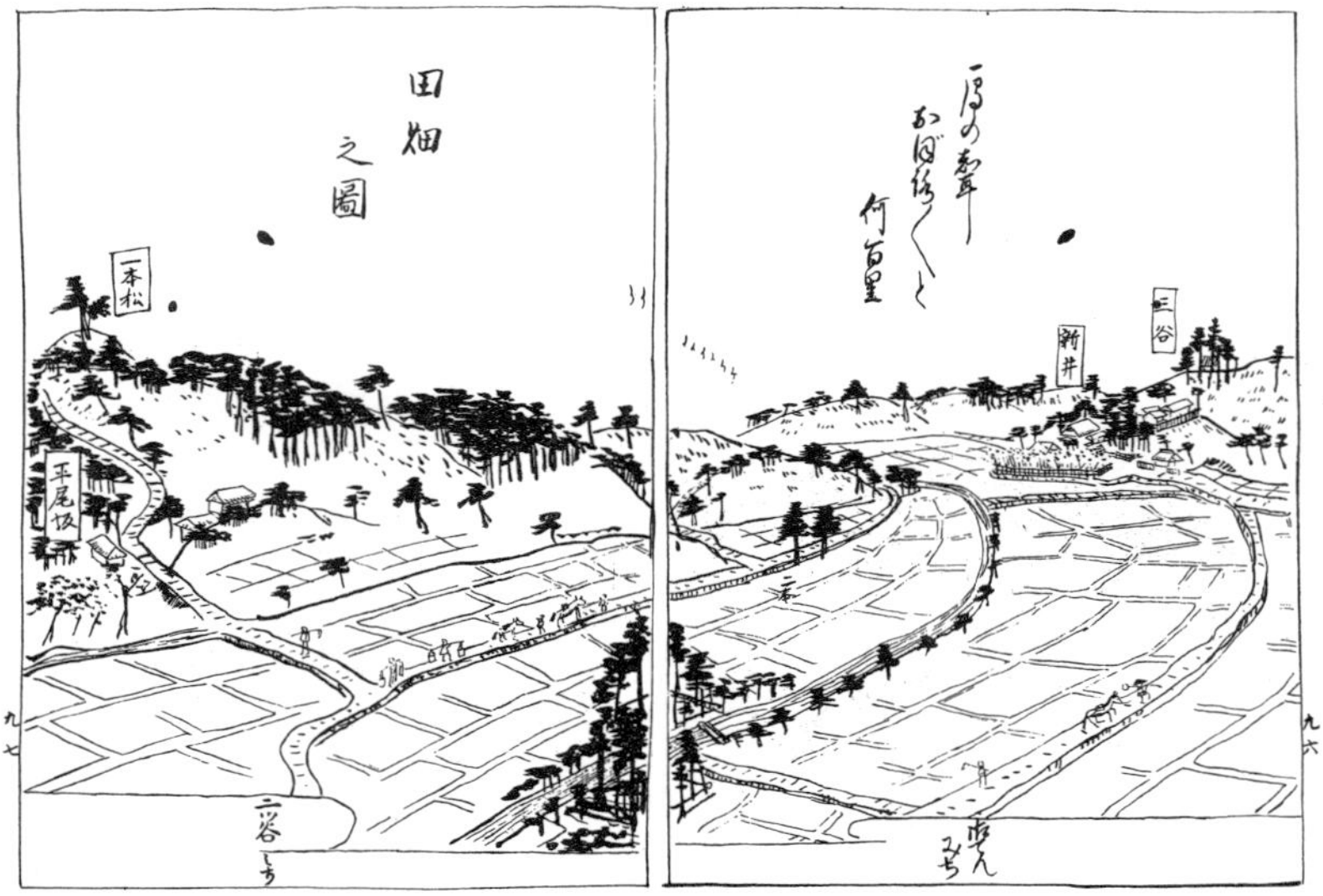

40挿絵「田畑之図」

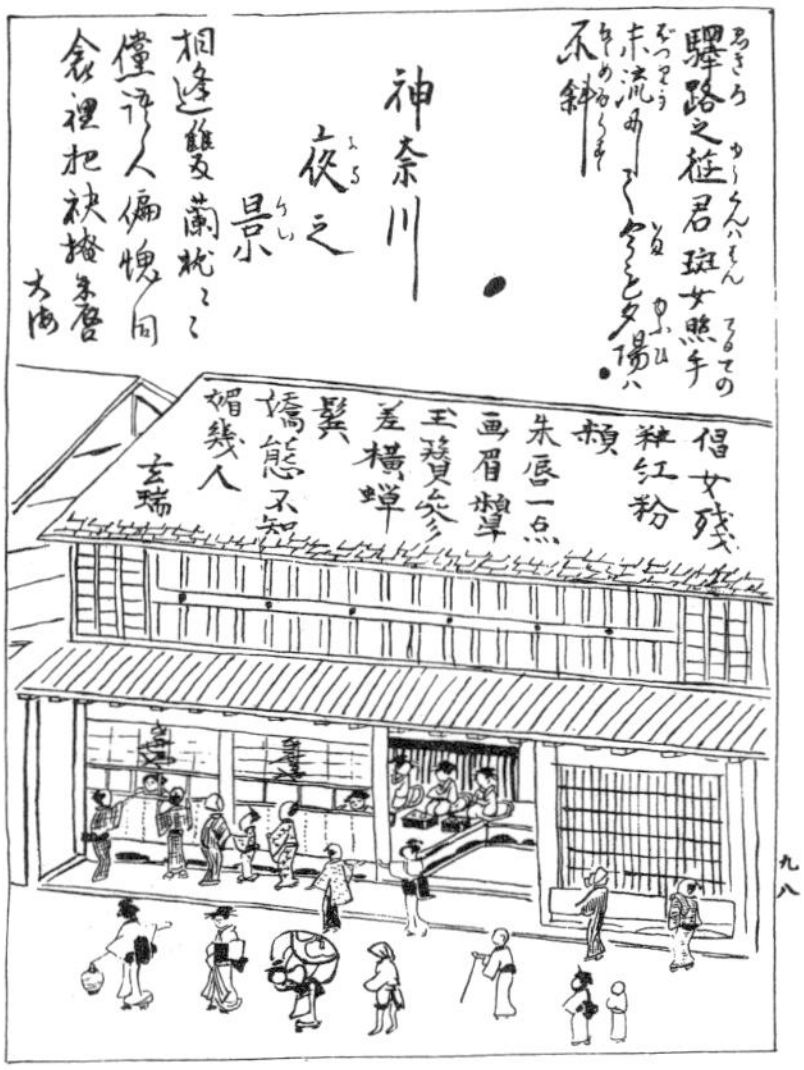

41挿絵「神奈川夜之景」

45挿絵「熊野社夜宮祭礼」

46挿絵「同神輿渡御」

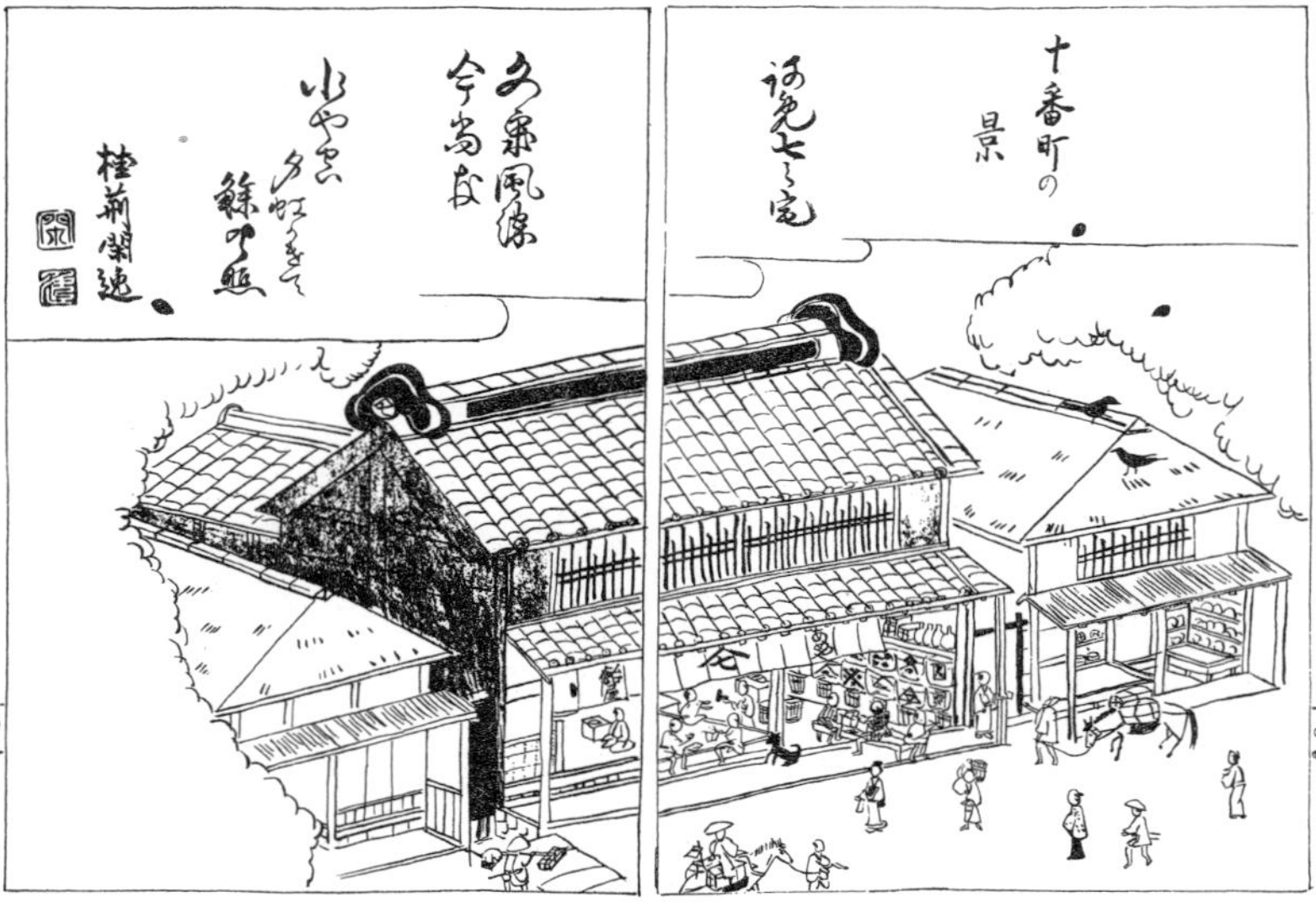

47挿絵「十番町の景」

48挿絵「駅問屋」

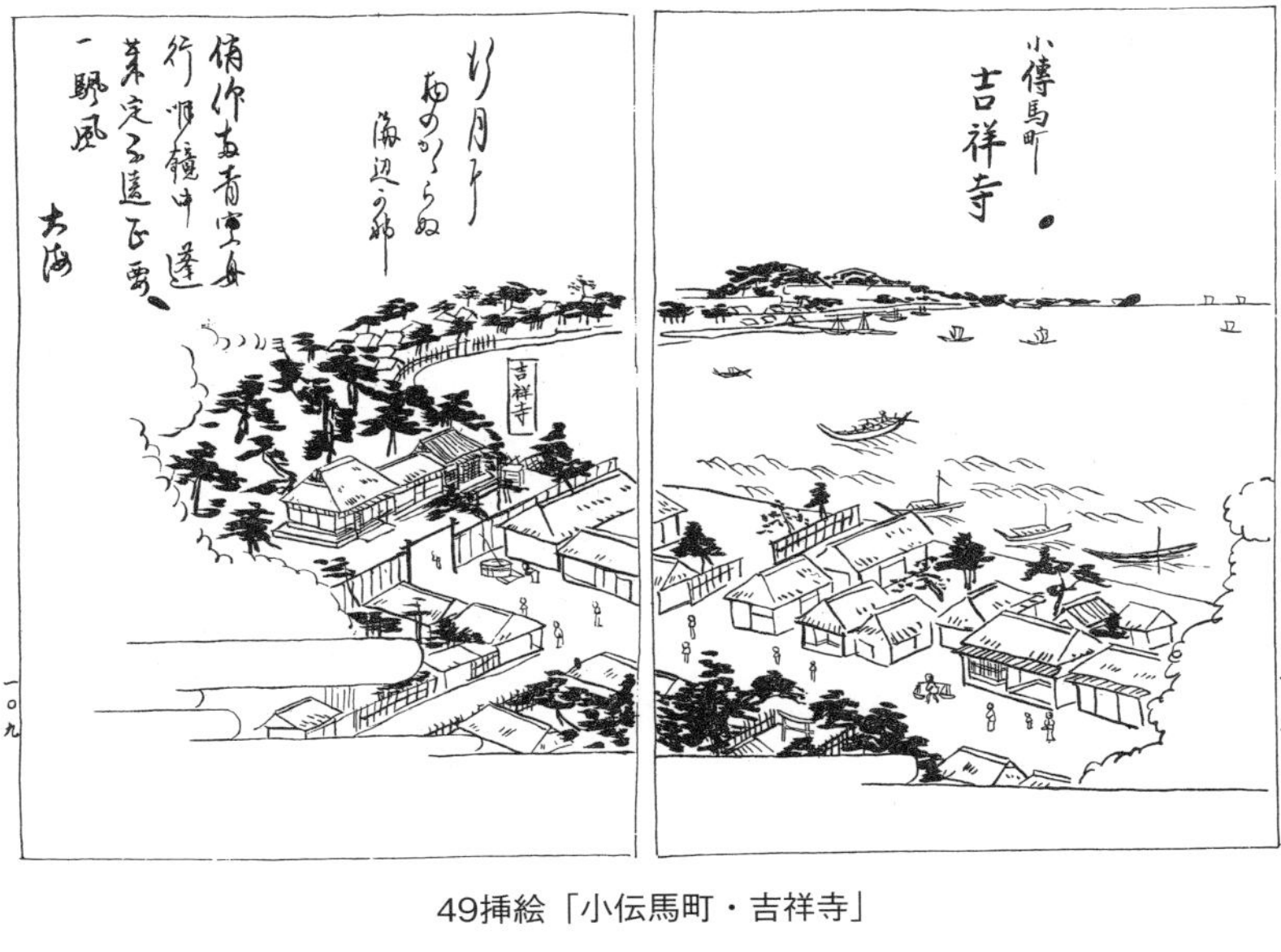

49挿絵「小伝馬町・吉祥寺」

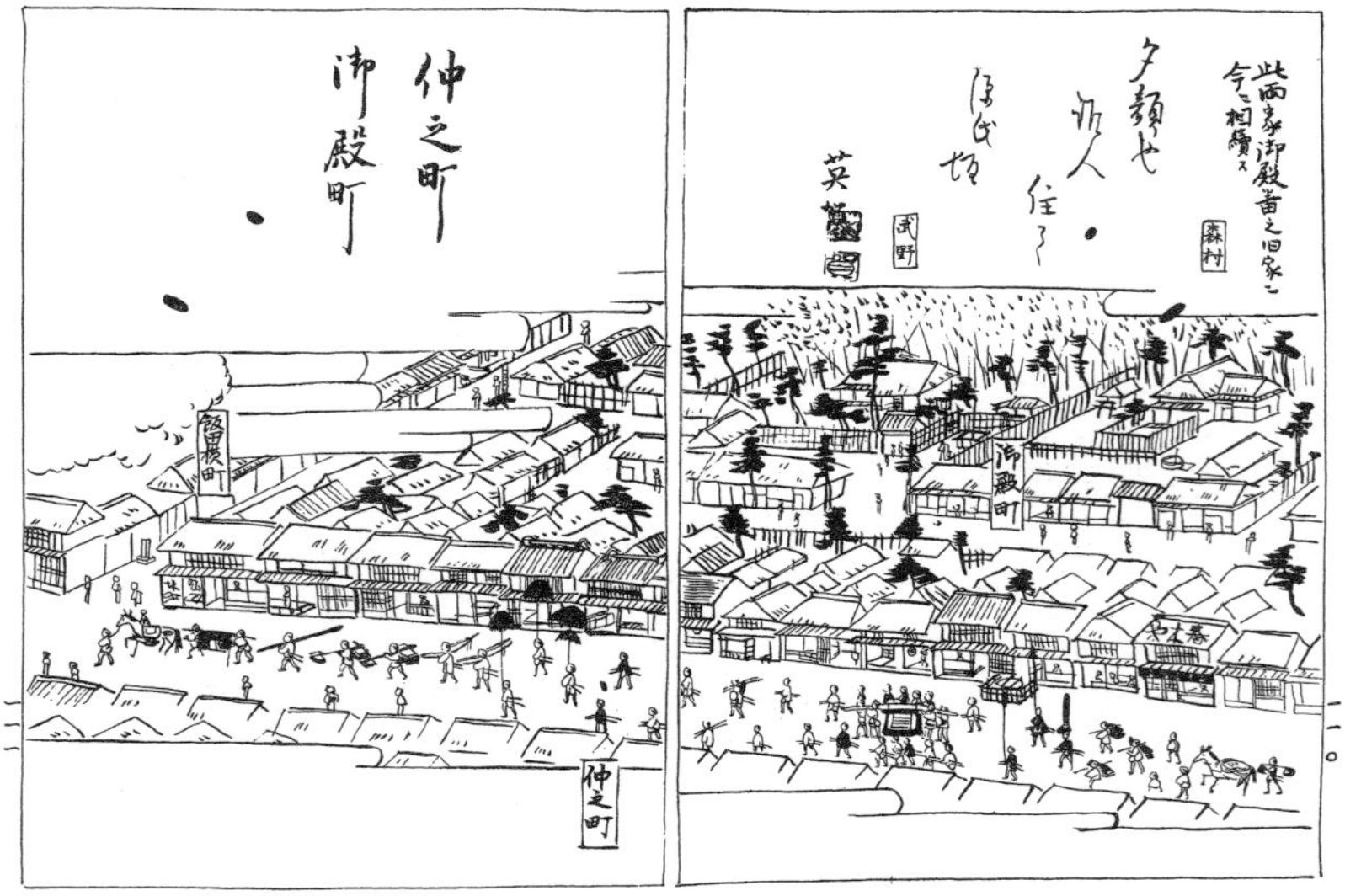

50挿絵「仲之町・御殿町」

51挿絵「仲之町の景」

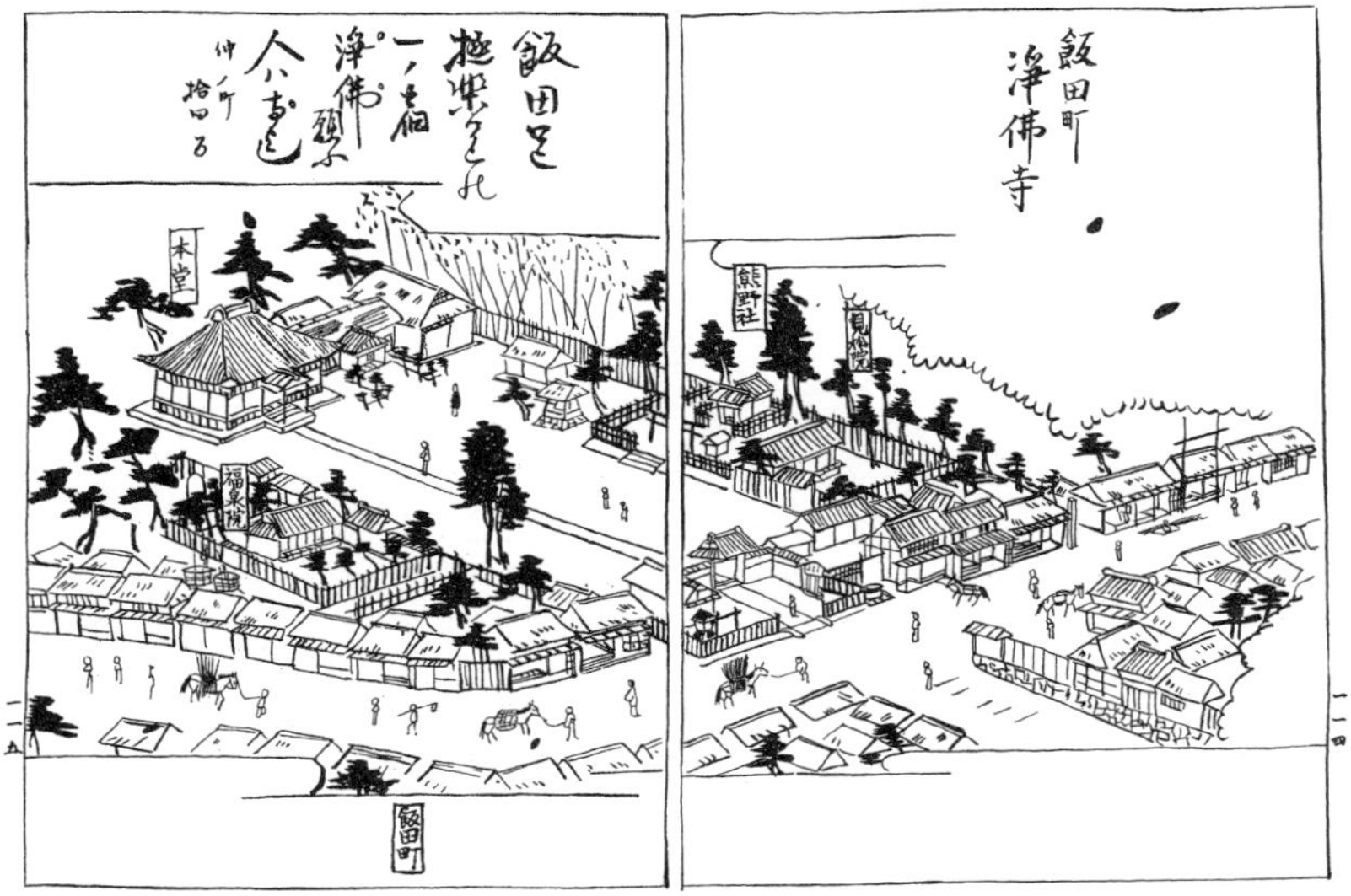

52挿絵「飯田町・浄仏寺」

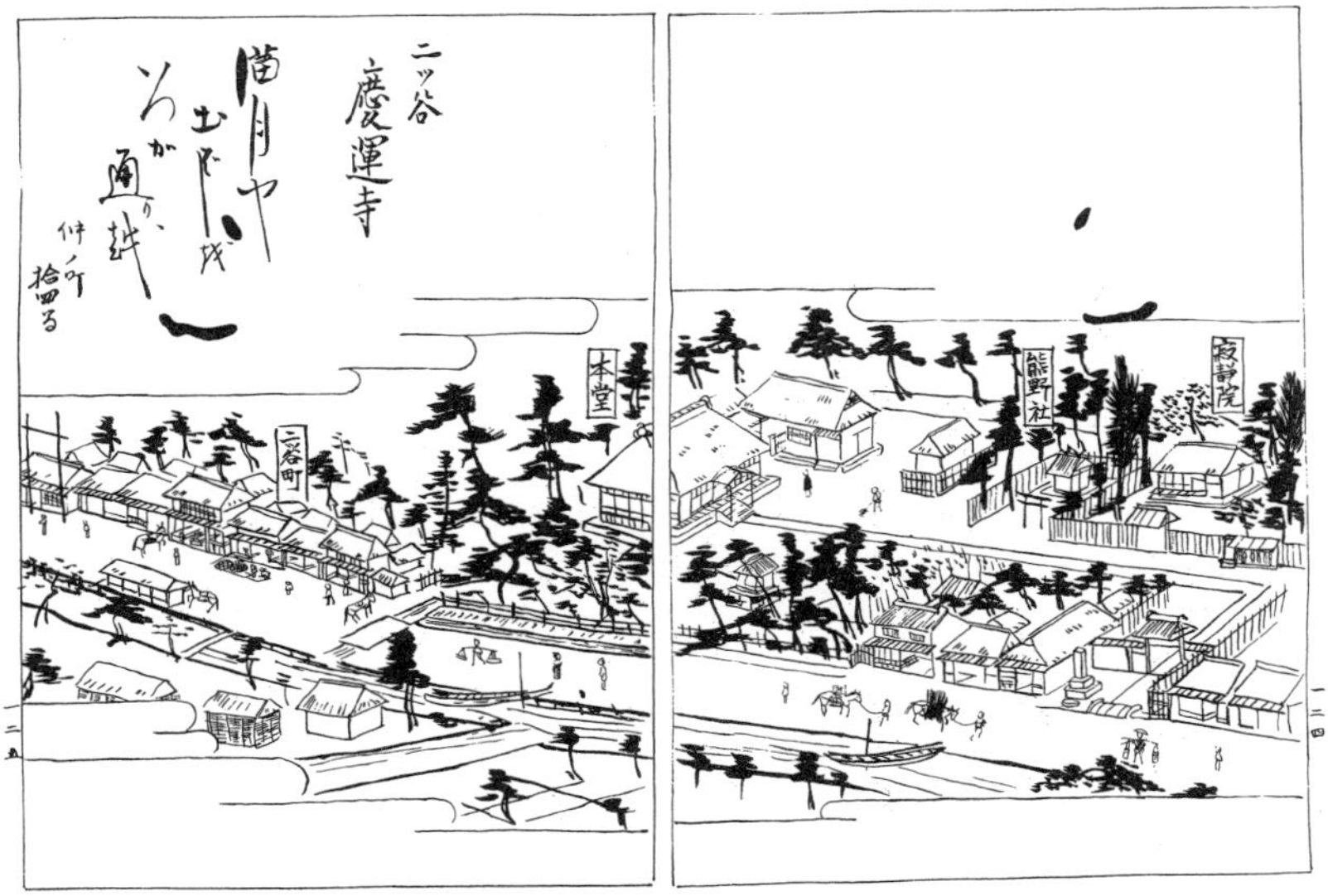

56挿絵「二ツ谷・慶運寺」

58挿絵「神奈川御本陣」

59挿絵「瀧之橋・権現山」

60挿絵「浄瀧寺」

67挿絵「権現山合戦」

69挿絵「神奈川之住人　間宮彦四郎勇戦」

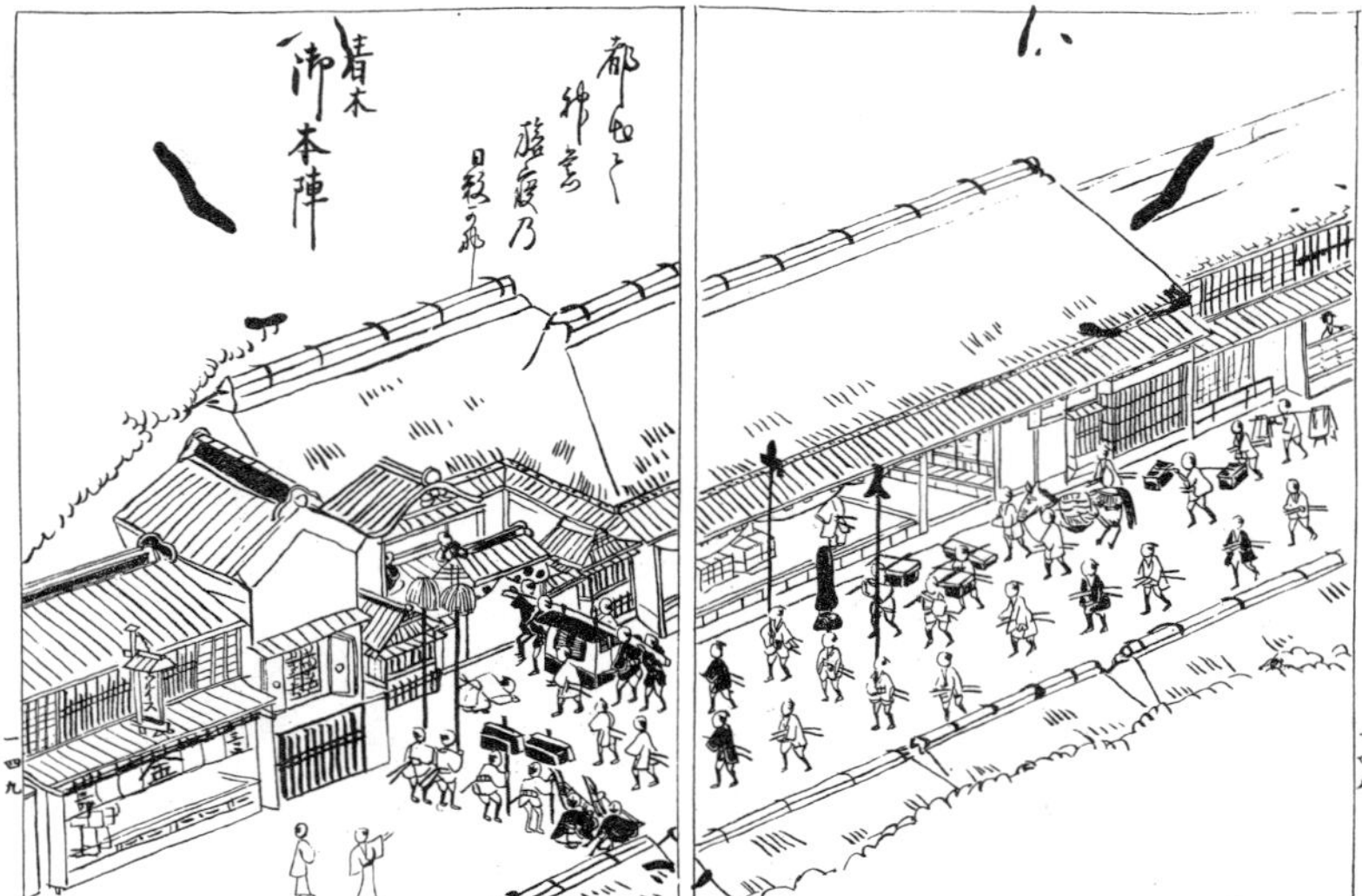

71挿絵「青木御本陣」

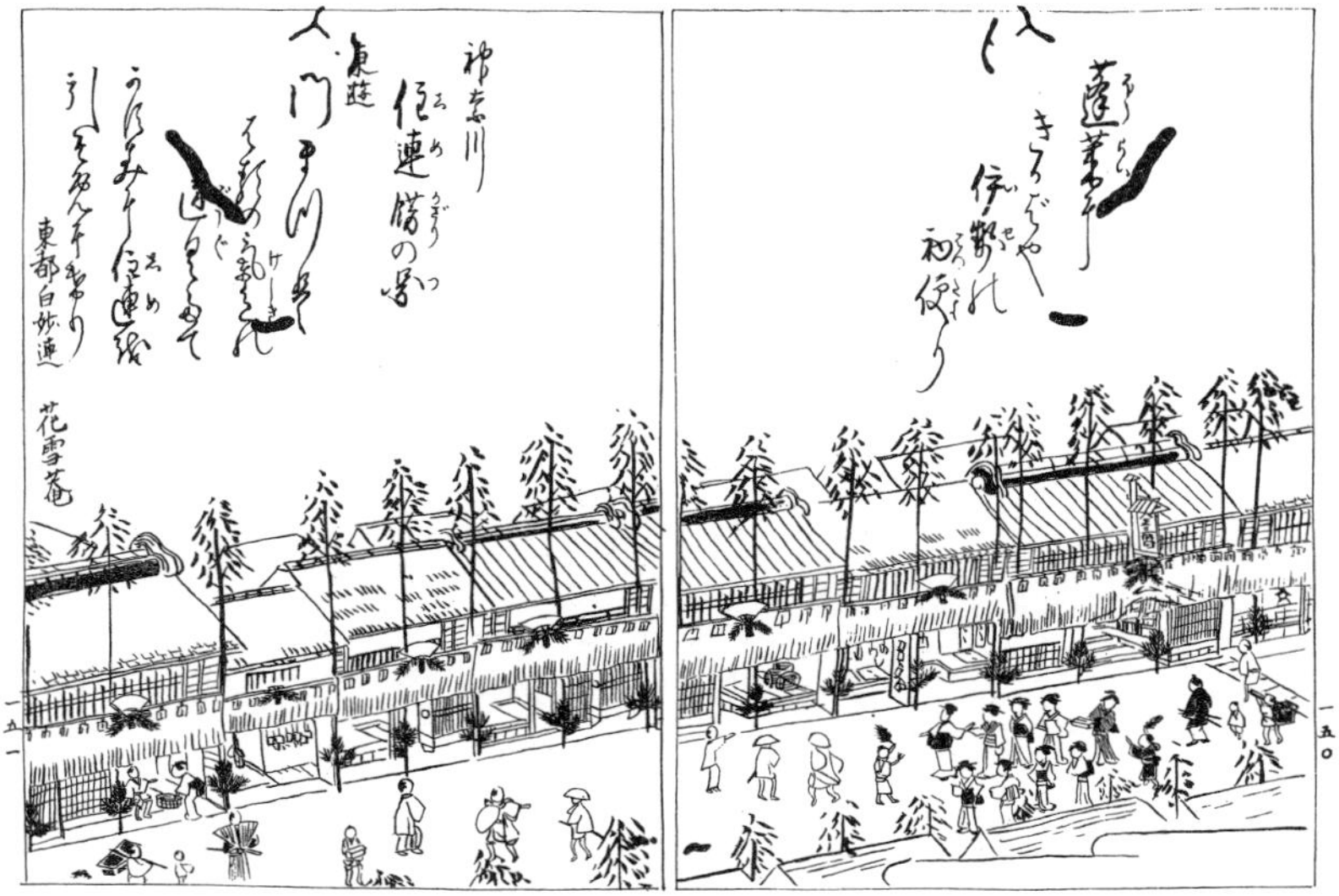

72挿絵「神奈川注連飾の図」

73挿絵「青木町裏座敷ノ図」

74挿絵「其(青木町裏座敷ノ図)二」

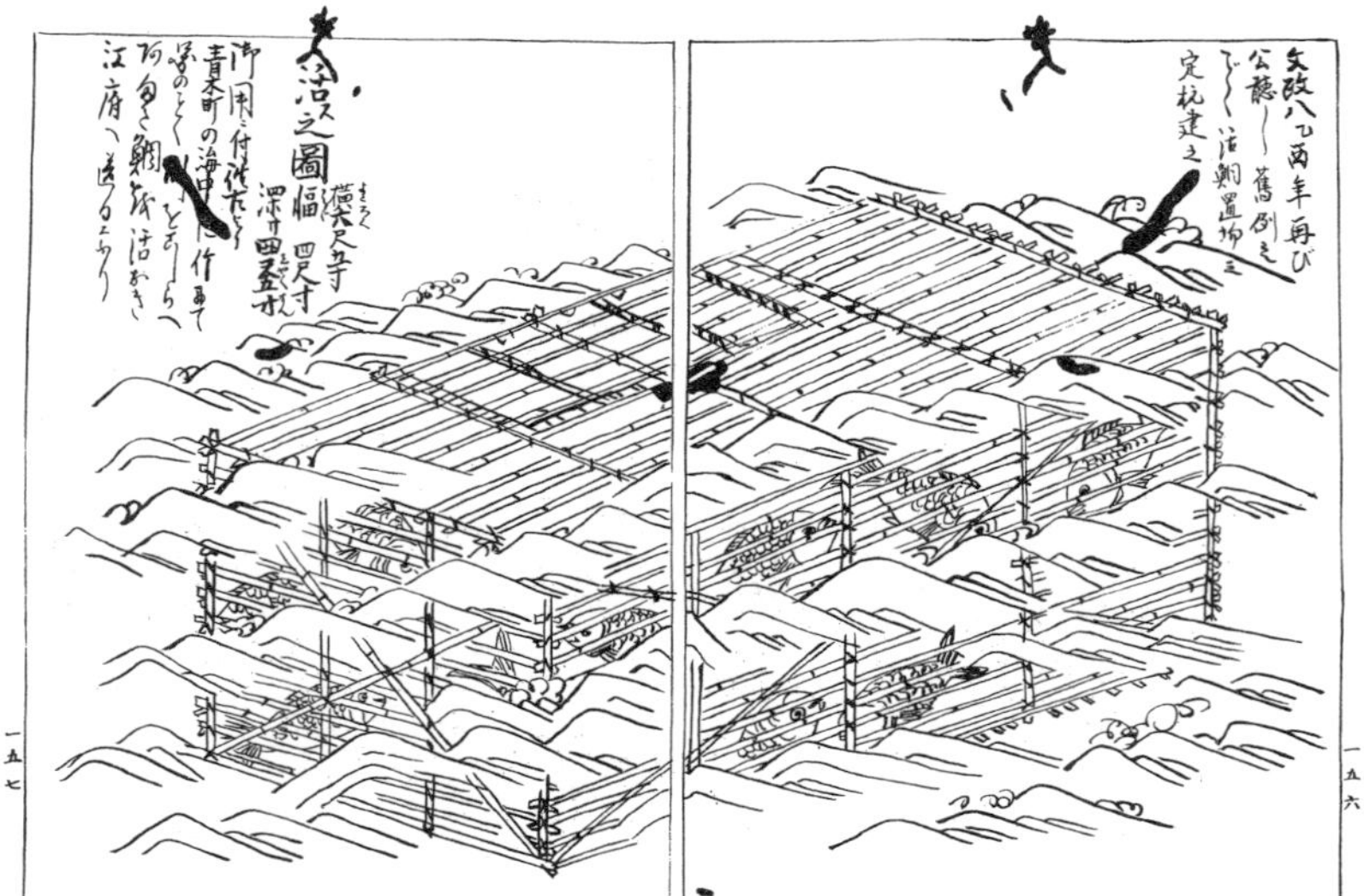

75挿絵「活ス之図」

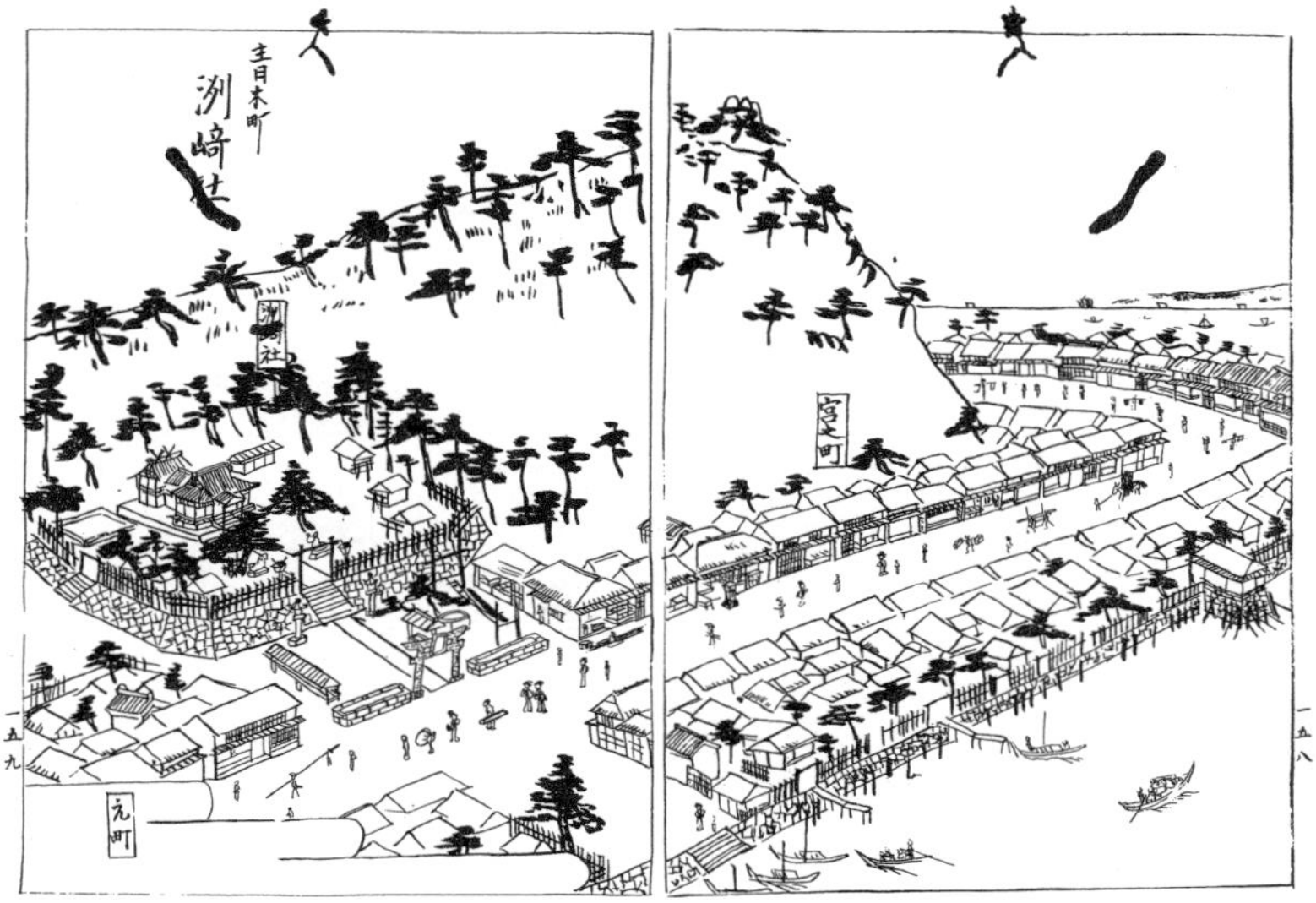

76挿絵「青木町・洲崎社」

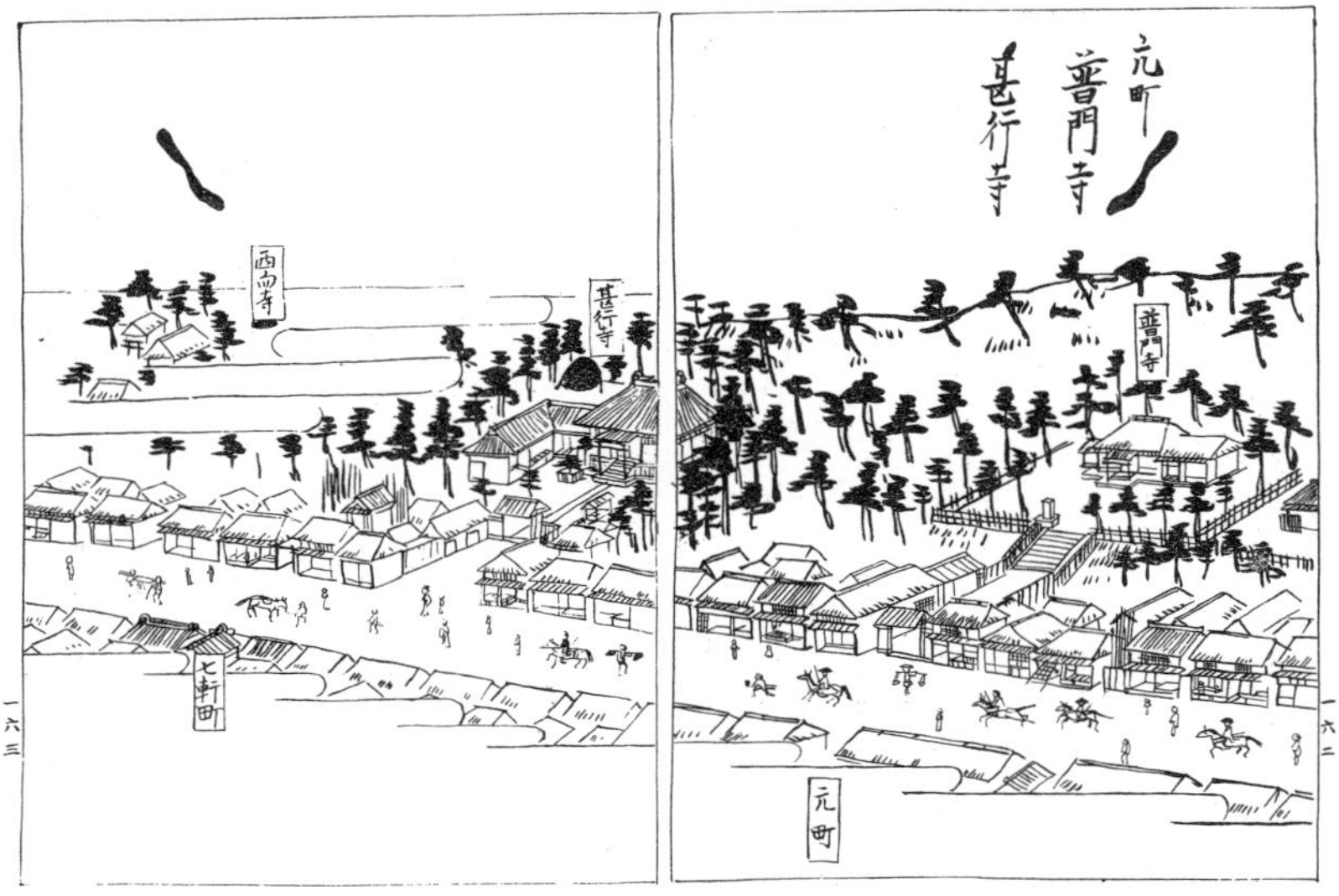

79挿絵「元町・普門寺・甚行寺」

86挿絵「七斬(軒ヵ)町・本覚寺」

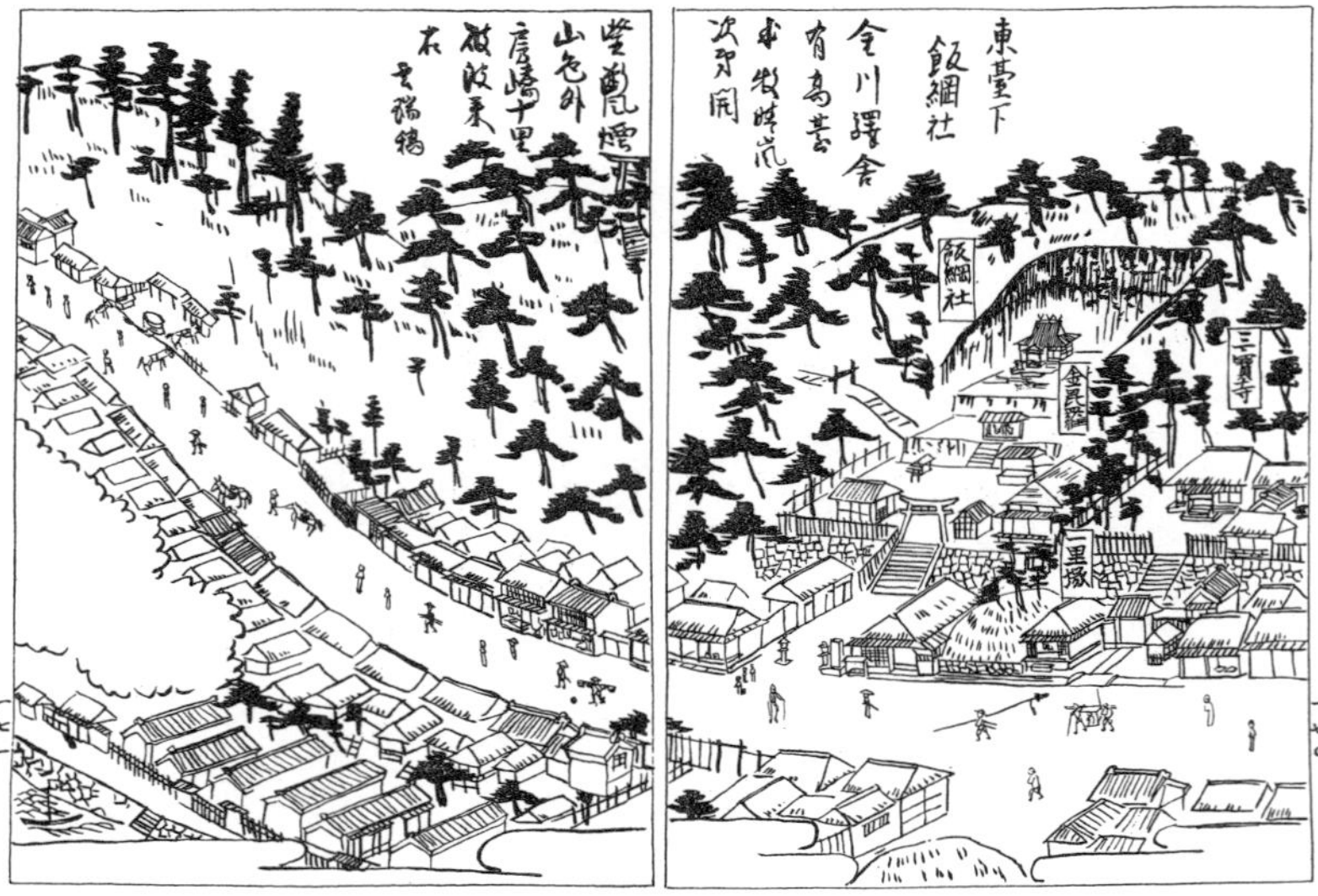

87挿絵「東台下・飯綱社」

93挿絵「台町茶屋之景」

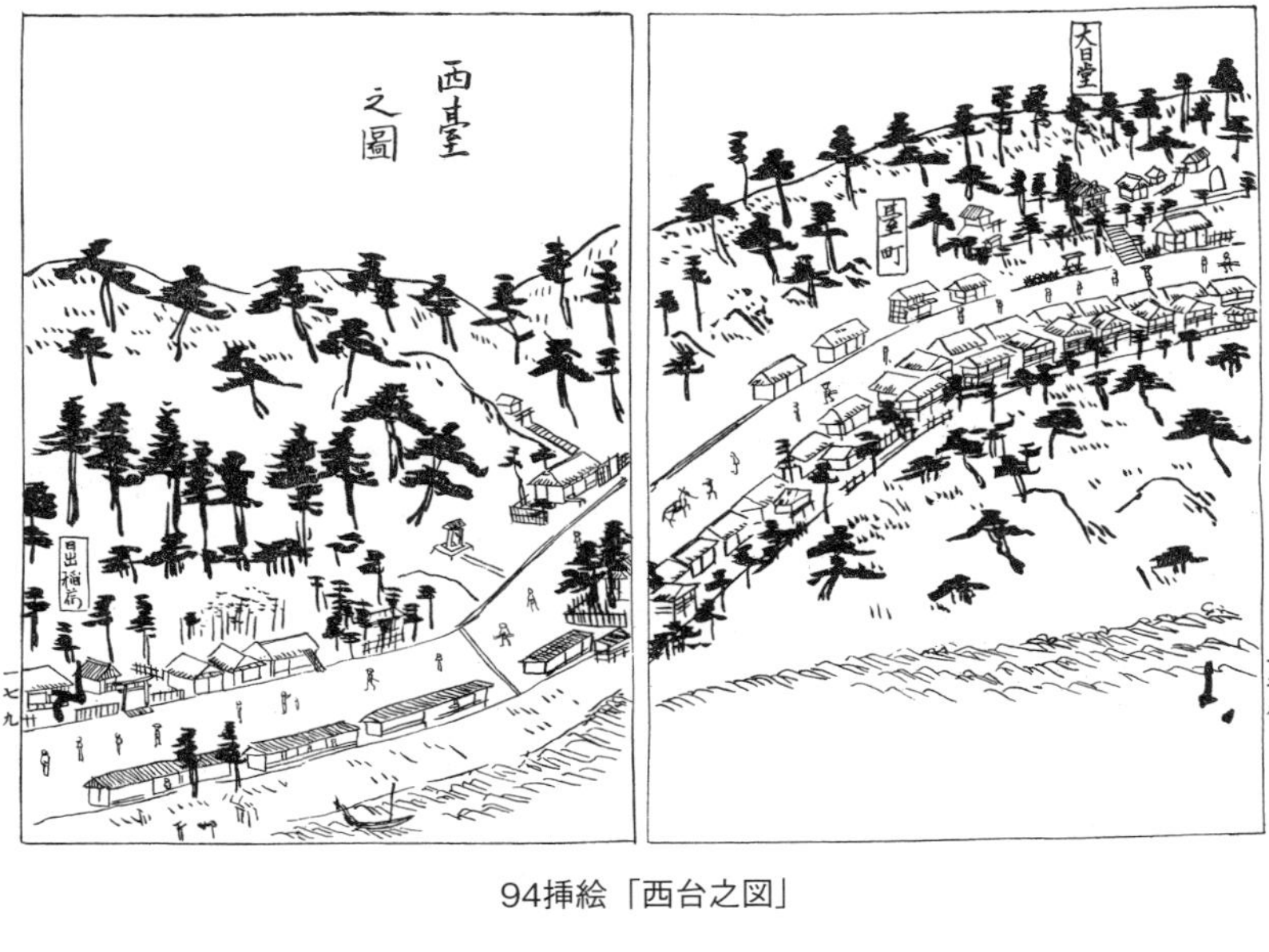

94挿絵「西台之図」

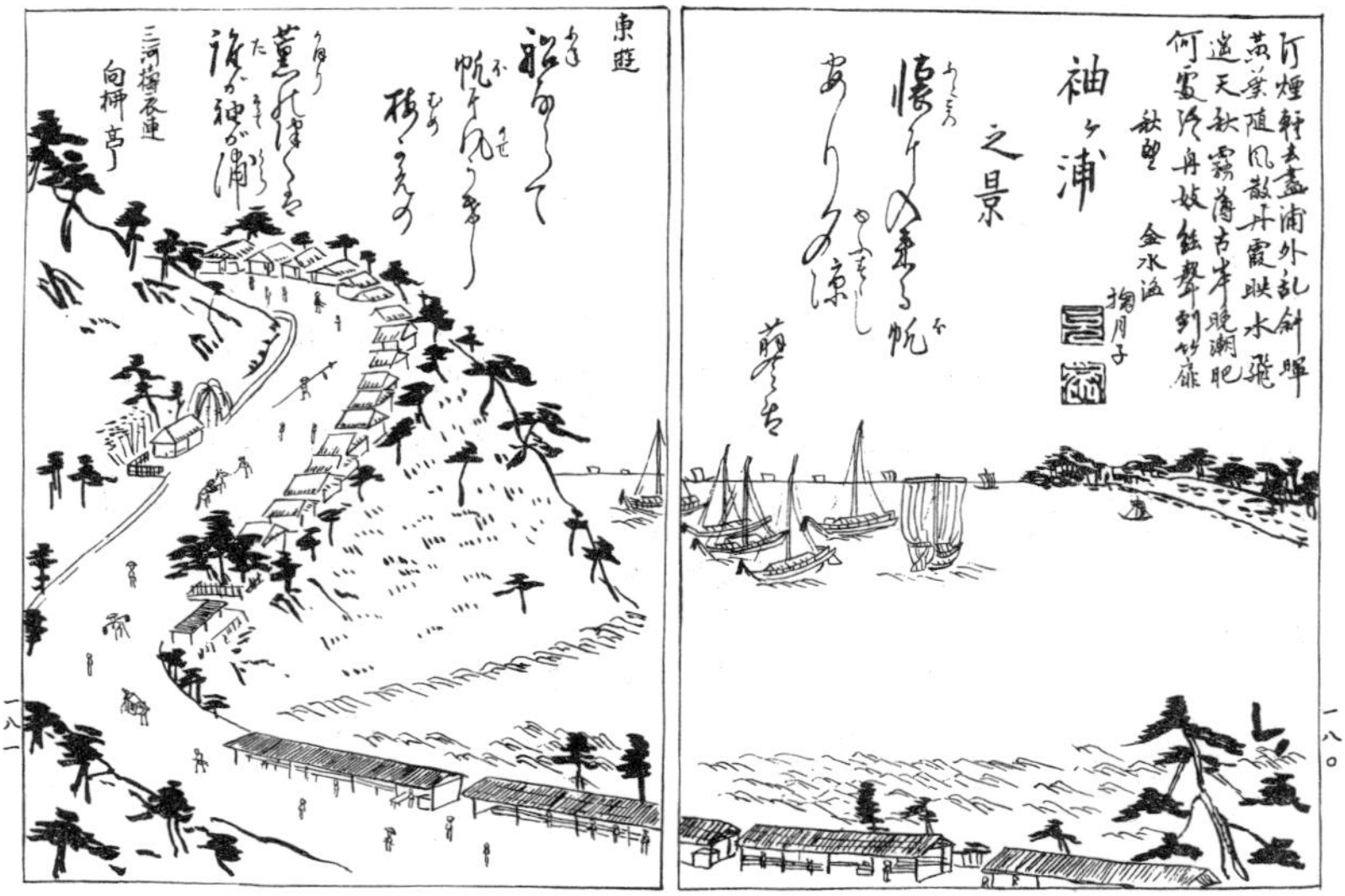

95挿絵「袖ヶ浦之景」

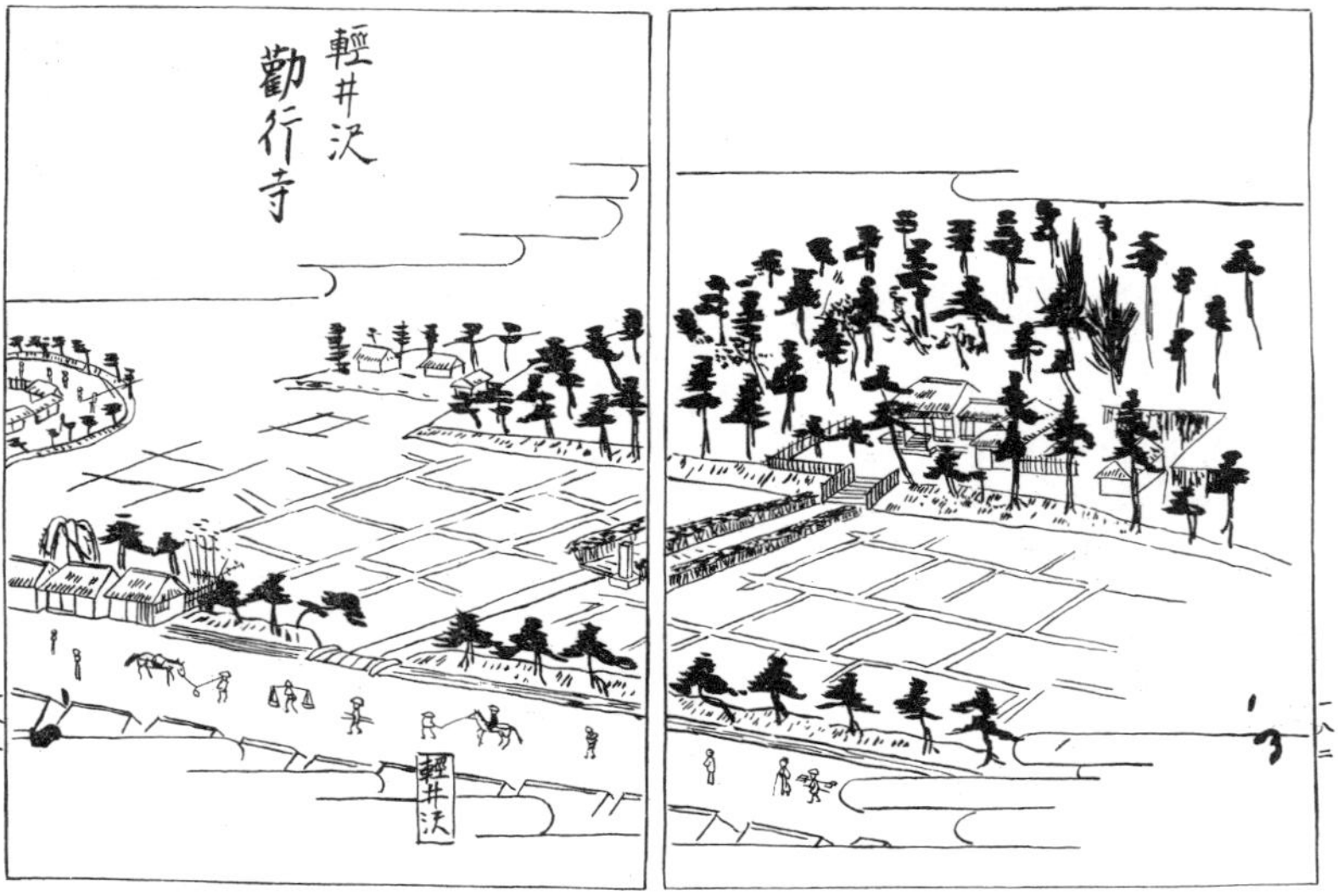

96挿絵「軽井沢・勧行寺」

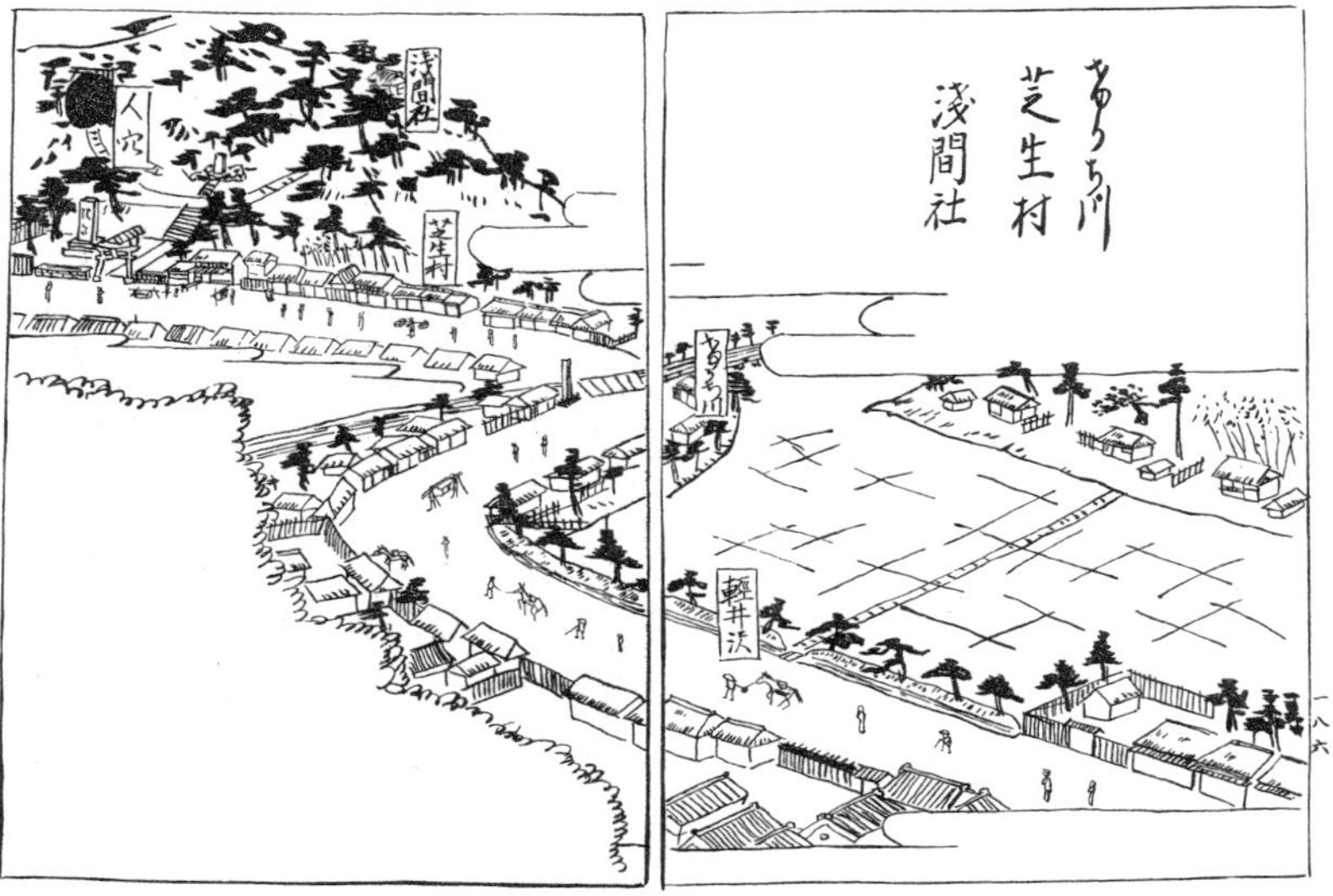

98挿絵「けかち川・芝生村・浅間社」

99挿絵「三沢檀林」

100挿絵「其(三沢檀林)二・八幡宮」

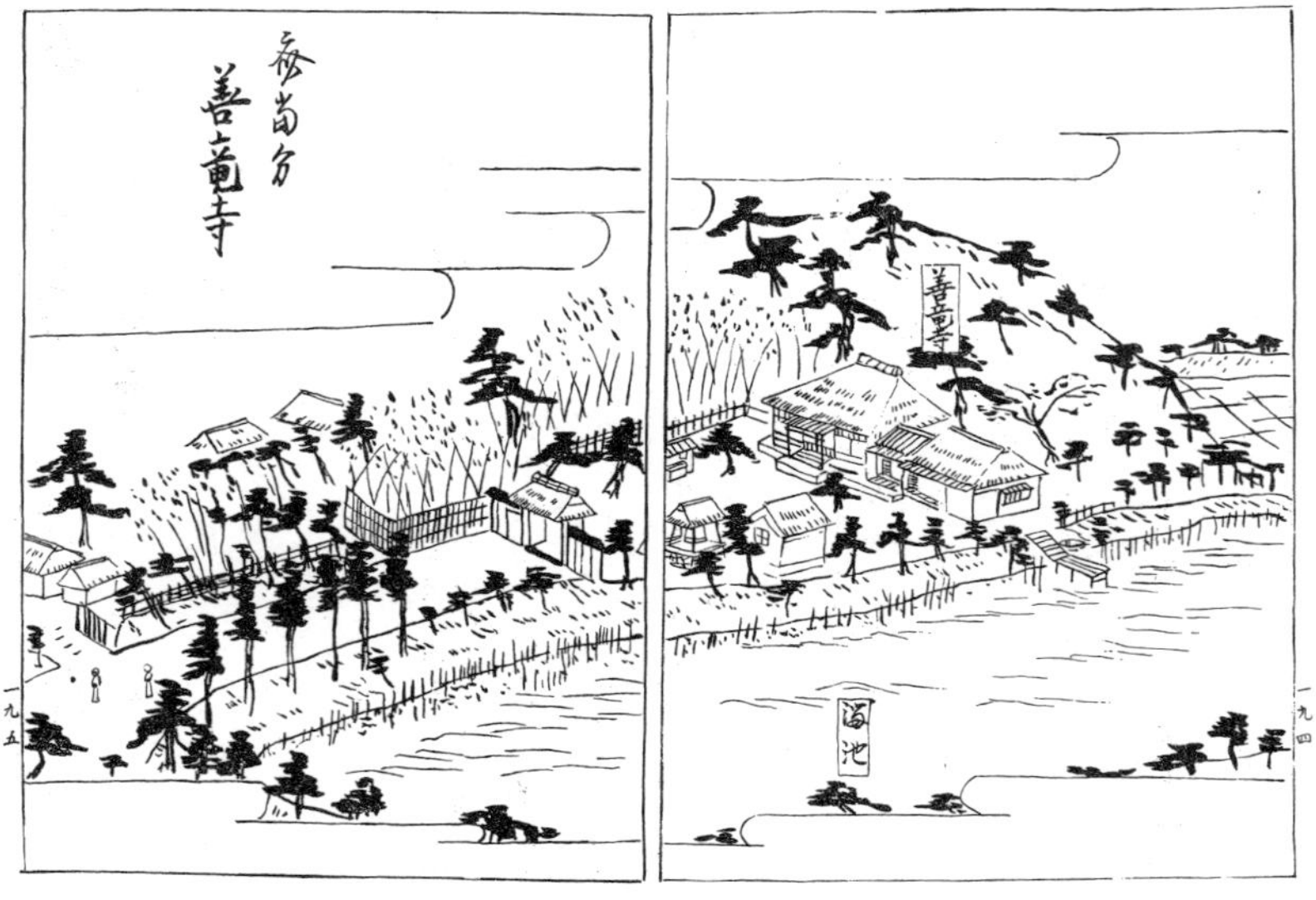

105挿絵「斉当(藤カ)分・善竜寺」

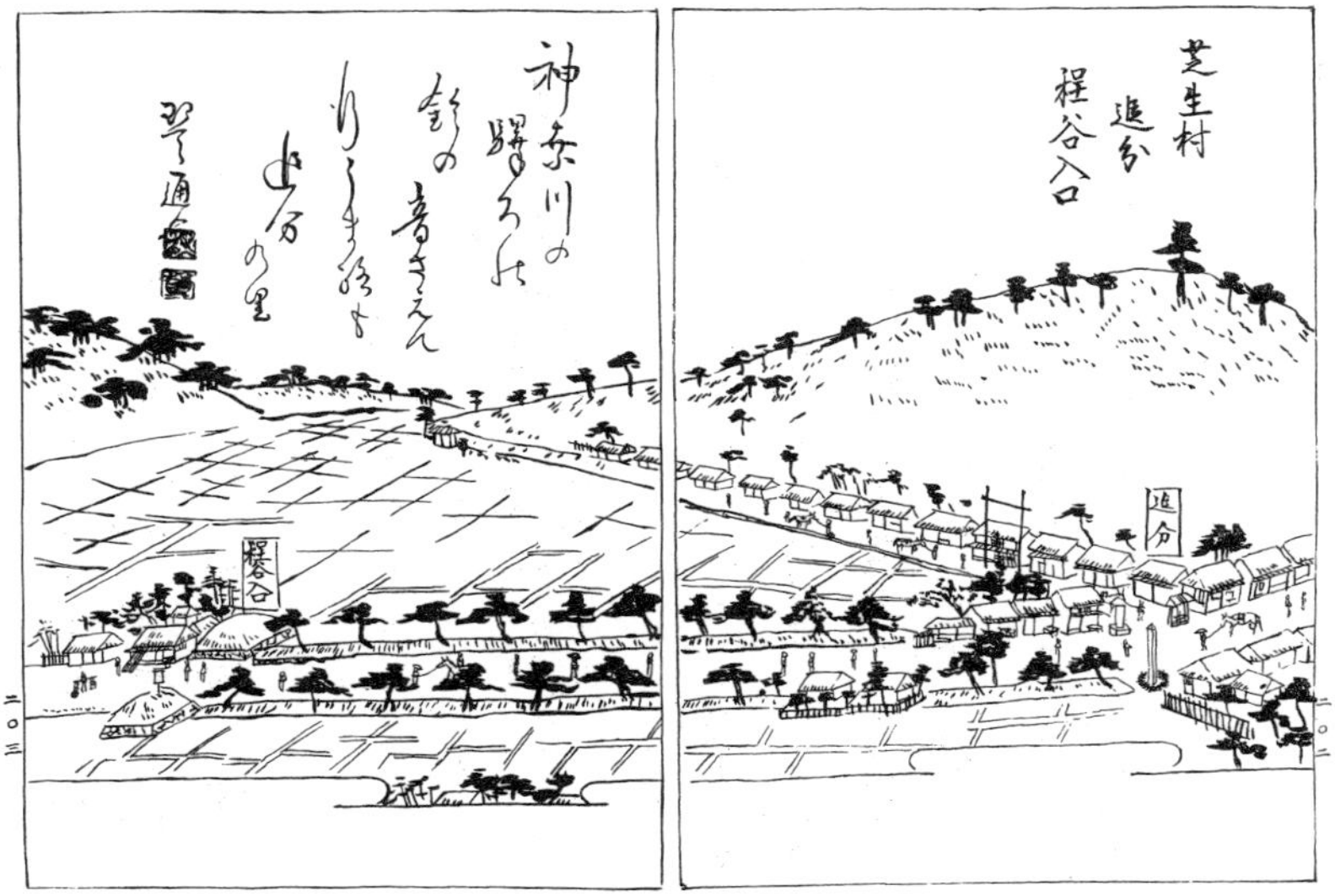

109挿絵「芝生村追分・程谷入口」

第八節　挿絵中所収の詩歌の作者

武相叢書本＝平田家本「神奈川砂子」の特徴として、本文に所収されている挿絵に俳句・川柳・和歌・狂歌・漢詩といった詩歌類が挿入されていることは前述した通りである。詩歌の内容は挿絵が所収されている各節で紹介したので、第八節では挿絵中の詩歌類全四八首について、まず作者が判明するものと不詳なものに分け、ついで判明する作者について神奈川宿在住の文人と江戸の狂歌連の系統の二つに分類することにより、煙管亭喜荘の文芸ネットワークの一端を明らかにしたい。

一　挿絵所収の詩歌一覧

まず、四八首の詩歌を一覧すると次の通りである。便宜的に①～㊽の通し番号をふった。

7挿絵「生麦松原・子安一里塚」

①「旅かこの　さか手もいまた　にえきらて　えましのたらぬ　生麦の里　琴通舎」

9挿絵「其(子安村)二」

②「日の入るに　構はぬ夏の　旅路かな」

10挿絵「入江川橋・一之宮」
③「はるの日も　はや山の端に　入江川　かへす光りを　水に見る哉　よミ人しらす」
11挿絵「新宿村」
④「おのつから　り、敷見ゆる　足元ハ　これあつらいの　仏(紺カ)の旅人　十返舎一九」
⑤「春風や　売切て居る　道中詩(記カ)　岱画」
14挿絵「神奈川方角図」
⑥「鳴な〳〵　夫程きめて　かへる鳫　一古」
15挿絵「其(神奈川方角図)二」
⑦「笠紐の　赤きもまちる　春の旅　曲笠庵紹□」
⑧「旅人の　足も留るや　袖がうら」
16挿絵「観福寺」
⑨「竜燈の　松に一声　ほと、きす　汶参」
18挿絵「並木町・新町・長延寺」
⑩「夏の夜を　唄ふて来り　並木町」
⑪「笛の音や　今宵ハたしか　並木丁」
22挿絵「新町・良仙寺」
⑫「草の根ハ　寺より古し　鳴鳩」
28挿絵「荒宿町・能満寺」

⑬「金川の　ありたけ酒も　能満寺　酔てこゝろも　虚空蔵哉」
29挿絵「上無川・慈雲寺」
⑭「からのうく　水に声あり　時鳥　英賀」
34挿絵「金蔵院・熊野社・御殿跡」
⑮「大君の　恵ミいたゝく　御手折の　梅か薫りの　袖の浦かせ　琴通舎」
38挿絵「海浜漁場」
⑯「石踏の葉の　魚煮る烟に　しほれけり」
40挿絵「田畑之図」
⑰「鴈の声　おぼろ〳〵と　何百里」
41挿絵「神奈川夜之景」
⑱「相逢双蘭沈々　儻語人偏愧同　衾裡把袂掩朱唇　大海」
⑲「倡女残粧紅粉頰　朱唇一点画眉顰　玉簪参差横蟬鬢　嬌態不知媚幾人　玄瑞」
45挿絵「熊野社夜宮祭礼」
⑳「夏の夜も　賑しけりや　あめや傘　仲ノ町拾四番」
47挿絵「十番町の景」
㉑「水や空　夕虹かけて　鯵の照　桂荊閑逸」
49挿絵「小伝馬町・吉祥寺」
㉒「行月に　物のかゝらぬ　海辺かな」

㉓「俯仰両青空　舟行明鏡中　蓬莱定不遠　正要一飄風　大海」
50挿絵「仲之町・御殿町」
㉔「夕顔や　誰人住て　源氏垣　英賀」
51挿絵「仲之町の景」
㉕「松原に　飛脚ちいさし　雪の暮」
52挿絵「飯田町・浄仏寺」
㉖「飯田道　極楽道の　一ノ宿　浄仏願ふ　人ハ寺迄　仲ノ町拾四番」
56挿絵「二ツ谷・慶運寺」
㉗「満月や　土ばしをいつか　通り越　仲ノ町拾四番」
58挿絵「神奈川御本陣」
㉘「旅人や　暁かたの　蚊の行衛」
59挿絵「瀧之橋・権現山」
㉙「孤峯突兀聳天涯　万里滄濵一片霞　払檻徐風吹不尽　四時斉発満山花　釈玄瑞」
㉚「江上支笻眼界寛　夕陽影浦水雲寒　憑誰説与間鷗鷺　借我魚磯於釣竿　大海」
67挿絵「権現山合戦」
㉛「この山の　なくなる迄ハ　はなし種　仲ノ町拾四番」
㉜「往昔軍城地　忠臣不弁銘　郊原余古骨　野寺留精霊　松下陰雲暗　山頭鬼火青　幽魂何処在　秋月独冷々　右懐古」

㉝「北条征戦地　殻角自関東　鉄馬嘶青海　剣華削彩虹　千軍離乱後　百戦未曾終　烽火連山上　満城成膾風　釈玄瑞」

69挿絵「神奈川之住人　間宮彦四郎勇戦」

㉞「莫勇の　けむりの跡や　草の露　仲ノ町十四番」

㉟「鉄馬先鋒士　姓名謂間宮　関門第一勇　城外百千功　薙剣合軍卒　佩刀破虜戎　甲兵時奏凱　戦勝尽君忠　釈玄瑞」

71挿絵「青木御本陣」

㊱「都出て　神も旅寝の　日数かな」

72挿絵「神奈川注連飾の図」

㊲「蓬莱に　きかばや伊勢の　初便り」

㊳「門まつは　はるの気色の　道具たて　かすみに注連を　引そめにけり　東都白妙連花雪庵」

73挿絵「青木町裏座敷ノ図」

㊴「山下白雲縹緲　水遠紅樹依稀　信有桃源郷処　漁人令亦忘帰　大海」

74挿絵「其(青木町裏座敷ノ図)二」

㊵「神奈川に　とひかふつるの　はねさハや　さしてそ来ぬる　松のひともと　蜀山人」

㊶「丼りを　たゝくくゐなの　音すなり　弁当箸の　みしか夜の月」

87挿絵「東台下・飯綱社」

㊷「金川駅舎有高台　本牧晴嵐次第開　望断風煙山色外　房嶠十里破波来　右玄瑞稿」

95挿絵「袖ヶ浦之景」

㊸「秋望」「汀煙転去尽　浦外乱斜暉　黄葉随風散　丹霞映水飛　遙天秋霧薄　古峯晩潮耙　何処語舟妓　絃声到竹扉　金水漁　掬月子」

㊹「懐に　入来る帆あり　夕涼　蓼太」

㊺「東遊」「舩ならて　帆に風かけし　梅かえの　薫のつくは　誰が袖が浦　三河檮衣連向柳亭」

99挿絵「三沢檀林」

㊻「拾遺」「世中に　嬉しき物ハ　思ふとち　花見てすくす　心なりける」

㊼「山さくら　思ふ色添ふ　霞かな」

109挿絵「芝生村追分・程谷入口」

㊽「神奈川の　駅ろの鈴の　音さえて　行うま路も　追分の里　琴通舎」

この内、三井文庫本に所収されているのは、72挿絵「神奈川注連飾の図」の㊲「蓬莱に　きかばや伊勢の　初便り」と㊳「門まつは　はるの気色の　道具たて　かすみに注連を　引そめにけり　花雪庵」と、74挿絵「其(青木町裏座敷ノ図)二」の㊵「神奈川に　とひかふつるの　はねさハや　さしてそ来ぬる　松のひともと　蜀山人」と㊶「丼りを　た、くくゐなの　音すなり　弁当箸の　みしか夜の月」の四首のみである。なお、㊳の作者名については武相叢書本の「東都白妙連花雪庵」ではなく「花雪庵」とのみ記されている。また、㊲の作者名は明記されていないが、松尾芭蕉の句である。おそらく㊵の大田蜀山人の狂歌とあわせて、三井文庫本の筆写者が承知している有名なもののみを選択し、それ以外の詩歌については省略したのであろう。あるいは三井文庫本は「東都白妙連」に伝来した系統の写本なのであろうか。

二　作者別の分類と喜荘のネットワーク

さて、以上の①〜㊽の詩歌類を、作者別に分類すると、次の通りである。

A琴通舎英賀―①⑭⑮㉔㊽
B仲之町拾四番―⑳㉖㉗㉛㉞
C大海―⑱㉓㉚㊴
D玄瑞―⑲㉙㉜㉝㉟㊷
E曲笠庵紹□―⑦
F桂荊閑逸―㉑
G掬月子―㊸
H作者名有・その他古歌―④（十返舎一九）、⑤（岱画）、⑥（一古）、⑨（汶参）、㊳（東都白妙連花雪庵）、㊵（蜀山人）、㊹（蓼太）、㊺（三河檮衣連向柳亭）、㊻（拾遺）
I作者不明・記載無―②③⑧⑩⑪⑫⑬⑯⑰㉒㉕㉘㊱㊲㊶㊼

一人で複数の詩歌を詠んでいるのは、A琴通舎英賀―①⑭⑮㉔㊽の五首、B仲之町拾四番―⑳㉖㉗㉛㉞の五首、C大海―⑱㉓㉚㊴の四首、D玄瑞―⑲㉙㉜㉝㉟㊷の六首の四人である。A琴通舎英賀・B仲之町拾四番・E曲笠庵紹□は俳句・川柳・狂歌、C大海とD玄瑞はともに漢詩のみである。俳句・川柳・和歌・狂歌と漢詩では、前提となる文学的素養が異なるので、両者をともに詠む作者はいない。

この内、A琴通舎英賀は明和七年(一七七〇)に生まれ、天保一五年=弘化元年(一八四四)に死去した江戸時代後期の狂歌師で、先述した『増補武江年表2』にも名前がみえる人物である。B仲之町拾四番が煙管亭喜荘本人と想定されることは前述した通りである。また、D玄瑞は「釈玄瑞」と名乗っていることから僧侶である。おそらく神奈川宿ないしは近隣に存在するいずれかの寺院(漢詩の素養からみれば、浄土宗・禅宗系か)の住職であろう。また、41挿絵「神奈川夜之景」における⑱(大海)⑲(玄瑞)や59挿絵「瀧之橋・権現山」における㉙(玄瑞)㉚(大海)というように、同じ挿絵に玄瑞と競うように漢詩を記しているC大海も神奈川宿在住の人物と思われる。

一首のみを詠んだ人物の内、F桂荊閑逸は「神奈川砂子」の跋文を執筆した人物である。また、漢詩である㊸を詠んだG掬月子には「金水漁」という肩書が記されている。「金水漁」とは「金」川=「神奈川」の海辺あるいは瀧の川沿い(=「水」)に存在する猟師町(漁師町=「漁」)をさすと思われるので、掬月子もまた神奈川宿在住の文人ということになろう。このようにC大海・D玄瑞・F桂荊閑逸・G掬月子は神奈川宿在住であると思われ、「神奈川砂子」の序文を執筆した飯田徐風も加えた、神奈川宿における文人のサークル・ネットワークの存在が想定される。挿絵中の詩歌の作成・選択だけでなく、「神奈川駅中図会」「神奈川砂子」の編纂を地元である神奈川宿において支えた人々であろう。

一方、A琴通舎英賀は江戸の狂歌師であり、72挿絵「神奈川注連飾の図」の㊳(東都白妙連花雪庵)と95挿絵「袖ヶ浦の景」の㊺(三河橋衣連向柳亭)も江戸の狂歌連の流れを組むものであろう。前述の神奈川宿在住の文人ネットワークとは異なり、江戸を中心とした狂歌連のネットワークということになる。こうした江戸の狂歌連のネットワークの中でも、本文最初の挿絵である7挿絵「生麦松原・子安一里塚」の①「旅かこの　さか手もいまた　にえきらて　えましのたらぬ　生麦の里」と最後の挿絵である109挿絵「芝生村追分・程谷入口」の㊽「神奈川の　駅ろの鈴の　音さ

えて　行うま路も　追分の里」が配置され、喜荘の師匠筋にあたる「淮南堂先生」の返歌の一節が「かな川の里」として英賀の両歌の末尾を意識しているように、琴通舎英賀の位置づけは別格である。最初の挿絵と最後の挿絵に対応する詩歌については、当初より英賀へ委嘱する予定であった可能性が高い。

まとめ

「神奈川砂子」挿絵中へ挿入された詩歌類が、どのような意図と順序で選択されていったのかを確定することは困難であるが、少なくとも説明文と挿絵が完成した後に、神奈川宿在住の文人と江戸の狂歌連という二つのネットワークに依拠しながら、かれらが新たに作成した詩歌とすでに存在していた詩歌を適宜選択しながら、それぞれの挿絵に対応すると喜荘が判断して選択していったものと思われる。神奈川宿在住の人々が喜荘の店や玄瑞の住寺などに集まり、「神奈川砂子」の文章と挿絵をみながら、挿絵に対応する詩歌の想を練ったのであろう。江戸の文人たちについては、喜荘の招きに応じて神奈川宿へ来訪したか、あるいは喜荘が「神奈川砂子」の稿本を江戸へ持参して詩歌を乞うたことが想定される。

おわりに

以上、第二章では、煙管亭喜荘により文政七年（一八二四）に編纂された「神奈川砂子」を題材として、第一節から第八節まで検討を加えてきた。ここではあらためて各節の内容を確認した上で、同書の構成・内容と成立の順序、及び同書の編纂を支えた人脈を考察する。最後に若干の課題を提示することとしたい。

一　各節の概要

まず、各節の内容を確認しておこう。

第一節では、「神奈川砂子」の刊本の内、平田家本を底本とし欠損部分について三橋家本で補訂した武相叢書本の構成を概観するとともに、三井文庫本との異同について検討した。その結果、両者の構成には若干の相違点はあるものの、本質的な違いはなく、以下、武相叢書本を中心に検討を進めることを確認した。

第二節では、「神奈川砂子」の前付である1「金川砂子序」・2「序」・3「凡例」について検討を加えた。飯田徐風による1「金川砂子序」は、「東海道名所図会」における「中山前大納言愛親」の序文を意識したものである。徐風によれば、「神奈川砂子」の書名は「江戸砂子」に依拠しており、江戸との関連を強く意識していることが窺われる。徐風の序文は文政七年（一八二四）八月二五日の執筆であり、それ以前に「神奈川砂子」本文が完成していたことになる。喜荘による2「序」は文政七年の「夏」（四月〜六月）の成立であり、「神奈川駅中図会」の完成から一年〜一年半の短期間で「神奈川砂子」が作成されたことになる。

全五か条からなる3「凡例」では、地理認識の基準を示した第二条と記述範囲を明示した第四条が注目される。第二条では「神奈川中央」としての瀧の橋の設定と、記述の方向が東＝江戸側→西＝京都側であることを確認している。第四条では、東海道沿いの神奈川宿に限定されていた「神奈川駅中図会」の記述範囲が、「神奈川砂子」においては東海道筋から内陸に位置する神奈川町・青木町の枝郷である「三ツ沢檀林・斉当分・善竜寺」を含むことによって行政範囲としての神奈川町・青木町の全域が対象とされるとともに、東＝江戸側の隣村である子安村と西＝上方側の隣村である芝生村（と保土ヶ谷宿入口の江戸方見附）までを挿絵の対象に含めるとしている。このように「神奈川砂子」は、他者による「序」と「凡例」を備え、記述範囲の拡大とあわせて、より本格的な名所図会としての体裁を整えている。

第三節では、喜荘における東海道認識を示す5「東海道」と、3「凡例」第四条に記された「子安村・入川・新宿」の挿絵に対応する7挿絵「生麦松原・子安一里塚」〜12挿絵「西連寺・浦嶋塚」という六点の挿絵について検討した。5「東海道」では、「凡例」第二条に対応させて、京都を起点とする「東海道名所図会」の東海道認識を、神奈川宿居住者の感覚に適合的な江戸を起点とするものに意識的に組み替えている。あわせて天地開闢から神武天皇の即位や平城京への遷都を経て「四神相応」の地である平安京への遷都までの歴史を簡潔に記し、13「神奈川駅」における「神奈川」「金川」の地名由来に関連する日本武尊の記事とともに、神奈川を「四神相応」の地として説明する前提としている。子安村関連の六点の挿絵は、「凡例」第四条の「左右の隣村子安村・入川・新宿・芝生村追分ハ、駅中に連隣村なれば図斗りあらハす」に対応し、東海道を通じた神奈川宿より東側への広がりを意識したものである。

第四節では、13「神奈川駅」を素材に、喜荘における神奈川宿認識を(A)〜(F)の六つに分けて検討した。「金川」「神奈川」という地名の由来を述べる(B)・(C)では、前者が日本武尊、後者が源頼朝による命名とする。神奈川宿の地勢を扱った(D)では、四神相応という吉祥の地として神奈川宿を表現し、海陸交通の交差点と風景の勝地であり「常に賑し」い「都会の地」である神奈川宿を描き出している。神奈川宿の繁栄を叙述する文言も、「東海道名所図会」の品川宿の項目を転用していた「神奈川駅中図会」と比較してより豊かな内容となっている。(E)では、東海道沿いの神奈川宿を東→西の順序で概観し、第五節で検討する各論の前提としている。最後の(F)では東海道五十三次で「一二をあらそふ」程、「金駅」＝神奈川宿が繁栄していると結んでいる。

第五節では、「神奈川砂子」における項目の内、各論にあたる16挿絵「観福寺」〜108「三沢檀林」について、13「神奈川駅」の(E)に記されていなかった神奈川町・青木町の枝郷である三ツ沢・斉藤分を加えた八つの部分に分けて内容を概観した。

第一の部分では、並木町の観福寺を対象とする16挿絵「観福寺」と17「護国山浦嶌院観福寿寺」について検討した。神奈川宿の東の入口にあたる神奈川町の並木町に位置し、江戸からの行程で神奈川宿最初の名所旧跡となる観福寺について、一定の分量が割かれていることは、「神奈川駅中図会」と同様である。また、大山・富士の遠望が16挿絵「観福寺」に描写されるとともに、17の説明文にも記述されているように、挿絵と説明文の表現が対応するように内容が設定されている。これは原則として他の項目についても同じである。また、喜荘は浦島伝説とそれをふまえた「本尊浦嶌観世音」に対する信仰面と、近江八景に匹敵する景勝地という二つの特徴を述べている。

第二の部分では、観福寺以外の並木町とそれに連続する新町・荒宿町に該当する18挿絵「並木町・新町・長延寺」〜33挿絵「東光寺・妙仙寺・仲木戸横町」について検討した。その結果、20「七塚」が新たに立項されるとともに、

「或人」の説として紹介された「真田家臣討死の塚」という理解が史実的に該当しない旨を考証している。また、24「海運山満願院能満寺」・25「神明宮」・31「平尾山東光寺」では、新たに該当寺社の縁起・由来に関する説明文が追加されており、より豊かな情報が記述されている。「神奈川砂子」編纂に伴う喜荘による新たな調査の成果と思われる。

第三の部分では、神奈川町の本町の四か町に含まれる十番町・九番町と、両町よりも海側に位置する小伝馬町・猟師町の部分について検討した。34挿絵「金蔵院・熊野社・御殿跡」では、金蔵院と神奈川町の鎮守である熊野神社、さらには神奈川御殿の礎石を描いている。35「神境山金蔵院東曼陀羅寺」では堀河天皇の「勅願」と歴代武家将軍の「祈願」による「霊場」「真言の古刹」である旨の説明文（史料12）が追加されている。36「熊野三社大権現」においてもその由来に関わる説明文（史料13）が追加されるとともに、六月一八日の例祭時における御輿渡御を描く46挿絵「同神輿渡御」とその前夜の「夜宮」を描く45挿絵「熊野社夜宮祭礼」が所収されており、昼の景と夜の景を対比させつつ熊野神社祭礼時における賑わいを描き出している。44「御守殿跡」では徳川家康・秀忠・家光という歴代の大御所や将軍が休泊した神奈川御殿の由来を記している。ここまでが十番町と九番町を対象とする部分である。

ついで、この両町より海側に位置する小伝馬町と猟師町を対象とする記述となる。ここでのポイントは38挿絵「海浜漁場」・42「漁場」・39挿絵「神奈川名産之図」であり、神奈川へ荷揚げされる魚介類とそれを扱う市場の賑やかさを表現している。また、41挿絵「神奈川夜之景」・47挿絵「十番町の景」・48挿絵「駅問屋」においては、東海道に沿った十番町・九番町の情景を対象としてその賑わいを描き出している。特に47挿絵「十番町の景」は、第一章で扱った「神奈川駅中図会」の所蔵家である「あめ七」（矢島家）を題材としており、同家が煙管亭喜荘の後援者であったことが想定される。このように十番町・九番町と小伝馬町・猟師町を対象とする34挿絵「金蔵院・熊野社・御殿跡」〜48挿絵「駅問屋」では、35「神境山金蔵院東曼陀羅寺」と36「熊野三社大権現」においてその由来を示す記述を追加するとともに、祭礼・町並みや魚市場を挿絵で描写することにより神奈川町の賑わいを表現している。

第四の部分では、神奈川町の本町の四か町の内、仲之町と、東海道より内陸に位置する御殿町・二ツ谷町・飯田町について検討した。ここでは、50挿絵「仲之町・御殿町」・52挿絵「飯田町・浄仏寺」・56挿絵「二ツ谷・慶運寺」という三枚の挿絵によりそれぞれの町を概観している。なかでも50挿絵「仲之町・御殿町」における御殿番屋敷の所在、55「正覚山法雨院成仏寺」と57「吉祥山茅草院慶運寺」にみられる飯田町の成仏寺と二ツ谷町の慶運寺が中心的な内容である。成仏寺と慶運寺については由来に関わる説明文（史料16・17）が追加されている。成仏寺についてはこの他、53挿絵「千貫松・浪石」と54挿絵「（禁制）」という挿絵と、同寺所蔵の禁制（史料15）と豊臣家奉行衆宛豊臣秀吉朱印状（史料16）も紹介するなど、他寺とは異なる力の入れようである。成仏寺の中興開山である本誉上人が、51挿絵「仲之町の景」の題材とされた「しらはたや」（白幡屋）＝岩崎家の出身であるから、意識的な事柄であろう。おそらく「しらはたや」（白幡屋）＝岩崎家も、先述した「あめ七」（矢島家）同様に喜荘の後援者であったものと思われる。

第五の部分では、「神奈川中央」に位置する瀧の橋とその両岸に位置する神奈川町の西之町と、青木町の瀧横町・瀧之町・久保町を中心に検討した。ここでは神奈川宿の中心部を描く59挿絵「瀧之橋・権現山」がメインの項目である。神奈川町と青木町の境界である瀧の川が、同時に繁栄する神奈川宿の中心軸であるというのが喜荘の認識であった。この範囲には、62「両御本陣」＝神奈川町西之町の石井本陣と青木町瀧之町の鈴木本陣、63「御高札」（高札場）、「神奈川中央にアリ、青木・神奈川境に掛ル、従是諸方道法を定ル」とされる64「瀧之橋」が存在している。本陣については58挿絵「神奈川御本陣」と71挿絵「青木御本陣」が配置されている。あわせて61「諏訪大明神」・65「妙湖山浄龍寺」・66「開塔山宗興寺」といった寺社の説明もある。この内、浄龍寺については同寺の由来が追加されている(史料18)。ここでは「瀧之町」「瀧横町」の町名の由来である権現山下の瀧についての記述がみられる。

特筆すべきは68「権現山」に関わる記述である。同地は「熊野権現の旧地」であり、同社の「元宮」が存在していた。「神奈川砂子」で追加された説明文である史料19では、高所という地勢による景勝地であるとともに、権現山合戦の故地である旨が記されている。合戦の様子は70「北条五代実記二ノ巻之中　武州神奈川権現山合戦ノ事」(史料20)に引用されており、それにもとづき67挿絵「権現山合戦」と69挿絵「神奈川之住人　間宮彦四郎勇戦」の挿絵が所収されている。「神奈川砂子」における歴史的な考証としては最も詳細な内容である。また、海側から旅籠街を眺めた73挿絵「青木町裏座敷ノ図」と74挿絵「其(青木町裏座敷ノ図)二」からは、海への眺望や釣りを希望する宿泊客は神奈川宿の中でも青木町を選択したことが想定される。青木町の旅籠を代表するように、74挿絵「其(青木町裏座敷ノ図)二」で夜の宴会の情景が描かれた羽沢屋は、喜荘に近い関係を想定することができよう。神奈川宿の正月の風景を描写した72挿絵「神奈川注連飾の図」は、同宿の賑わいを具体的に表現しようとしたものである。

第六の部分では、青木町の宮之町・元町・七軒町を検討した。この三か町の地形は、背後に権現山から本覚寺へ続く丘陵を控え、前面には東京湾が広がっていた。青木町の「産土神」である77「洲崎大明神」については追加の説明文(史料21)が、洲崎社に相殿され「神奈川東の方祭神」である78「祇園牛頭天王」についてはより詳しい説明文(史料22)が、それぞれ記されている。79挿絵「元町・普門寺・甚行寺」は、76挿絵「青木町・洲崎社」に続く挿絵で、海側より山側を望む構図である。右側に青木町の「元町」、左側に同じく「七軒町」の文字がみえる。山側には「元町」の「普門寺」と「七軒町」の「甚行寺」「西向寺」が配置されている。この他の社寺では83「青木山延命院本覚禅寺」の説明文(史料23)がより詳細なものとなっており、その眺望を駿河国清見寺と比較している。

第七の部分では、青木町の下台町・上台町・軽井沢を対象として概観した。ここでの中心的な項目は「茶屋町にして神奈川に名高き絶景」と記述される92「台町」である。その説明文（史料24）は、「神奈川駅中図会」に比べてより詳細となっている。東西南北の方位や春夏秋冬の季節、さらには昼夜や晴雨といった時刻や天候ごとの眺望・景観を記し、「神奈川に名高き絶景」「風景の勝地」とする。93挿絵「台町茶屋之景」では、台町の茶屋街の内、「さくらや」を描いている。「さくらや」は当時、台町の茶屋街で最も有名であった茶屋であるとともに、喜荘との間で近しい関係があったのであろう。軒先に掲げられているまねき看板には「煙管屋」「喜世□や」といった喜荘の商売である煙管屋や、「庄仲之町」というように喜荘の名前である庄二郎の「庄」と居住地である「仲之町」を組み合わせたものなどがみられる。

第八の部分である99挿絵「三沢檀林」~101「北条五代実記四之巻大意」と105挿絵「斉当（藤カ）分・善竜寺」~108「三沢檀林」においては、青木町の枝郷である三ツ沢と神奈川町の枝郷である斉藤分を対象としている。三ツ沢には108「三沢檀林」＝107「法照山豊顕寺」があり、説明文（史料27）によれば「江府の飛鳥山・上野・御殿山」に匹敵する桜の名所とされている。また、101「北条五代実記四之巻大意」により歴史的考証を加えている。一方、斉藤分には、106「宿遠山善竜寺」が存在している。この三ツ沢・斉藤分の記述を加えることにより、神奈川宿を構成する神奈川町・青木町の全域とそこに所在する全ての寺社を網羅したことになる。

第一の部分から第八の部分の検討より、いくつかの事柄が指摘できる。まず、確認したいのは、神奈川宿内の項目である16挿絵「観福寺」~108「三沢檀林」において挿絵と説明文が一体的に構成されていることであり、これにより「東海道名所図会」と同様に通常の名所図会の形式・体裁となった。ついで、対象とする項目についても第八の部分に三ツ沢・斉藤分を所収することにより、行政体としての神奈川町と青木町の全域を記述対象としている。これをふまえる形で、挿絵のみであるとはいえ、隣村の子安村や芝生村・保土ヶ谷宿を記述対象とする空間的広がりを持たせることが可能となった。また、記述の内容面でも、「神奈川駅中図会」と比較して、項目数の増加と説明文の増補・追加が行われ充実化が図られている。特に注目したいのは、神奈川宿の日常生活や祭礼・正月といった年中行事を対象とした挿絵を入れ込むことによって、文字情報だけでは表現しづらい人々の賑わいを意識的に描写しようとする喜荘の意図が垣間見えることである。

第六節では、付論と後付を検討した。付論については、109挿絵「芝生村追分・程谷入口」が「凡例」第四条に対応する内容であることと、110「神奈川名産」・111「黒薬」・112「四水の名泉」が神奈川宿の名産品・名所を補足することを指摘した。後付では、113「東都の淮南堂先生、予か一筆の細図を見て」における返事の狂歌である「きせるより筆をとりては　慰に　かくかな川の　里の名所　松月」が「神奈川砂子」本文の最初と最後の挿絵に記された琴通舎英賀の狂歌と対応関係にあり、両者が近接した時期に作成されたことを推定した。あわせて本文である2～112の成立をふまえ、飯田徐風による1「金川砂子序」と113「東都の淮南堂先生、予か一筆の細図を見て」が「神奈川砂子」に付加され、その後に喜荘の挨拶文である114「乍憚口上を以奉申上候」→桂荊閑逸による跋文である115「跋」の順序で成立していったと推測した。115「跋」が文政八年(一八二五)正月に執筆されることにより、「神奈川砂子」は「東海道名所図会」と同様な名所図会の形式を満たすことになった。

第七節では、「神奈川砂子」の挿絵を検討して、(1)神奈川町と青木町から構成される神奈川宿全体を対象とする全体図、(2)全体図の存在を前提として宿内各地を分割して描く部分図、(3)対象により接近した構図やあるいは特別な題材に対応した挿絵であるテーマ図の三つに分類した。そして、東→西の方角で分割された東海道沿いの挿絵をつなぐと東海道沿いの神奈川宿が連続するよう構図が設定されており、(1)全体図と(2)部分図がセットで構想されていることを指摘した。(3)テーマ図は神奈川宿の特徴を盛り込もうとする喜荘の意向により選択された内容であり、

①宿場として日常的に盛んな道中の旅人や参勤交代の往来を表現したもの、②町場としての商家や人々の営みの繁昌を描くもの、③江戸近隣の宿場であるとともに景勝地であることをふまえた夜の賑わいを描写したもの、④鎮守祭礼や正月という年中行事における神奈川宿の賑わいを描くもの、⑤歴史性を窺わせる故地・旧地であることを題材としたもの、⑥東京湾に面した地域性にもとづく猟師町（神奈川猟師町）の所在地として魚介類の揚場と魚市場の存在を明示するもの、の六つに分類できることを確認した。

第八節では、「神奈川砂子」挿絵中へ挿入された詩歌類について、説明文と挿絵が完成した後に神奈川宿在住の文人と江戸の狂歌連という二つのネットワークに依拠しながら、挿絵の内容に対応させて選択・掲載したことを指摘した。神奈川宿在住の人々が喜荘の店や玄瑞の住寺などに集まり、「神奈川砂子」の文章と挿絵をみながら、挿絵に対応する詩歌の想を練ったり、江戸の文人たちは、喜荘の招きに応じて神奈川宿へ来訪したか、あるいは喜荘が「神奈川砂子」の稿本を江戸へ持参して詩歌を乞うたことが想定される。

二　「神奈川砂子」の構成・内容と成立順序

以上の第一節〜第八節の検討をふまえて、「神奈川砂子」の構成・内容と成立順序を整理しておこう。

第一節でみたように武相叢書本「神奈川砂子」は挿絵を含む全一一五項目からなり、その構成は（1）前付―1「金川砂子序」・2「序」・3「凡例」、（2）本文―5「東海道」〜112「四水の名泉」、（3）後付―113「東都の淮南堂先生、予か一筆の細図を見て」・114「乍憚口上を以奉申上候」・115「跋」となる。さらに（2）本文は、①東海道関連―5「東海道」・6挿絵「駅路鈴之図」、②子安村関連―7挿絵「生麦松原・子安一里塚」〜12挿絵「西連寺・浦嶋塚」、③神奈川宿総論―13「神奈川駅」・14挿絵「神奈川方角図」・15挿絵「其(神奈川方角図)二」、④神奈川宿各論―16挿絵「観福寺」〜108「三沢檀林」、⑤芝生村関連―109挿絵「芝生村追分・程谷入口」、⑥神奈川宿付論―110「神奈川名産」・111「黒薬」・112「四水の名泉」となる。また、④神奈川宿を具体的に記述する各論が八つの部分に区分されている。全体の構成と挿絵・文章の一体的構成や序文・「凡例」・跋文の配置、及び項目の新設や説明文の追加などから、「神奈川砂子」が名所図会形式の神奈川宿を対象とする地誌として、前著である「神奈川駅中図会」とは比較にならないほど充実しており、煙管亭喜荘による神奈川宿を対象とする地誌編纂の到達点を示している。師である「淮南堂先生」へ「神奈川砂子」を贈っているように、編纂者である喜荘自身もその出来栄えに一定の自信を持っていたことは明らかである。

こうした内容を持つ「神奈川砂子」の各部分の執筆・成立を段階的に区分してみると、次のようになろうか。

先行して執筆されたのが(2)本文の④であることは容易に想像される。おそらくこれと並行する形で(2)の①②③と⑤⑥が作成されたものと思われる。あわせて本文の構成・内容と記載順序を示している(1)の3「凡例」も並行的あるいは先行的に成立していたことになろう。こうした本文と「凡例」の成立を受けて、喜荘による2「序」が文政七年(一八二四)夏に執筆され、「神奈川砂子」の本体は一応完成したことになる。あわせて本文挿絵中の詩歌類についてもその記述が終了していたものと思われる。

この内容で飯田徐風への1「金川砂子序」文執筆の依頼と、113「東都の淮南堂先生、予か一筆の細図を見て」への贈呈が行われたことになろう。喜荘の考えとしては師である「淮南堂先生」に一文(あるいは跋文か)を草してもらうことを期待していたのかもしれない。後者の返書の時期は不明であるが、徐風による1「金川砂子序」は文政七年八月二五日付となっており、同年の夏から秋にかけて喜荘と飯田徐風・「淮南堂先生」との間で往返が行われたことになる。最後に喜荘の挨拶文である114「乍憚口上を以奉申上候」と、桂荊閑逸による跋文である115「跋」が付加されて、前述した構成が確定する。桂荊閑逸による115「跋」は文政八年（一八二五）正月付であるので、文政七年冬から同八年初めの頃に同人への跋文執筆が依頼されたことになろう。

三　「神奈川砂子」編纂を支えたネットワーク

こうした煙管亭喜荘による「神奈川砂子」の編纂は、主に三つの人脈・ネットワークによって支えられていたと思われる。

第一には神奈川宿及び周辺地域における後援者・支援者の存在である。「神奈川砂子」所収の本文や挿絵には特定の家や家屋を意識的に対象としたものがあり、そうした家や商家がこれに該当すると思われる。具体的には、9挿絵「其（子安村）二」の「海保」（海保家）、11挿絵「新宿村」の「松井亭」、47挿絵「十番町の景」における「あめ七」宅＝矢島家、51挿絵「仲之町の景」における「しらはたや」（白幡屋）、74挿絵「其（青木町裏座敷ノ図）二」における「羽沢屋」、93挿絵「台町茶屋之景」における「さくらや」（桜屋）、等々であり、これに所蔵の「東海道名所図会」を借覧した内海家を加えることができよう。いずれも裕福な家であると思われ、喜荘の本業である煙管商の販路によって形成されたものであろう。喜荘が商品として扱っている煙管は、喫煙具として日常品・日用品であると同時に嗜好品・贅沢品でもある。日常品については店舗売買が中心であったと思われるが、嗜好品・贅沢品については得意先への訪問販売によったと考えられる。こうした訪問販売を通じて、前述したような神奈川宿と周辺地域における有力者や商人、あるいは旅籠や茶屋への販路を持ち、それを媒介にして「神奈川駅中図会」や「神奈川砂子」の執筆・編纂に際して、取材やデータの提供を受けたことは十分に想定される。

第二には、神奈川宿を中心に形成されていた地元文人のネットワークである。第八節で検討したように、「神奈川砂子」の序文・跋文の執筆者である飯田徐風・桂荊閑逸をはじめとして、大海・玄瑞・掬月子といった人々によって構成されていたグループである。第一の人々と同様に地元在住者であるので、神奈川宿内の神社仏閣や名所旧跡に関わる調査・情報等の協力を得たことが想像される。

第三には、琴通舎英賀に代表される江戸の狂歌連の流れである。英賀は明和七年（一七七〇）生まれなので、「神奈川砂子」が作成された文政七年（一八二四）には五十五歳になる。喜荘が「神奈川砂子」挿絵中への狂歌作成を英賀へ依頼したとすれば、依頼した喜荘の年齢は英賀より一回り前後年下ということになろう。英賀の年齢から推定すれば、喜荘の年齢は四〇代前半ということになろうか。「神奈川砂子」114「乍憚口上を以奉申上候」の下段に描かれた喜荘の絵にも対応するように思われる。なお、喜荘の本業である煙管商における商品の煙管の仕入れ先は江戸が想定されるので、喜荘は江戸と神奈川宿の間をたびたび往来していたことになる。「神奈川砂子」の全体構想や各項目の記述・参考資料の調査などは江戸でも行われていた可能性がある。

四　「神奈川砂子」編纂の意義と評価

以上の検討をふまえて、煙管亭喜荘による「神奈川砂子」編纂の意義と評価について整理しておこう。

文政七年（一八二四）における「神奈川砂子」の編纂は、前年の文政六年（一八二三）に喜荘が作成した「神奈川駅中図会」に対する自己評価を契機としている。第一章「おわりに」で述べたように、「神奈川駅中図会」は、東海道沿いの神奈川宿内の寺社・名所旧跡等を網羅するとともに、「瀧之橋」を「神奈川中央」に設定して神奈川宿全体の地理的枠組みを設定するなど、質量ともに「東海道名所図会」における神奈川宿の記述を遙かに超えている。神奈川宿を対象とする最初の地誌であることとあわせて、こうした点は「神奈川駅中図会」編纂の大きな成果として評価できる。

しかし、その一方で、挿絵と文章の分離や「凡例」の欠如、網羅的ではあるが逆にいえば平板な挿絵と文章の構成と内容等、名所図会形式の地誌としては未完成な部分もあり、編纂者である喜荘自身が満足していなかったことは自身の跋文における「なを委しく寺社の縁記、年中行事、土地の人躰・風俗、古物・名物等をくわしく図せんとすれども、家業世話敷ゆへに、図するにいとまあらず、なを来春の時をまつべし」という文言から窺われる。そのため、「なを来春の時をまつべし」というように、より本格的な神奈川宿の地誌として「神奈川砂子」を編纂したのである。

こうして改めて編纂された「神奈川砂子」であるが、まず形式面からみれば、本節の「二」でみたように、序文・凡例・跋の配置と、挿絵と説明文の一体的な構成といった点から、一般的な名所図会の様式を満たしている。次に内容面からみても、「神奈川駅中図会」の跋文においてさらに詳細な叙述を行いたいとしていた「寺社の縁記、年中行事、土地の人躰・風俗、古物・名物」についても、本節「二」でみたように「神奈川駅中図会」で設定されていた項目における内容の増補と新たな項目の追加が行われており、喜荘自身が満足するものとなっている。狂歌連の師匠筋にあたる「淮南堂先生」への贈呈はそうした自信の表れであろう。「神奈川駅中図会」の編纂をふまえて、「神奈川砂子」における記述は煙管亭喜荘による神奈川宿認識の到達点として位置づけることができる。

「神奈川砂子」に結実した煙管亭喜荘における神奈川宿認識の特徴は以下の六点にまとめることができる。

第一に神奈川宿が含まれる東海道の位置づけである。これについては、「東海道名所図会」に示された京都を起点とし江戸を終点とする東海道認識をそのまま反転させ、江戸を起点とし京都を終点とするものへと改変している。江戸の周辺地域としての神奈川宿の立地性をふまえた変更である。あわせて神奈川宿における東海道の方角を、「東海道名所図会」における南北方向から東西方向へ変えている。これは後述する「金川」の地名由来との関係で喜荘にとりきわめて重要な事柄であった。この二つの地理認識の改変にもとづき、「神奈川砂子」における記述の順序は江戸＝東→京都＝西の方向で叙述されることとなった。

第二に「金川」「神奈川」という地名の由来である。「神奈川砂子」によれば、「金川」という地名は川の中で草薙剣が発する金色の光にもとづき日本武尊が命名したもの、「神奈川」は「金川」の地名をふまえて源頼朝が命名したもの、としている。古代における日本武尊と鎌倉時代の源頼朝という東国の平和に大きく寄与した人物に地名の由来を仮託することにより、地名に対する権威性を付与している。特に「神奈川駅中図会」において記述がなかった日本武尊による「金川」の命名説話を「神奈川砂子」において組み込んだことは、「東海道名所図会」のモチーフの一つとなっている日本武尊を地名由来に取り入れるとともに、神奈川宿の歴史性を古代まで遡及させる効果を狙ったものであろう。あわせて戦国時代における権現山合戦の記述を挿入することにより、断続的ではあるものの、古代から中世を経て江戸時代にいたる神奈川宿の歴史性を表現しようとする意図を窺うことができる。

第三に「金川」「神奈川」という地名から導き出された五行説における神奈川宿の地勢である。喜荘は、神奈川の地勢を、南の田圃＝池、北の群山、西の東海道という配置から、東＝青竜、西＝白虎、南＝朱雀、北＝玄武といった四神が宿り、吉祥の地形である四神相応の地として描き出す。この際、東＝青竜に対応する川は存在しないものの、「金川」「神奈川」という地名に「川」が含まれているので、四神相応の地の要件を満たすとしている。さらに「金川」という地名表記が金→水という五行の相生に相応しているとする。「神奈川砂子」によれば、こうした地名にもとづいて神奈川宿が繁栄しているということになる。

第四に神奈川宿の現状の認識である。「神奈川砂子」によれば、神奈川宿は「土地興栄して、民盛り、富商多く」という繁栄を謳歌しており、「富商多く」「富豪栄盛る」「商家多く」として富裕な商人が多いとする。その理由を、「諸国大小の売舩」により「諸州」(全国各地)の「産物」が神奈川湊に集まることと、「卿相雲客」(公卿と幕府の高官)や「万国の諸侯」(諸大名)により人々の往来が多いこととしている。「常に賑し」い「都会の地」として神奈川宿が表現されている。

第五に神奈川宿を中心とする地域圏の認識である。「神奈川駅中図会」においては、東海道に沿った神奈川宿内に限定された記述範囲であったが、「神奈川砂子」においては、東海道から離れた青木町の枝郷である三ツ沢と神奈川町の枝郷である斉藤分を組み込むことにより行政体としての神奈川宿全域を記述範囲とするとともに、東海道に沿って神奈川宿の東西方向の隣村である子安村と芝生村を描写範囲に組み込んでいる。神奈川宿を中心とする一定の地域圏の広がりを見出すことができる。この点については「神奈川砂子」の編纂後における新たな編纂計画である「神奈川在地図」へ繋がることになる。

第六に繁栄する神奈川宿の日常生活の描写である。この点については、「神奈川砂子」における説明文のみでは表現しがたい内容であり、挿絵とそれに挿入された詩歌類によって表現されているように思われる。文人としての喜荘の気質と嗜好が端的に表れている部分である。この点については「神奈川在地図」とともに計画された「十二時神奈川浮世」につながっていく。

こうした「神奈川砂子」における喜荘の神奈川宿認識は、一つには神奈川町で煙管商を営み神奈川宿在住の後援者と文人ネットワークの存在をふまえた生活者・内部者の視線にもとづくとともに、他方、商品である煙管の仕入れのため江戸と神奈川宿の間を往来し、かつ江戸の狂歌連の流れを組む人物として、神奈川宿に対して一定度の距離感を持ちうる外部者の視線という、二つの立脚点が必要であったと思われる。

五　残された課題

神奈川宿を対象として煙管亭喜荘が編纂した地誌は、第一章で検討した「神奈川駅中図会」と本章で考察した「神奈川砂子」の二冊のみであるが、石井光太郎氏の「解題」によれば、三橋家本「神奈川砂子」の末尾には「来春出来」として「十二時神奈川浮世」「神奈川在絵図」という両書の刊行が予告されている。「神奈川砂子」所収の挿絵の描写内容に顕著に示された煙管亭喜荘における神奈川宿の日常生活への視線である。同書を読む限り、喜荘の関心や興味が、東海道や神奈川宿という地域の枠組みからさらにその地に住む人々の心性へと射程が伸びているように思われる。この点については「十二時神奈川浮世」の内容を想定することにより検討したい。また、「神奈川砂子」における叙述対象が隣村の子安村や芝生村・保土ヶ谷宿へと広がっているように、神奈川宿からさらに外縁部へと広がる空間的広がりを喜荘が意識している点である。この点については、「神奈川在絵図」を素材に検討する。この二点については補論で検討することにしたい。

補論　「神奈川砂子」刊行後の編纂計画

煙管亭喜荘による神奈川宿を対象とした名所図会形式の地誌の編纂は、文政六年(一八二三)作成の「神奈川駅中図会」と同七年作成の「神奈川砂子」二冊のみである。しかし、横浜市文化財調査報告第二輯『三井文庫本神奈川砂子』(横浜市教育委員会、一九七〇年)所収の石井光太郎氏「解題」によれば、三橋家本「神奈川砂子」末尾には「来春出来」として「十二時神奈川浮世」と「神奈川在絵図」の刊行が予告されている。「来春」の具体的な年次の記載はないが、「神奈川砂子」本文の成立が文政七年であるので、文政八年ということになろう。ただし、管見の限り、刊行予告された両者の写本や刊本は確認できない。おそらく実際に完成・刊行されることはなかったものと思われる。とはいえ「神奈川砂子」の完成以降も、煙管亭喜荘による神奈川宿関連の地誌編纂の計画が存在していたことになる。補論では、書名や予告文からその内容を類推してみたい。

一　「十二時神奈川浮世」

前者の「十二時神奈川浮世」から検討してみよう。「十二時神奈川浮世」という表題の内、「浮世」については、式亭三馬の執筆で文化六年(一八〇九)~同一〇年に刊行された「浮世風呂」、あるいは同じく式亭三馬によって文化一

○年に初編が、同一一年に二編が刊行された「浮世床」の書名が想起される。式亭三馬の両書は、床屋や風呂屋を定点観測の舞台として、江戸庶民の日常生活を描写するものとして知られている。「浮世床」は文政五年(一八二二)に三馬が死去した後、それを引き継ぐ形で滝亭鯉丈による三編が同六年に刊行されており、「十二時神奈川浮世」という書名と編纂は、それに影響された可能性も考えられよう。おそらく「浮世床」「浮世風呂」の神奈川宿版といった内容が想定される。

石井氏の「解題」によれば、「十二時神奈川浮世」の内容について、喜荘は「総て、此書は神奈川之言語を其儘に記して、阿巧果を専らに述る、尽《昼カ》夜十二だんに分、元相日夜駅中を流行晒《洒カ》落を拾て記す也」と記しているという。「神奈川之言語」とは、神奈川宿や神奈川湊において実際に会話で用いられている「言語」、すなわち日常生活で使われる口語であろうか。それをそのままに記して「阿巧果」をもっぱら述べる内容である。ただし、「阿巧果」の文意は不明であり、誤写・誤読の可能性を含めて後考をまちたい。

構成としては、「尽《昼カ》夜十二だんに分」とあるように、一日を昼夜一二刻に分割する当時の時刻表記にあわせて、早朝から深夜に至るまでそれぞれの時間帯に対応して使用される「言語」の「流行」や「晒《洒カ》落」を拾いて記すとしている。神奈川宿の人々が生活を営み、東海道を盛んに旅人が往来する日中はいうまでもなく、早朝は神奈川猟師町と「海浜漁場」の賑わい、あるいは宿場を早立ちする旅人や参勤交代等における荷物の運搬を準備する人馬の動きであろうか。一方、深夜は神奈川町と青木町の旅籠や茶屋における賑わいであろう。

「神奈川砂子」で描写された挿絵でいえば、水揚げされた魚介類の売買で賑わう早朝の「漁場」を描く38挿絵「海浜漁場」、夜の妓娼を対象として神奈川宿の夜の賑わいを描写する41挿絵「神奈川夜之景」、鎮守である熊野社の祭礼を題材として神輿渡御と夜宮の賑わいを昼夜対照に題材とする45挿絵「熊野社夜宮祭礼」と46挿絵「同神輿渡御」、日常的な東海道筋の商店の賑わいを描く47挿絵「十番町の景」、街道をゆく人足・馬子・雲助たちの喧騒を対象とする48挿絵「駅問屋」や51挿絵「仲之町の景」、華やかな正月の情景である72挿絵「神奈川注連飾の図」、旅籠や茶屋の賑わいを表現する73挿絵「青木町裏座敷ノ図」・74挿絵「其(青木町裏座敷ノ図)二」と93挿絵「台町茶屋之景」などのイメージであろう。

「十二時神奈川浮世」の内容は、神奈川宿の一日の情景を「言葉」を題材としながら時間帯に応じて表現し、神奈川宿の日常生活を知ることができるものと思われる。おそらく挿絵と説明文を組み合わせた形式であろう。「神奈川駅中図会」「神奈川砂子」の編纂を経る中で、「神奈川砂子」の挿絵からも窺えるように、喜荘の視線が神奈川宿内部における日常生活の描写へと向かっていることが想像される。

名所図会形式としての「神奈川砂子」の構成と内容は、神奈川宿を構成する要素と枠組みを提示することに重点が置かれており、そこに居住・往来する人々の生活や心性までには十分に射程が及んでいない。わずかに同書中に所収されている神奈川宿の賑わいや繁昌を描き出す挿絵の中の人々の動きや、挿絵中に組み込まれた俳句・川柳・狂歌などの文言に、喜荘や人々の感性が断片的に表出しているのみである。神奈川宿における営みや生活をより具体的に描き出す方法として、喜荘は「言語」に着目したものと思われる。

二　「神奈川在絵図」

次に石井氏の「解題」によれば、「神奈川在絵図」の予告文は「神奈川近在之寺古跡と云、幷ニ縁起細図をくわへて、くわしく記し来春出来する也」とされている。「神奈川近在」の「寺」と「古跡」を対象として、それぞれに由来を示す「縁起」と風景画である「細図」(挿絵)を加えて「くわしく記」した書物ということになる。あるいは書名は「神奈川近在絵図」を誤写した可能性もあろうか。「神奈川砂子」と同様に挿絵と説明文を組み合わせた名所図会形式が想定される。

この「神奈川在絵図」の予告文については、「神奈川砂子」の「凡例」第四条の冒頭が意識されていたと思われる。「凡例」第四条冒頭には「近村郷里に悉く、寺社・古跡たぐひあれ共、際限あらざれバ、是又省く」とあり、神奈川宿周辺の「近村郷里」にも「寺社・古跡」の類が存在するが、「際限」が無いので「神奈川砂子」には所収しないとしている。逆にいえば「神奈川砂子」の編纂段階において、すでに喜荘が周辺地域における「寺社・古跡」の存在を意識していたことになる。「神奈川砂子」の編纂を終えた喜荘にとって、神奈川宿近在の「寺・古跡」を対象とした名所図会＝「神奈川在絵図」の編纂が日程に上ってきたと考えられる。

「神奈川在絵図」所収予定の「細図」を書き上げている「神奈川近在絵図目録」には、「横浜弁天出洲之図」「本牧十二天之図」「子生観音之図」「鶴見橋之図」「生麦村之図」「白幡村之図」「鳥山三会寺之図」「末吉不動之図」「寺尾観音之図」「小机雲松院之図」「折本淡島社之図」「白根不動之図」「師岡熊野社之図」の一三件が掲げられている。残念ながら、個々の「細図」＝「絵図」の内容の記述はないので、ここでは「江戸名所図会」巻之二における挿絵や説明文によって、多少なりともそのイメージを提示してみたい。

まず、「横浜弁天出洲」は久良岐郡横浜村(横浜市中区)の「出洲」＝砂州とその先端に所在する横浜弁天、「本牧十二天」は同郡本牧本郷村(中区)に位置する本牧十二天である。この両者は「神奈川駅中図会」では「本牧浦十二天の森、横浜洲乾弁天社ハ出洲にして、洲浜の長サ八町許」と記されており、神奈川宿に隣接した地域というよりは、神奈川宿から眺望される場所ということになろう。ちなみに東海道を東西方向として認識する喜荘の方角感覚からいえば、海上を隔てた南西方向に位置する。

「横浜弁天出洲」について、「江戸名所図会」では「洲乾弁財天祠」という項目があり、「芒新田横浜村にあり、故に土人、横浜弁天とも称せり、別当ハ真言宗にして、同所増徳院奉祀す、祭礼ハ十一月十六日なり、安置する所の弁財天の像ハ弘法大師の作にして、江の嶋と同木也、この地は洲崎にして、左右共に海に臨ミ、海岸の松風は波濤に響をかはす、尤佳景の地なり、海中、姥島なと称する奇巌ありて、眺望はなハた秀美なり」と記述されている。「芒新田横浜村」の「芒」は「野毛」のことである。これに対応する挿絵としては「横浜弁財天社」と「芒村姥島」の二点があり、後者には「此地よりも海苔を産すといへとも、品川に増らすと云」という文章が付されている。

また、「本牧十二天」に関する「江戸名所図会」の項目には「本牧十二天宮」があり、「本牧の塙にあり、真言宗多聞院別当奉祀す、祭神ハ十二天、神躰ハ海上出現と云、尤佳景の地なり、神奈川の台より眺望する所の絶壁ハ、すなハちこの社の右の裏手に聳立する所の巨巌これなり、巌頭数株の松梅鬱蒼として栄茂せり」と記されている。これに対応する挿絵には「本牧塙十二天社」がある。また、神奈川から本牧への眺望については「本牧吾妻権現宮」の挿絵中の「本牧の地ハ神奈川駅の南に続きて、海上に鋭出たる一方の景地にして、勝区を探る人おり〳〵道をこゝに取と見へたり」という文言が参考になる。以上のような「江戸名所図会」の記述をふまえれば、「横浜弁天出洲」と「本牧十二天」については、共に神奈川宿（おそらくは台町の想定であろう）からの眺望を描いた構図であったと想定される。

また、「子生観音」は橘樹郡鶴見村（横浜市鶴見区）に存在する子生山東福寺の観音堂、「鶴見橋」は東海道が鶴見川を渡河する橋である鶴見橋、「生麦村」は同郡生麦村（鶴見区）である。「神奈川砂子」には神奈川町の東側の隣村である子安村の挿絵が所収されているが、子安村の東隣が生麦村であり、さらに生麦村の東隣が鶴見村となる。鶴見橋は、鶴見川を挟んで鶴見村と対岸の市場村（鶴見区）との間に架かる橋である。おおむね鶴見川までが神奈川宿を中心とする地域圏の広がりという認識であり、これにより鶴見川から神奈川宿にいたる東海道の部分は挿絵化されることになる。

この三件について「江戸名所図会」の記述を比較すると、まず「子生観音」については「子安観世音」として立項されており、「子安村、海道より右の方の岳にあり、子生山東福寺と号す、新義の真言宗にて、神奈川の金蔵院に属す、開基の大祖ハ勝覚僧正（割註中略）、本尊ハ如意輪観音にして、仏工春日の作、一寸八分の座像なり」と記されている。所在地を「子安村」としているのは「子生」との連想による誤りであろう。ついで同寺の縁起が記述されており、それによれば「鳥羽院」の勅願寺とされている。また、項目末尾には「寺僧云、今に至り寄願ある者、当寺本尊に詣し諸人供する所の賽銭を乞、年限を定め、本尊に給仕と称して、誠信に祈念し奉る時は、給仕の年限満るをまたすして、求むる所の諸願円満ならすといふ事なしとなり」という功徳が述べられている。対応する挿絵としては「子生山観音堂」がある。

次に「鶴見橋」については、「鶴見川」の項目における「海道に架す所の橋の号も又鶴見橋と呼へり」という一節が対応するか。関連する挿絵としては「鶴見橋」があり、「橋より此方に米饅頭を売家多く、此地の名産とす、鶴屋なといへるもの、尤旧く、慶長の頃より相続するといへり」という文章がみられる。ただし、「鶴見橋」の挿絵は、川崎宿寄りの市場村から鶴見川対岸の鶴見村を望む構図であり、神奈川宿からの広がりを喜荘が想定していたとすれば、「江戸名所図会」の挿絵「鶴見橋」とは反対の方角から描いたと思われる。

最後に「生麦村」については「江戸名所図会」に項目はみられないものの、「生麦村しからき茶店」という挿絵が所収されており、「生麦ハ河崎と神奈川の間宿にて立場なり、此地しからきといへる水茶屋ハ、享保年間鄽を開きしより、梅干を鬻き梅漬の生姜を商ふ、往来の人こゝに休ハさるものなく、今時の繁昌なゝめならす」という文章が付されている。「生麦ハ河崎と神奈川の間宿にて立場なり」という冒頭の一節は、実質的に生麦村の説明となっている。ただし、「しからき茶店」そのものは、生麦村ではなく鶴見村に所在している。「生麦」と「生姜」という文字の近似性にひかれ過ぎたきらいがあろう。

次に「白幡村」は橘樹郡白幡村（横浜市神奈川区）のことで、浦島伝説にかかわる同村の白幡八幡社を中心に描く構想であったと思われる。「鳥山三会寺」は橘樹郡鳥山村（横浜市港北区）に位置する三会寺、「末吉不動」は同郡末吉村（鶴見区）に存在する末吉不動堂、「寺尾観音」は同郡寺尾村（鶴見区）の松蔭寺の観音堂、「小机雲松院」は同郡小机村（港北区）の雲松院、「折本淡島社」は都筑郡折本村（横浜市都筑区）の淡島明神社、「白根不動」は橘樹郡白根村（横浜市旭区）の不動堂、「師岡熊野社」は都筑郡師岡村（港北区）の熊野神社を、それぞれ対象としている。この八件はいずれも神奈川宿より内陸に位置する地点に所在し、多くの参詣者によって賑わった寺社である。

この八件を「江戸名所図会」でみると、まず「白幡村」については「白籏八幡宮」の立項があり、「白籏村にあり、義経の霊を鎮る所と云伝ふ、別当は神奈川能満院兼帯す、来由は拾遺江戸名所図会に詳なり」と記されている。「拾遺江戸名所図会」は、天保七年（一八三六）に「江戸名所図会」後半が刊行された際の刊記に「拾遺江戸名所図会　全五冊　斎藤月岑編述　長谷川雪旦画図　近刊」と予告されたものの、結局、刊行されなかった。また、別当の「神奈川能満院」は能満寺の誤記であろう。対応する挿絵としては「白旗八幡宮」がある。次に「鳥山三会寺」については「江戸名所図会」では項目も挿絵も設定されていない。

「末吉不動」については「末吉不動堂」の項目があり、「末吉村にあり、鶴見邑海道より廿七町斗西にあり、明王山不動院真福寺と号す、天台宗にして品川常行寺に属す、本尊不動明王を安置す、その像は座像にして六尺余あり、慈覚大師の作といふ、本堂にハ十一面観音を安す、座像二尺斗り、行基菩薩の作なり、仁王門の額真福寺と書せしハ、増上寺大僧正智堂和尚の書なり」とある。また、「末吉不動堂」の挿絵も存在する。

「寺尾観音」については「仙鶴山松隠寺」と「慈眼堂」の項目がみられる。前者には「東寺尾村にあり」と記されており、後者ではそれをふまえて「松隠寺よりさし渡し二丁斗、門を出て小き坂を下り、廻りて二丁半斗、岡の上にあり、本尊十一面観音、仏工春日の作なり、小机札所の一にして松隠寺より兼帯せり」という記述になっている。「小机札所」は鶴見川・帷子川流域に展開していた小机三十三観音霊場の札所のことである。なお、「慈眼堂」には「義高入道墓」と称される地蔵堂があり、「江戸名所図会」には「義高入道墓」という挿絵が所収されている。

「小机雲松院」については、「江戸名所図会」に「臥龍山雲松院」の項目があり、「乾徳寺と号す、滝の橋際より一里十四五町西の方、小机村長津田街道の左側にあり、曹洞派の禅林にして、遠州の石雲院に属せり、本尊虚空蔵菩薩ハ木仏にして座像八寸計あり」と記されている。挿絵は「小机城址・雲松院」がある。「折本淡島社」は「江戸名所図会」に「淡島明神社」で立項されており、「相模街道大熊村より左へ十三四町入て、折本村にあり、神主雲路氏奉祀す、祭礼ハ二月三日、縁日ハ毎月三日・十三日」と記されている。挿絵は「折本村淡島明神社」が所収されている。「白根不動」については「江戸名所図会」には項目・挿絵とも存在しない。「師岡熊野社」については「江戸名所図会」には「師岡熊野権現堂」の挿絵のみが所収されている。

以上のように「神奈川在絵図」の予告にみられる一三件の題材の内、「江戸名所図会」においては「鳥山三会寺」「白根不動堂」を除く一一件が項目の立項あるいは挿絵の対象となっている。「神奈川在絵図」の予告が何らかの形で「江戸名所図会」に影響を与えた可能性も考え得るが、関連資料がなく定かではない。いずれにせよ、神奈川宿の外側に広がる著名な神社仏閣・名所旧跡をおおむね網羅する内容であることは指摘できよう。「神奈川駅中図会」「神奈川砂子」において神奈川宿内に存在する同種の事柄を記述したことをふまえて、さらに叙述対象とする範囲を広げようとする意図で編纂しようとしたものといえる。

このように「神奈川在絵図」の予告文からは、煙管亭喜荘における地域圏が、「神奈川駅中図会」「神奈川砂子」に記述された神奈川宿と東海道に沿った隣村である芝生村と子安村に限定された段階から、さらに神奈川宿から眺望される横浜村・本牧、東海道沿いでは川崎宿を中心とした地域圏との境である鶴見川まで、そして鶴見村〜神奈川宿の東海道より内陸へ入る白幡・末吉・寺尾・小机・鳥山・師岡・折本・白根の各村に所在する名所旧跡・神社仏閣までを含む範囲へと広がりをみせていることが確認できよう。こうした神奈川宿を中心とする地域圏の広がりは、「江戸名所図会」の記述からみても、当時の人々が日常的に感じている普遍的な感覚であったものと思われる。

まとめ

以上のように三橋家本の末尾で「来春出来」という刊行予告が行われた「十二時神奈川浮世」と「神奈川在絵図」は、「神奈川砂子」の刊行をふまえて、前者は神奈川宿の日常生活のより詳細化・具体化を、後者は神奈川宿からの空間的広がりを、それぞれ意図したものであろう。いずれも挿絵と説明文を組み合わせた名所図会の形式が想定されていたと思われる。

編纂者である煙管亭喜荘の構想の広がりを窺わせる内容であり、草稿類でも残されていれば、喜荘の地域認識や神奈川宿の日常生活をより具体的に語りうるものであろう。残念ながら三橋本の末尾に予告されたこれらの著書は、管見の限り、現存が確認されておらず、何らかの事情によって作成されなかったものと考えられる。

終章　本書の成果

以上、第一章・第二章と補論によって、東海道神奈川宿を対象とした名所図会形式の民間地誌として、煙管亭喜荘によって作成された「神奈川駅中図会」「神奈川砂子」の構成と内容、及びその後における喜荘の編纂計画について検討を加えた。以下、その内容をふまえて両書編纂の意義について確認しておきたい。

一　第一章「神奈川駅中図会」の編纂

第一章では、文政六年(一八二三)に編纂された「神奈川駅中図会」の構成と内容について、第一節～第五節に分けて検討した。各節の概要は第一章「おわりに」で整理したので、ここではそれをふまえて「神奈川駅中図会」編纂の意義について述べておきたい。

文政六年編纂の「神奈川駅中図会」は、煙管亭喜荘が「東海道名所図会」を「素読」したことを契機として作成されたように、京都から江戸へいたる東海道を題材とした名所図会である「東海道名所図会」という外部からの視点により、神奈川宿が東海道五十三次を構成する一つの地域であることを、神奈川宿に生活する喜荘が発見・認識していく中で生み出され、自らが生活する地域の名所図会を作成することとなった。こうして神奈川宿を対象とする初の民間地誌である「神奈川駅中図会」が作成された。しかし、それは「東海道名所図会」で提示された東海道と神奈川宿の位置づけをそのまま受容するのではなく、江戸に近接した神奈川宿の地域性をふまえて種々の組み替えを伴うものであった。

「東海道名所図会」と「神奈川駅中図会」の相違点は、まず全体の叙述の方向＝順序の違いである。「東海道名所図会」においては京都→江戸の順序で記されており、東海道は京都を出発して江戸へ下る行程とされ、それぞれの宿場はその過程に位置づけられている。これに対して、「神奈川駅中図会」は東海道全域を対象とするものではないが、神奈川宿の位置づけについては江戸を基準とし、叙述の順序も江戸→京都の方向としている。京都からの延長として組み立てられている東海道と神奈川宿の位置づけが、江戸を基軸・起点とするものに転換されている。

次に神奈川宿とその周辺における東海道の方位・方角の認識である。「東海道名所図会」では神奈川宿周辺における東海道の方位を南北方向とするが、「神奈川駅中図会」では東西方向としている。この違いは、好みや認識の差違ではなく、喜荘においては次に示す「神奈川」「金川」の地名と関連して重要な事柄であった。

そして、「神奈川」「金川」という地名の由来とそれが持つ意味である。「東海道名所図会」には「神奈川」の地名の由来に関する記述はみられない。これに対して、「神奈川駅中図会」では、建久四年（一一九三）に源頼朝が下野国奈須野へ赴く途中、「武州橘樹郡内海の里霞ヶ浦」に宿泊した際、「前なる川」において「金の神像」を発見した。そして「神像」の「神」にちなみ「神者人の初めなり、奈を大に示す」という理由で「神奈川」と命名し、あわせて「金川」という表記を紹介する。この「金川」という地名からは「金ハかねなり、川は水なり、金性水の相生の勝地也」という説明を導き出し、それが神奈川宿繁栄の由来である、というのが喜荘の理解である。五行説によれば、「金」の方位は西にあたり、江戸を中心とした場合、神奈川が西に位置することと重ね合わせているのであろう。

挿絵と文章については、東海道沿いの神奈川宿内に所在する寺社等を網羅するとともに、「瀧之橋」を「神奈川中央」と位置づけることにより神奈川宿全体の地理を示す枠組みを設定するなど、質量ともに「東海道名所図会」における神奈川宿の記述を遙かに超えていることは「神奈川駅中図会」編纂の大きな成果である。

とはいえ、挿絵と文章の分離や「凡例」の欠如、さらには網羅的ではあるが逆にいえば平板な挿絵・文章の構成と内容等、名所図会形式の地誌としては未完成な部分もあり、編纂者である喜荘自身も満足していなかった。そのため、翌文政七年にはより本格的な地誌として、「神奈川砂子」が編纂されていく。

二　第二章　煙管亭喜荘による神奈川宿認識

第二章では、煙管亭喜荘により文政七年（一八二四）に編纂された「神奈川砂子」の構成と内容について、第一節～第八節に分けて検討した。各節の概要は第二章「おわりに」で整理したので、ここではそれをふまえて「神奈川砂子」編纂の意義について述べておきたい。

文政七年における「神奈川砂子」の編纂は、前年の文政六年に作成した「神奈川駅中図会」の出来栄えに満足できなかった喜荘があらためて作成したものである。形式面としては序文・凡例・跋の配置と、挿絵と説明文の一体的な構成により一般的な名所図会の形式となり、内容面についても項目の追加・補訂が行われ、「神奈川砂子」は喜荘による神奈川宿認識の到達点ということになる。

「神奈川砂子」に結実した煙管亭喜荘における神奈川宿認識の特徴は、以下の六点である。

第一に神奈川宿が含まれる東海道の位置づけである。これについては、「東海道名所図会」に示された京都を起点、江戸を終点とする東海道認識を反転させ、江戸を起点とし京都を終点とするものへと改変している。江戸の周辺地域としての神奈川宿の立地性をふまえた変更である。あわせて神奈川宿における東海道の方角を、「東海道名所図会」における南北方向から東西方向へ変えている。これは後述する「金川」の地名由来との関係で喜荘にとりきわめて重要な事柄であった。この二つの地理認識の転換により、「神奈川砂子」における記述の順序は江戸＝東↓京都＝西の方向で叙述された。

第二に「金川」「神奈川」という地名の由来である。「神奈川砂子」によれば、「金川」という地名は川の中で草薙剣が発する金色の光にもとづき日本武尊が命名したもの、「神奈川」は「金川」の地名をふまえて源頼朝が命名したもの、とされている。古代における日本武尊と鎌倉時代の源頼朝という東国の平和に大きく寄与した人物に地名の由来を仮託することにより、地名に対する権威性を付与したことになる。特に「神奈川駅中図会」に記述がなかった日本武尊による「金川」の命名説話を「神奈川砂子」に組み込んだことは、「東海道名所図会」のモチーフの一つとなっている日本武尊を地名由来に取り入れるとともに、神奈川宿の歴史性を古代まで遡及させる効果を狙ったものであろう。あわせて戦国時代における権現山合戦の記述を挿入することにより、断続的ではあるものの、古代から中世を経て江戸時代にいたる神奈川宿の歴史性を表現しようとする意図を窺うことができる。

第三に「金川」「神奈川」という地名から導き出された五行説における神奈川宿の地勢である。喜荘は、神奈川の地勢を、南の田圃＝池、北の群山、西の東海道という配置から、東＝青竜、西＝白虎、南＝朱雀、北＝玄武といった四神が宿り、吉祥の地形である四神相応の地として描き出す。この際、東＝青竜に対応する川は存在しないものの、「金川」「神奈川」という地名に「川」が含まれるので、四神相応の地の要件を満たすとしている。さらに「金川」という地名表記が金↓水という五行の相生に相応しているとする。神奈川宿の繁栄はこうした地名にもとづくというのが「神奈川砂子」の理解である。

第四に神奈川宿の繁栄の具体相である。「神奈川砂子」によれば、神奈川宿は「土地興栄して、民盛り、富商多く」という繁栄を謳歌しており、「富商多く」「富豪栄盛る」「商家多く」として富裕な商人が多いとする。その理由を、「諸国大小の売船」により「諸州」(全国各地)の「産物」が神奈川湊に集まることと、「卿相雲客」(公卿と幕府の高官)や「万国の諸侯」(諸大名)により人々の往来が多く、「常に賑し」い「都会の地」として神奈川宿が表現されている。

第五に神奈川宿を中心とする地域圏の広がりである。「神奈川駅中図会」の対象範囲は東海道に沿った神奈川宿内に限定されたものであったが、「神奈川砂子」では内陸部に存在する神奈川町・青木町の枝郷である斉藤分・三ツ沢を所収して行政体としての神奈川宿全域を記述するとともに、東海道に沿って神奈川宿の東西方向の隣村である子安村と芝生村を描写範囲に組み込んでおり、神奈川宿を中心とする地域圏の広がりを指摘できる。この点については「神奈川在地図」の編纂計画につながる。

第六に神奈川宿の日常生活の描写である。説明文のみでは表現しがたい内容を、挿絵とそれに挿入された詩歌類によって表現しているように思われる。文人としての喜荘の気質と嗜好が端的に表れている部分である。この点については「神奈川在地図」とともに計画された「十二時神奈川浮世」につながっていく。

こうした「神奈川砂子」における喜荘の神奈川宿認識は、一つには神奈川町で煙管商を営み神奈川宿在住の後援者と文人ネットワークの存在をふまえた生活者・内部者の視線にもとづくとともに、他方、商品である煙管の仕入れのため江戸と神奈川宿の間を盛んに往来し、かつ江戸の狂歌連の流れを組む人物として、神奈川宿に対して一定度の距離感を持ちうる外部者の視線によってもたらされたものと思われる。

三　補論「神奈川砂子」刊行後の編纂計画

補論では、三橋家本「神奈川砂子」の末尾で「来春出来」という刊行予告が行われた「十二時神奈川浮世」と「神奈川在絵図」の内容について検討した。「神奈川砂子」の刊行をふまえて、前者は神奈川宿の日常生活のより詳細化・具体化を、後者は神奈川宿からの空間的広がりを、それぞれ意図したものであろう。予告文からは、前者はおそらく神奈川宿の一日の情景を「言葉」を題材としながら時間帯に応じて表現する内容であり、喜荘の意識が神奈川宿の日常生活の描写へと向かっていたことになろう。後者は「神奈川近在」の「寺」と「古跡」を対象として、それぞれの「縁起」に「細図」(挿絵)を加えて「くわしく記」した内容であり、神奈川宿の外側に広がる著名な神社仏閣・名所旧跡をおおむね網羅したものと思われる。いずれも挿絵と説明文を組み合わせた名所図会の形式が想定される。ただし、両書とも管見の限り、写本・刊本あるいは草稿類は確認されておらず、何らかの事情によって作成されなかったものと考えられる。

四　煙管亭喜荘による地誌編纂とその影響の有無

以上、煙管亭喜荘における「神奈川駅中図会」「神奈川砂子」の編纂とその後における編纂計画について検討してきた。最後に喜荘による地誌編纂がその後の神奈川宿を対象とした地誌類に与えた影響の有無について確認しておきたい。

結論を先に述べれば、「神奈川駅中図会」「神奈川砂子」に記述された喜荘の神奈川宿認識は、喜荘に連なる人々へは一定の影響を与えたと思われるが、神奈川宿という地域全体において共有化されることはなかった。また、同様に神奈川において刊行された出版物へ影響を与えることもなかったと思われる。

前者については石井順孝の日記から検討してみたい。序章で述べたように、喜荘による神奈川宿の地誌編纂が進められていた文政六年（一八二三）～文政八年の神奈川宿においては、神奈川町の石井本陣の関係者である石井順孝による日記（以下、順孝日記と称する）が残されている。しかし、順孝日記には、喜荘による編纂や作成に関する記述がみられないことも序章で触れた。順孝日記によれば、文政六年七月八日～一一日に「東海道名所図画をうつす」とあるように「東海道名所図画」を筆写し、また同八年八月三日には「内海氏より東海道名所会図借用致ス」とあり「東海道名所会図」を内海家より借用している記事が確認される。「東海道名所図画」と「東海道名所会図」はいずれも「東海道名所図会」の誤記と思われ、また文政六年七月の筆写も内海家所蔵本を借用したものと考えてよいだろう。なお、文政五年には喜荘が内海家より「東海道名所図会」を借用しているので、順孝が内海家より借用した「東海道名所図会」は喜荘が借覧したものと同一本と考えられる。内海家所蔵の「東海道名所図会」を媒介として、順孝と喜荘の間における接点が想定可能であるにもかかわらず、順孝日記に喜荘による地誌編纂の記載はみられない。

それでは石井順孝が「東海道名所図会」に対して興味を持った理由は何であろうか。ヒントになるのは、順孝が文政七年閏八月二二日～二三日に行っている江ノ島・片瀬への小旅行と、文政八年正月七日～二三日に行った秋葉山参詣の道中であろう。後者の道中の記述をみると「原宿・吉原宿此宿間ニテ柏原ト申所有、うなき其外名物多し」（正月一〇日）、「油（由）井より天気ニ相成、此辺風景宜、西倉沢休、名物サ、イ丼サツタ峠風景宜敷」（正月一一日）、「御城見物致し、浅間社江参詣、所々見物、安倍川町江入見物致し」（正月一二日）、「金谷峠掛ル、此所風景宜、佐夜中山・

飴餅・夜ナキ石・同松見物致し、日坂峠下り、宿へ着、名物ハらび餅」(正月一三日)等々の文言がみえ、道中の風景・名所名物を楽しんでいることが窺える。ここからは順孝による「東海道名所図会」の借覧・筆写の目的が、刊行された道中案内・ガイドブックという実用書としての側面であったことが想定される。

このように内海家所蔵の「東海道名所図会」という同じ書物を読んでも、その中における地域認識に興味を持ち同種の冊子を作成しようと考える人物＝煙管亭喜荘と、旅行案内の実用書・ガイドブックとして利用する人物＝石井順孝がおり、後者の側にとっては前者の人々が興味を持つ「東海道名所図会」と同種の神奈川宿を対象とする名所図会・地誌の編纂行為ないしはそれに類する事柄を理解することはできなかったのであろう。煙管亭喜荘による「神奈川駅中図会」「神奈川砂子」の編纂過程やその評価に関する記事が順孝日記に現れてこないのは、その記録者である石井順孝にそうした事柄に対する興味が存在しなかったためと考えておきたい。同じ書物を利用しても、その受け止め方は個々人により差異が存在するのである。個人で編纂した地誌の内容と認識が、対象とされる地域において直ちに共有化されると考えるのは早計であろう。

煙管亭喜荘による「神奈川駅中図会」「神奈川砂子」の編纂とそこに記されている地域認識は、刊本である「東海道名所図会」とは異なり、写本による伝来という伝播手段にも規定され、神奈川宿という地域全体において認知されることはなく、喜荘とそれに連なる人々によって一時的に共有化されたものということになろう。

したがって、その後における神奈川宿を対象とした地誌類への影響も無かったものと思われる。第一章第三節で確認したように「神奈川駅中図会」における「神奈川」「金川」の地名由来は、天保一五年(一八四四)刊行の一枚刷りの神奈川宿案内である「細見神奈川恵図」に継承されていない。「神奈川」の地名説明として「細見神奈川恵図」が依拠しているのは、天保五年に刊行された「江戸名所図会」のそれである。この点についても刊本と写本という形態の違いが想定されよう。

とはいえ、「神奈川駅中図会」「神奈川砂子」の文章や挿絵には、約二〇〇年前の神奈川宿の姿が生き生きと活写されており、現在に生きるわれわれにとって煙管亭喜荘によるその編纂は大きな意義を持つといえる。

あとがき

本書のもととなった原稿は、次の二本である。

①「民間地誌における『神奈川宿』認識について」(横浜開港資料館編『日記が語る19世紀の横浜　関口日記と堤家文書』所収、山川出版社、一九九八年)

②「〈資料紹介〉『神奈川駅中図会』の構成と内容」(『横浜市歴史博物館紀要』四、二〇〇〇年)

発表順とは異なるが、②が本書第一章の、①が第二章・補論の、元原稿にあたる。②は当時の勤務先であった横浜市歴史博物館の紀要に掲載したもので、同館へ寄贈された「神奈川駅中《えきちゅう》図会《ずえ》」の全文を初めて紹介したもの。①は当時別の財団であった(現在の勤務先である)横浜開港資料館で行われていた研究会での成果をまとめたものである。ただし、本書の作成にあたり、内容的には大幅な加筆と修正を加えている。

「神奈川駅中図会」「神奈川砂子《すなご》」の著者である煙管亭喜荘《えんかんていきしょう》については、その人物像を種々憶測する向きもあるが、石野瑛氏による『武相叢書第二編　金川砂子　附神奈川史要』の刊行とその前提となる調査が行われた大正後半から昭和初期において、すでに地元である旧神奈川宿において関連情報が残されておらず、縁者・親戚を神奈川宿やその周辺に持つ代々の居住家とは考えがたい。江戸の狂歌連である「淮南堂」の流れを組むことから、おそらくは江戸から神奈川宿へ移住して煙管商売を営んだ人物という以上のことは分からない。今後、神奈川町本陣の石井家文書(現在、神奈川県立公文書館所蔵)の丹念な掘り起しや、各所に残されている狂歌集の版本・写本類の調査などから、新たな発見が生じることを期待したい。

煙管亭喜荘の著書である「神奈川駅中図会」と「神奈川砂子」を比較すると、本文でも述べた通り、前者の「神奈川駅中図会」は「東海道駅中図会」の影響から枠組みを構築しようとした習作ということになる。これに対して、後者の「神奈川砂子」は前著「神奈川駅中図会」をふまえつつ、喜荘独自の世界が展開されているように思われる。特に挿絵中へ記された詩歌類の選択には喜荘の「遊」の感覚が込められていよう。もっとも煙管亭喜荘が持つ知識と教養、そして「遊」の精神や感覚を、筆者がどの程度に理解・表現しえたのかは心もとないところではあるが。

「神奈川駅中図会」「神奈川砂子」との出会いは、前の勤務先であった横浜市歴史博物館の開館直後にさかのぼる。この間、四半世紀の時間を経てなんとか一書の形にまとめることができた。この間、多くの方々に御世話になったが、特に横浜市歴史博物館への「神奈川駅中図会」の寄贈に際して仲介の労をとっていただいた神奈川熊野神社の先代宮司である故照本力氏、また「神奈川砂子」の勉強会を何度も開いていただいた神奈川宿遊学セミナーの故渡辺留雄氏と湯川厚子氏については、特に名前を挙げて感謝申し上げたい。

また、本書が、石野瑛氏と石井光太郎氏という横浜郷土史の両先達の研究の上に成り立っていることも改めて明記しておきたい。

最後に、出版事情の厳しい中で、本書を刊行してくださった岩田書院の岩田博氏にお礼を申し上げます。

あとは、喜荘氏と一献傾けながら感想を聞いてみたいものではある。

二〇一七年九月

斉藤　司

著者紹介

斉藤　司（さいとう つかさ）

1960年　神奈川県横須賀市生まれ
立正大学大学院文学研究科博士後期課程修了、博士（文学）
公益財団法人横浜市ふるさと歴史財団職員として、
横浜市歴史博物館学芸員を経て、現在は横浜開港資料館主任調査研究員。
著書に『田中休愚「民間省要」の基礎的研究』（岩田書院、2015）
『横浜吉田新田と吉田勘兵衛―横浜開港前史―』（岩田書院、2017）がある。

煙管亭《えんかんてい》喜荘《きしょう》と「神奈川砂子《かながわすなご》」
近世民間地誌の成立と地域認識　　近世史研究叢書46

2017年（平成29年）10月　第１刷　300部発行　　**定価［本体6400円＋税］**

著　者　斉藤　司

発行所　有限会社岩田書院　代表：岩田　博　　http://www.iwata-shoin.co.jp
〒157-0062 東京都世田谷区南烏山4-25-6-103　電話03-3326-3757　FAX03-3326-6788
組版・印刷・製本：藤原印刷　　Printed in Japan

ISBN 978-4-86602-002-0 C3321 ¥6400E

岩田書院 刊行案内（25）

			本体価	刊行年月
975	福原・植木	山・鉾・屋台行事	3000	2016.09
976	小田　悦代	呪縛・護法・阿尾奢法＜宗教民俗９＞	6000	2016.10
977	清水　邦彦	中世曹洞宗における地蔵信仰の受容	7400	2016.10
978	飯澤　文夫	地方史文献年鑑2015＜郷土史総覧19＞	25800	2016.10
979	関口　功一	東国の古代地域史	6400	2016.10
980	柴　裕之	織田氏一門＜国衆20＞	5000	2016.11
981	松崎　憲三	民俗信仰の位相	6200	2016.11
982	久下　正史	寺社縁起の形成と展開＜御影民俗22＞	8000	2016.12
983	佐藤　博信	中世東国の政治と経済＜中世東国論６＞	7400	2016.12
984	佐藤　博信	中世東国の社会と文化＜中世東国論７＞	7400	2016.12
985	大島　幸雄	平安後期散逸日記の研究＜古代史12＞	6800	2016.12
986	渡辺　尚志	藩地域の村社会と藩政＜松代藩５＞	8400	2017.11
987	小豆畑　毅	陸奥国の中世石川氏＜地域の中世18＞	3200	2017.02
988	高久　舞	芸能伝承論	8000	2017.02
990	吉岡　孝	八王子千人同心における身分越境＜近世史45＞	7200	2017.03
991	鈴木　哲雄	社会科歴史教育論	8900	2017.04
992	丹治　健蔵	近世関東の水運と商品取引 続々	3000	2017.04
993	西海　賢二	旅する民間宗教者	2600	2017.04
994	同編集委員会	近代日本製鉄・電信の起源	7400	2017.04
995	川勝　守生	近世日本石灰史料研究10	7200	2017.05
996	那須　義定	中世の下野那須氏＜地域の中世19＞	3200	2017.05
997	織豊期研究会	織豊期研究の現在	6900	2017.05
000	史料研究会	日本史のまめまめしい知識２＜ぶい＆ぶい新書＞	1000	2017.05
998	千野原靖方	出典明記 中世房総史年表	5900	2017.05
999	植木・樋口	民俗文化の伝播と変容	14800	2017.06
000	小林　清治	戦国大名伊達氏の領国支配＜著作集１＞	8800	2017.06
001	河野　昭昌	南北朝期法隆寺雑記＜史料選書５＞	3200	2017.07
002	野本　寛一	民俗誌・海山の間＜著作集５＞	19800	2017.07
003	植松　明石	沖縄新城島民俗誌	6900	2017.07
004	田中　宣一	柳田国男・伝承の「発見」	2600	2017.09
005	横山　住雄	中世美濃遠山氏とその一族＜地域の中世20＞	2800	2017.09
006	中野　達哉	鎌倉寺社の近世	2800	2017.09
007	飯澤　文夫	地方史文献年鑑2016＜郷土史総覧19＞	25800	2017.09
008	関口　健	法印様の民俗誌	8900	2017.10
009	由谷　裕哉	郷土の記憶・モニュメント＜ブックレットH22＞	1800	2017.10

941	斉藤　司	田中休愚「民間省要」の基礎的研究＜近世史43＞	11800	2015.10
989	斉藤　司	横浜吉田新田と吉田勘兵衛	3200	2017.02